Du tac au tac

Managing Conversations in French

Du tac au tac

Managing Conversations in French

QUATRIEME EDITION

Jeannette D. Bragger

The Pennsylvania State University

Donald B. Rice

late of Hamline University

HEINLE
CENGAGE Learning·

Australia • Brazil • Japan • Korea • Mexico • Singapore • Spain • United Kingdom • United States

Du tac au tac: Managing Conversations in French, Fourth Edition

Jeannette T. Bragger and Donald B. Rice

Publisher/Executive Editor: Beth Kramer

Senior Acquisitions Editor: Nicole Morinon

Editorial Assistant: Gregory Madan

Senior Media Editor: Morgen Gallo

Marketing Development Manager: Courtney Wolstoncroft

Rights Acquisitions Specialist: Jessica Elias

Manufacturing Planner: Betsy Donaghey

Art and Design Direction, Production Management, and Composition: PreMediaGlobal

Cover Image: © Jack Hollingsworth/Corbis (Royalty-Free)

For product information and technology assistance, contact us at
Cengage Learning Customer & Sales Support, 1-800-354-9706

For permission to use material from this text or product, submit all requests online at **www.cengage.com/permissions**
Further permissions questions can be emailed to **permissionrequest@cengage.com**

Library of Congress Control Number: 2012950388

ISBN-13: 978-1-133-31127-0

ISBN-10: 1-133-31127-X

Heinle
20 Channel Center Street
Boston, MA 02210
USA

Cengage Learning is a leading provider of customized learning solutions with office locations around the globe, including Singapore, the United Kingdom, Australia, Mexico, Brazil, and Japan. Locate your local office at **international.cengage.com/region**

Cengage Learning products are represented in Canada by Nelson Education, Ltd.

For your course and learning solutions, visit **www.cengage.com**

Purchase any of our products at your local college store or at our preferred online store **www.cengagebrain.com**

Printed in the United States of America
1 2 3 4 5 6 7 16 15 14 13 12

Table des matières

CHAPITRE

4

Faire des projets   72

CHAPITRE

5

Exprimer ses sentiments et opinions   97

The focus of *Du tac au tac* is to teach you how to be an active participant in conversations. You already know a lot of vocabulary. Now you'll learn the communicative strategies (the glue) that help you put the words together. Communicative strategies are phrases that allow you to participate appropriately in conversations. For example, you'll learn phrases to ask for and give an opinion; phrases to ask for clarification or for more information; phrases to express your feelings (happiness, anger, irritation, etc.). Communicative strategies help native and nonnative speakers of French to communicate in real life, in real situations, with real people.

Maybe you think that you don't have enough vocabulary to participate in a conversation or that your grammar is not good enough. Don't let that stop you. You probably know a lot of vocabulary and grammar that you'll be able to reactivate as you learn the communicative phrases. At the same time, there will be occasions when you'll need new vocabulary. In many cases, this new vocabulary is provided in the exercises. To fully express your own situation and opinions, however, you may need to access a dictionary, either online or in print.

Obviously, the central part of a conversation course is the work you do in class. Your success in class, however, will depend on the preparatory work you do for homework. *Du tac au tac* provides specific assignments—listening, reading, working with vocabulary, and communicative strategies. In-class activities are directly linked to the vocabulary and information you've acquired while doing the homework assignments. Your success and the success of your classmates will depend on how conscientiously and thoroughly you've prepared for class. In this regard, we make the following suggestions:

- Listen to each segment of the CD several times; the more authentic French you hear, the more likely you are to internalize the rhythm, the intonation, and the phrasing.
- Read ahead, so as to anticipate what you'll be doing in class and why.
- Practice as much as possible—either by yourself or, when possible, with other students.

Finally, a word about the audio, which is available to students via the *Du tac au tac* website at www.CengageBrain.com. For the most part, the conversations in the audio recordings represent spontaneous and authentic French. In other words, what you'll hear is the way native speakers really talk. Authentic French is usually spoken very rapidly; in addition, French does not make clear distinctions between words but only between groups of words. The combination of these two features often makes French difficult to understand—particularly for English speakers who are used to a slower rhythm and to clear lines of demarcation between words. Consequently, you probably won't understand everything in a conversation the first time you hear it. Don't let that discourage you! Listen to it several times with the help of the exercises in the book. The combination of relistening and getting familiar with some of the expressions will probably help a great deal. If necessary, to definitively verify your comprehension, you can consult the audioscript at the end of the book. A word of caution! Reading the audioscript should be the last thing you do. First, you should always make every effort to understand as much as possible by just listening to the recordings. That's the only way to develop your ability to understand French speakers in real life.

We encourage you to be creative with the tasks assigned in *Du tac au tac* and to have fun interacting with your instructor and classmates. And don't forget the many Internet resources (e.g., TV and radio news broadcasts, iTunes segments) that you can use to support the work you're doing in this course. The more French you listen to, the better.

Acknowledgments

Many people have contributed to the development of *Du tac au tac*, Fourth Edition. In particular, I would like to thank Nicole Morinon and Timothy Deer, who guided this revision project with expertise and patience. I would also like to express my thanks to Hélène Gresso and Delphine Chartier, who continue to be my invaluable resources in France; and the team at Heinle, including Beth Kramer and Greg Madan.

I would like to thank the following colleagues at institutions across the nation who reviewed the manuscript and whose constructive suggestions have helped shape each edition.

Reviewers of the Fourth Edition:

Sarah Buchanan, *University of Minnesota, Morris*
Elizabeth Combier, *North Georgia College & State University*
Susie Hennessy, *Missouri Western State University*
Maite Killiam, *Sweet Briar College*
Jack Marcus, *Gannon University*
James Mitchell, *Salve Regina University*
Margaret Sweeney, *Holyoke Community College*
Françoise Vionnet-Bracher, *Texas A&M University*
Jean Marie Walls, *Union University*

Reviewers of the Previous Editions:

Anita Axt, *San Francisco State University*
David A. Bedford, *Southern Illinois University—Carbondale*
Richard M. Berrong, *Kent State University*
Andree Douchin-Shahin, *University of Rochester*
Marie-Noelle Ducland, *University of Rochester*
Linda Harlow, *The Ohio State University*
Suzanne Hendrickson, *Arizona State University*
Jean-Pierre Heudier, *Southwest Texas State University*
David King, *Christopher Newport College*
Anne Lutkus, *University of Rochester*
Pierre Paul Parent, *Purdue University*
Joe Price, *Texas Tech University*
Trudy Robertson, *University of Toledo*
Brigitte Roussel, *Wichita State University*
Ralph Schoolcraft, *Texas A&M University*
Margaret Sehorn, *Oral Roberts University*
Chantal Thompson, *Brigham Young University*
Helen Toullec, *State University of New York—Rochester*
Roberta Tucker, *University of South Florida*
Joseph Weber, *Syracuse University*
Donna Wilkerson-Barker, *State University of New York—Brockport*
Wynne Wong, *The Ohio State University*

I dedicate this new edition to my co-author Donald Rice, who passed away unexpectedly in March, 2010. After 30 years of collaboration, his influence continues to be deeply felt and I believe that he would have been happy with the revisions I have made to *Du tac au tac*. And, throughout this project, my thoughts have been with Don's wife, Mary, and their two now very successful adult children, Alexander and Hilary. They will always be part of my family.

J.D.B.

Du tac au tac

Managing Conversations in French

1

Participer à une conversation

« Eh bien... je... euh... »

Avava/Dreamstime.com

JHershPhoto/Shutterstock.com

Amaviael/Dreamstime.com

Le jeu de la conversation

Sergei Bachlakov/Shutterstock.com

Conversation is like a ball game. A good player knows…

■ how to get the ball rolling (how to start a conversation)

■ how to catch it (how to react)

■ how and in which direction to throw it back (how to keep the conversation going)

■ how to keep it in bounds (how to stay on the topic)

■ how to anticipate the other players' moves (how to be prepared for what others might say)

These strategies are at least as important as having the right ball (grammar) and the right equipment (vocabulary and other linguistic features).

Maybe you think that you don't have enough vocabulary to participate in a conversation, or that your grammar is too weak. Don't let that prevent you from playing the conversation game! You probably know more vocabulary and grammar than you realize, and what you really need to learn are the **communicative strategies** (the glue) that allow you to combine what you know into meaningful communication. Communicative strategies help native and nonnative speakers alike to interact in real life. Communicative strategies are the phrases that help make conversations hang together (e.g., asking for and giving advice, asking for information, stating an opinion, expressing feelings, etc.). In the classroom you can't do without them when you want to talk with your fellow students or your instructor.

If you watch the students who speak a lot, you'll notice that they don't always know French better than others; they do, however, make good use of what they know and they don't worry too much about making mistakes. They encourage others to talk by asking for clarification or opinions, they build on what others have said, they buy time to think or find alternate ways of saying things, they know how to sound really good even if their French is still a bit shaky. They're willing to take risks with the language and they use some strategies to manage conversations. With the guidance provided in *Du tac au tac* and by your instructor, you too can acquire effective conversation skills in French.

However, before you get into extensive conversations with someone you don't know, it helps if you first become acquainted with the person. The following activities give you the chance to introduce yourself to your new classmates and to your instructor.

Entre nous: Pour démarrer

If you think about your own language, you know that there are different ways to say hello and goodbye. The formality or informality of these first exchanges is determined by the context: Are both people young? Are they fellow students? Is one person much older? Is he or she a new colleague? Is he or she an instructor?

Just as in your own language, French has different expressions and behaviors for greetings and leave-taking. Look at the *Expressions* box to do the activities.

Expressions pour faire connaissance: Premiers contacts		
STYLE FAMILIER		
Salut!	Hi!	
Comment ça va? (Ça va?)	How's it going? (What's up?)	
Je m'appelle… (Moi, je suis…).	My name is . . . (I'm . . .).	
STYLE SOIGNE (*FORMAL*)		
Bonjour (Bonsoir), Madame (Monsieur, Mademoiselle).	Hello.	
Comment allez-vous?	How are you?	
Je m'appelle…	My name is . . .	

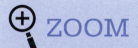 **A Salut… Bonjour…** You've just arrived in your French class, and you don't know anyone. Introduce yourself to several of your classmates and then to your instructor. Keep in mind the basic guidelines for formal versus familiar forms of address.

⊕ ZOOM | Langue

Style familier / Style soigné

Trois aspects fondamentaux définissent le style familier et le style soigné:

1. *tu* ou *vous*
   - Le tutoiement (**tu**) est utilisé avec les membres de la famille, les amis, entre jeunes (par exemple, entre étudiants) du même âge, avec les animaux domestiques.
   - Le vouvoiement (**vous**) est utilisé avec les personnes qu'on ne connaît pas ou qui sont plus âgées, dans toutes les situations professionnelles, quand on n'est pas sûr de la forme à utiliser.

2. *Expressions communicatives et vocabulaire*

   Il faut apprendre les expressions qu'on utilise dans les deux cas (familier ou soigné). Par exemple, **Salut** se dit plutôt entre personnes qu'on connaît bien tandis que

Bonjour est toujours de rigueur avec des personnes qu'on vouvoie.

Il vaut mieux éviter un vocabulaire argotique *(slang)* dans des situations formelles et professionnelles. Par exemple, il est préférable de dire:

«Bonjour, Monsieur Blin, comment allez-vous aujourd'hui?»

Et:

«Bonsoir, Madame Sabatier. Je suis contente de vous rencontrer. Cela fait longtemps que je ne vous ai pas vue dans le quartier. Vous allez bien?»

3. *Grammaire*

   Le conditionnel est souvent utilisé à la place du présent pour rendre la communication plus polie:

   Familier: Tu **as** le temps de m'aider?

   Soigné: Vous **auriez** le temps de m'aider?

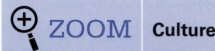
Utiliser le prénom ou pas?

En France, un employé n'appelle jamais son patron ou un supérieur par son prénom. Il dit toujours **Monsieur** ou **Madame**. Mais, en général, les collègues de travail s'appellent par leur prénom.

Les jeunes s'appellent par leur prénom, même si

David Hernandez/Shutterstock.com

c'est la première fois qu'ils se rencontrent. Mais quand ils s'adressent à une personne plus âgée, ils disent **Monsieur** ou **Madame**, à moins que cette personne ne leur dise: **«Appelez-moi par mon prénom, ce sera plus simple.»**

Expressions pour faire des présentations

PRESENTATIONS
Monique, Jean. Jean, Monique.   Monique, Jean. Jean, Monique.
Je te (vous) présente…   I'd like to introduce . . .

REPONSES
Salut (*nom de la personne*)…   Hi (*name of person*) . . .
Bonjour (Bonsoir) Madame, Monsieur.   Hello.
Enchanté(e).   Nice to meet you.

 B Je te présente… Now introduce one of your new classmates to several other students.

 C Tu étudies le français depuis longtemps? Go to one of the classmates you haven't met. Greet the person, introduce yourself, and then ask three questions to keep the conversation going. Don't forget that you just met, so don't be too personal! Before you begin, jot down your questions. Suggested topics: Where he or she is from, where he or she lives, what he or she is studying, what year he or she is in, how long he or she has studied French.

Vocabulaire utile

Qu'est-ce que tu (vous) + *verb*…? What…? / **Depuis quand** + *present tense*…? How long…? / **Où est-ce que tu (vous)** + *verb*…? Where…? / **En quelle année…?** In which year…? / **D'où es-tu (êtes-vous)?** Where are you from? / **Combien de** + *noun*…? How many…? / **Quel(le)(s)(les)** + *noun*…? What…?

Question 1: _____

Question 2: _____

Question 3: _____

Expressions pour avoir des nouvelles de quelqu'un qu'on connaît	QUESTIONS **Ça va?** (How are you?) **Ça marche?** (How's it going?) **Quoi de neuf?** (What's new?) **Qu'est-ce que tu deviens?** (What's happening?)	REPONSES **Très bien / Bien / Pas mal / Comme ci comme ça** **Pas grand-chose.** (Nothing much.) **Je...** **Eh bien, je...**

ZOOM | Culture

La bise: une tradition française

La plupart du temps, quand des jeunes Français se rencontrent, même si c'est la première fois, ils se font la bise *(kiss on both cheeks)*.

- Le matin, en arrivant au lycée, on se fait la bise.
- Au travail, une femme fait la bise à ses collègues (homme ou femme) mais il est rare que des collègues hommes se fassent la bise. On donne une poignée de main à son patron ou à son supérieur hiérarchique.
- En famille, tout le monde se fait la bise.
- La façon de se faire la bise peut varier en fonction des habitudes familiales et régionales. Regardez ce que font les gens autour de vous et faites comme eux.

Willie B. Thomas/Thomas_EyeDesign/iStockphoto.com

D **Qu'est-ce que tu deviens?** Role play a situation with a classmate in which you pretend that you're good friends but that you haven't seen each other in a while. Greet each other and then use a phrase to ask about what's happening. Invent what's new in your life (something that happened recently, moving to another town, taking an interesting course, making a career choice, getting married, a vacation, etc.).

Expressions pour prendre congé	STYLE FAMILIER **Faut qu'j'y aille (+ raison).** **A toute!** **A plus!**	Gotta go (+ a reason). See ya! Later!
	STYLE SOIGNE **Il faut que je m'en aille.** **Allez, au revoir** *(nom de la personne).* **A bientôt. (A tout à l'heure.)** **A plus tard.**	I have to get going. Goodbye *(name of person).* See you soon. See you later.

† **E Découvertes.** One way to find something out about someone is to ask follow-up questions about a piece of information that has already been provided. Use the form below to give information about yourself. Put your name in the middle. Then write down the four items of information in each corner. Now introduce yourself to another student in the class and show your information to him/her. He or she will then ask you follow-up questions to get more details from you (**qui, quand, pourquoi, comment, où, qu'est-ce que, quel**). After you've answered the questions, look at your partner's information and ask follow-up questions. When you're done, say goodbye to each other.

? intérêts _____	programme d'études _____ **?**
Nom _____	
? couleur préférée _____	meilleur(e) ami(e) _____ **?**

F Trouvez quelqu'un qui... Provide the following autobiographical details in the blanks below.

Je m'appelle _____

J'ai des parents *(relatives)* + lieu _____

Je suis étudiant(e) en _____

Je suis né(e) + lieu _____

Le week-end, j'aime _____

Le soir, je préfère _____

Je suis + trait caractéristique _____

Now use the following survey and, for each item, try to find a *different* student whose information corresponds to your own. Do this by first introducing yourself to a student, then asking the appropriate question. If the answer you get is the same as your information, fill in the student's name in the blank. Then move on to another student and repeat the procedure.

Trouvez quelqu'un qui...

1. habite où vous habitez. _____

2. a la même spécialisation que vous. _____

3. est né dans la même région. _____

4. aime faire la même chose le week-end. _____

5. préfère faire la même chose le soir. _____

6. a les mêmes traits de caractère que vous. _____

G **Ce que j'ai découvert.** Now explain to the whole class what you found out in Exercise F. For example: «*Comme moi, Hilary est née dans l'ouest des Etats-Unis. Elle est née en Californie; moi, je suis né(e) en Arizona.*»

A faire!

■ **Planning Strategy,** Ex. H
■ **A l'écoute,** Ex. I, J
■ **Stratégies communicatives,** Ex. K, L, M

The **Chez vous** sections of the book represent the activities that you're asked to complete as homework assignments in preparation for in-class activities (**Entre nous**).

In the first of these activities, the Planning Strategy, you provide phrases and expressions *in English* that allow you to accomplish particular linguistic tasks. In doing so, you'll bring to mind how you get things done in English. As you progress through the chapter you'll probably find French equivalents for your English expressions, and you'll get an accurate sense of the importance of communicative strategies in conversation.

In another set of activities, **A l'écoute,** you'll do a series of listening comprehension activities using the audio that accompanies the textbook.

Then you'll do a series of activities that activate the French vocabulary that you already know and learn new communicative strategies to develop your conversational skills.

Planning strategy

H **How do I...?** Pretend that you're tutoring your Senegalese friend in English. Answer your friend's questions by suggesting some useful phrases and expressions. Write your suggestions in English in the spaces provided.

1. What expressions can I use to show that I'm surprised at something that was said?

_____

_____

2. How can I ask someone for clarification of a point or to give me additional information?

_____

_____

3. What expressions will help me to get someone's attention or to interrupt the conversation so that I can say something?

_____

_____

4. What expressions can I use when I need to gain time to think about what I'm going to say next?

_____

_____

5. How can I get someone to go back to a point that was made earlier in the conversation?

_____

_____

A l'écoute

The listening material for Exercise J is on the website. If you wish to verify your comprehension, you may consult the audioscript.

You're going to hear three conversations. Before listening to them, do the **Préécoute** exercise (Exercise I). Then listen to the conversations two or three times and try to get used to the rhythm of the sentences. Pay particular attention to expressions that help the speakers to participate fully in the conversations. Finally, listen to the conversations again and do Exercise J.

Note: All exercises in the **Chez vous** sections marked with an asterisk are self-correcting. The answers are in the answer key.

⋆ **Ⅰ** **Préécoute.** Read the following conversation between Zoé and Marylène. Then read it again and answer the questions that follow.

ZOE:	Marylène, tu sais ce qui m'est arrivé hier?
MARYLENE:	Eh ben... non. Raconte un peu.
ZOE:	J'étais au centre commercial et j'ai rencontré un garçon formidable.
MARYLENE:	Un instant... tu veux dire que tu as adressé la parole à un étranger? Tu sais, ce n'est pas très prudent parce que...
ZOE:	Mais non! Je l'ai reconnu de mon cours de maths. Sa famille vient de s'installer ici et il s'appelle Kevin.
MARYLENE:	Bon. Je comprends. Alors, qu'est-ce qui s'est passé?
ZOE:	Eh bien. Voilà. Nous avons commencé à discuter et j'ai réalisé que nous avions beaucoup de choses en commun. Il aime le sport, il veut apprendre beaucoup de langues étrangères et il a l'intention de faire un stage aux Etats-Unis. Tu vois les ressemblances?
MARYLENE:	Ben, oui. En effet, il semble parfait. Mais tu ne le connais pas vraiment bien... il faut voir...
ZOE:	Oh, écoute. T'es toujours si pessimiste. Je t'assure, Kevin est super. Il m'a demandé de sortir avec lui et ses copains samedi soir. Ils vont voir un film américain en version originale. Tu viens avec nous?
MARYLENE:	Je ne sais pas. Voyons... ça n'a pas l'air très intéressant. Mon anglais n'est pas formidable, tu sais. Je ne comprendrai presque rien.

ZOE:	D'accord, mais avant le film, nous allons au restaurant chinois à côté du cinéma. Et après la séance, nous allons tous prendre un pot *(get something to drink)*.
MARYLENE:	Bon. Pourquoi pas. J'aimerais bien faire la connaissance de ton Kevin.
ZOE:	Tu te moques de moi. Mais tu verras comme il est bien.
MARYLENE:	Peut-être. Tu sais, tu as de la chance, toi. Moi, quand je vais au centre commercial, je rencontre toujours les mêmes personnes. Je n'ai jamais trouvé mon prince charmant!
ZOE:	Tu es jalouse!
MARYLENE:	Bien sûr que je suis jalouse. Mais je suis aussi contente pour toi. Allez, il faut que je te quitte. Je vais aux Galeries Lafayette. On sait jamais… euh… je vais peut-être y rencontrer l'amour de ma vie!
ZOE:	Ben, oui. On ne sait jamais. Allez, au revoir. A samedi soir.
MARYLENE:	Oui, à samedi. Appelle-moi demain pour me donner les coordonnées.
ZOE:	D'accord.

1. Identify the expressions or phrases that are used to begin the conversation and to keep the conversation going.

_____

_____

_____

_____

2. Identify the words that are used to hesitate or gain time.

_____

3. Identify the expressions or phrases that are used to show a reaction.

_____

_____

_____

4. Identify the expressions or phrases that indicate that the conversation is about to end.

_____

★ **J** **Des conversations.** Answer the questions according to what you hear in the audio on the website.

CD1: Track 2 — CONVERSATION 1

Vocabulaire utile

je trouve I think / **Ça veut dire quoi?** What does that mean? / **sympa** (*short for* **sympathique**) nice / **rendre** to make / **pas croyable** unbelievable / **C'est toi qui le dis.** You're the one who said it. / **Louis XIV** *French king of the 17th century* / **boire un pot** to have a drink

1. What is the main topic of the conversation?

   _____

2. What secondary topic do the two guys get into?

   _____

3. How does the first person begin the conversation?

   _____

4. What words and expressions are used to react to what has been said?

   _____

5. What expression is used to get some clarification?

   _____

6. What expressions are used to gain time (to hesitate)?

   _____

7. Who finally ends the conversation and why?

   _____

CD1: Track 3   CONVERSATION **2**

Vocabulaire utile

ce qui s'est passé what happened / **quoi** what / **J'ai gagné** I won / **à la loterie** in the lottery / **pas croyable** unbelievable / **partout** everywhere / **qui que ce soit** anyone / **on descend** we go down to / **autocar** tour bus / **malheureux** unfortunate / **patron** boss / **gratuit** free

1. What sentence does the first person use to begin the conversation?

   _____

2. What happened to her?

   _____

3. What words and expressions are used by her friend to show her enthusiasm and interest?

   _____

4. What would the first person like her friend to do?

   _____

5. What is one of the questions asked by the friend to get some clarification?

   _____

6. What does the friend have to do before giving the first person an answer?

   _____

3 CONVERSATION

Vocabulaire utile

[Jean-Luc] Godard *French film director* / **ensemble** together / **un mot** a word / **dingue(s)** crazy

1. What expression marks the beginning of the conversation?

   _____

2. What does the first person suggest to his two friends?

   _____

3. What are some of the words that Emma uses to try to interrupt?

   _____

4. How does she finally get them to listen?

   _____

5. Why won't they be going to see the film?

   _____

Le jeu de la conversation: Catching the ball

The pleasure of a conversation lies in the conversation itself. There are no winners or losers, but there are right or wrong moves. For example, you don't want to offend your listeners unless the offense is intended. You want to be able to interrupt someone without being rude. You need to know how to respond appropriately to what is being said. To be an effective conversational partner, you therefore not only need communication strategies, but you need to know how to use them accurately.

Good conversation is the result of the cooperation of both speakers and listeners. As a listener you catch the ball; as the next speaker you decide how to throw it back. You use your partner's move to shape your own. Very often, ideas get clarified and trigger new ideas simply by being verbalized. Your aptitude to play the game will depend on your ability to listen and understand what others say, to explore and verbalize further the ideas of others, and to add to them or contrast them with your own.

SHOWING INTEREST

As a listener, it's your obligation to show signs of acknowledgment, agreement, surprise, doubt, disbelief, and so on. In short, you're expected to react to what is being said. This helps the speaker know that he/she is understood and serves as encouragement to continue. Keep eye contact with the speaker; show by nodding your head or by other facial expressions that you're interested. In addition, you can use a number of phrases to demonstrate your involvement in the conversation.

surprise: Note the phrases that the second speaker uses to react with surprise to a statement.

— Non mais tu vas pas le croire. Ma mère m'a dit qu'elle m'offrait une voiture pour mon anniversaire!

— **Une voiture? Vraiment? Trop bien!**

In this informal exchange, the listener shows surprise by first giving a partial repetition of what was said (**Une voiture?**), followed by two expressions to reinforce surprise and to give a positive reaction (**Vraiment? Trop bien!**).

acknowledgment: In this next example, the listener indicates that he/she understood what was said and therefore gives the speaker encouragement to continue.

— Oui, elle m'a annoncé ça hier soir au dîner. Elle a commencé en disant qu'elle en avait assez de me conduire partout. Moi, j'ai répondu qu'elle n'avait qu'à m'offrir une voiture.

— **Oui, oui. Et ensuite?**

— Eh ben… voilà… c'est là qu'elle m'a fait la surprise.

agreement: As the conversation continues, the listener indicates that he/she is in agreement with something.

— D'abord elle insiste pour que je respecte le code de la route; ensuite elle veut que j'entretienne la voiture et enfin, il faut que je paie moi-même les réparations et l'assurance.

— **Ça ne m'étonne pas! C'est normal.** Après tout, maintenant c'est ta voiture à toi!

— D'accord. Mais ce ne sera tout de même pas facile. Je ne gagne pas beaucoup d'argent comme serveuse.

— **C'est vrai!** Mais si tu veux une voiture, il faut que tu fasses des sacrifices.

Expressions
pour réagir

LA SURPRISE	
Vraiment? (C'est vrai?)	Oh? Really?
Sans blague!	No kidding!
Ça alors!	What do you know!
C'est génial! (C'est trop bien!)	Awesome! (Great! / Fabulous!)

Nataly-Nete/Shutterstock.com

L'INCREDULITE

Non mais tu (ne) vas pas le croire.

Non mais je (ne) le crois pas.

C'est pas vrai!

Tu plaisantes?

Tu rigoles? (familier)

You won't believe it.

I don't believe it.

It (That) can't be!

You're kidding!

You're kidding! (No way!)

LA RECONNAISSANCE

Oui, oui.

Je comprends.

Yes (go on).

I understand. (I get it.)

L'ACCORD

Absolument!

C'est vrai!

Tu as (Vous avez) (tout à fait) raison.

On est d'accord.

Absolutely! (For sure!)

That's true! (Right!)

You're (absolutely) right.

We're in agreement. (I agree with you.)

Nataly-Nete/Shutterstock.com

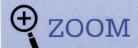

ZOOM | Langue

Si, si

Le mot **si** remplace le mot **oui** quand on réagit à une question ou une phrase négative.

Exemples: — Tu n'as pas acheté le poisson?
— Si. Le voilà.

— Tu ne viens pas avec nous?
— Si, si. J'arrive.

— Ma mère va m'acheter une voiture!
— C'est pas vrai!
— Si, si! Elle me l'a dit ce matin.

K **Comment réagir?** For each of the statements made, select an appropriate expression of surprise, disbelief, acknowledgment, or agreement.

1. Je ne vais pas voter pour lui parce qu'il n'est pas concerné par l'environnement.

_____

2. C'est la première fois que mon fils a une bonne note à un contrôle de français!

_____

3. Je pense que tous les enfants devraient apprendre une langue étrangère.

_____

4. Et ensuite elle m'a dit qu'elle allait prendre sa retraite *(retire)*.

_____

5. Mes parents ont gagné 1 500 euros au Loto!

_____

6. Je n'ai pas vraiment envie de sortir ce soir. J'ai eu une journée très stressante.

_____

7. Pour réussir dans la vie, il faut travailler dur!

_____

8. Tu es au courant _(Have you heard)_? Paul et Emilie vont divorcer!

_____

9. Mes parents pensent déménager. Ils aimeraient être plus près de chez nous.

_____

10. C'est décidé! A partir de demain, je vais être végétarienne. Plus de viande pour moi!

_____

ASKING FOR CLARIFICATION

Since a conversation is dependent on your feedback, you can catch the ball by asking for clarification, repetition, or additional information. This will not only show that you caught the ball but will also help to keep the ball rolling. The following exchanges demonstrate how a listener can get the speaker to elaborate on a point.

clarification:

— Je n'ai vraiment pas de chance! Chaque fois que j'achète quelque chose, je n'ai que des problèmes.

— **Qu'est-ce que tu veux dire?**

— C'est très simple! Quand je me permets enfin d'acheter quelque chose de bien, ça se casse dès le premier jour.

— **Par exemple?**

— Eh bien, je me suis payé un smartphone que je voulais depuis longtemps. En l'essayant à la maison, j'ai découvert que l'écran tactile ne marchait pas. Et ce n'est pas la première fois qu'une chose pareille m'arrive.

— **Mais comment ça se fait?** Tu as une garantie, au moins?

— Oui, oui, bien sûr, encore heureux! Je le rapporte demain à la boutique pour l'échanger.

repetition:

— Je vais laisser tomber mon cours de mathématiques.

— **Comment?**

— J'ai dit que j'allais laisser tomber mon cours de maths.

— Ah, ce bruit! Je ne t'entends toujours pas. **Qu'est-ce que tu dis?**

— Mon cours de maths. Je vais le laisser tomber.

— Aujourd'hui j'ai passé une journée formidable.

— **Raconte un peu.**

— D'abord, j'ai eu une bonne note à un contrôle.

— **Dans quel cours?**

— En français. Ensuite, j'ai déjeuné au restaurant.

— **Avec qui?**

— Avec Théo et Manon.

— Ah bon. **Comment vont-ils?** On ne les voit plus jamais.

— Ils se sont installés dans un studio très chic et ils semblent heureux.

— **Qu'est-ce que tu as fait d'autre?**

— J'ai passé l'après-midi à m'acheter des vêtements.

D'autres
expressions
pour réagir

LA CLARIFICATION

Qu'est-ce que tu veux (vous voulez) dire?	What do you mean?
Ça veut dire quoi, exactement?	What does that mean, exactly?
Raconte un peu.	So tell (Tell) [what happened].
Par exemple?	For example?
Je ne comprends pas.	I don't understand.

LA REPETITION

Comment?	Excuse me? What? (I didn't understand you.)
Pardon?	Excuse me? What? (I didn't hear you.)
Qu'est-ce que tu dis (vous dites)?	What did you say?
Quoi? (Hein?) (familier)	What?

RENSEIGNEMENTS SUPPLEMENTAIRES
Yes/No questions
Information questions: **combien, où, comment, quand, pourquoi, (avec/chez/ pour/à) qui, quel, à quelle heure,** and so on.

K **Qu'est-ce que tu dis?** Complete the following conversation by supplying logical responses that ask for clarification, repetition, and additional information.

SACHA: C'est incroyable! Tu ne croiras jamais ce que mes parents m'ont dit.

LYDIE: _____

SACHA: Nous allons déménager dans six mois.

LYDIE: _____

SACHA: J'ai dit que, dans six mois, nous allions déménager.

LYDIE: _____

SACHA: Ma mère a trouvé du travail à Toulouse.

LYDIE: _____

SACHA: Elle va travailler pour l'Aérospatiale.

LYDIE: _____

SACHA: Mon père est d'accord. Il préfère le climat du Sud-Ouest et ses parents habitent près de Toulouse.

LYDIE: _____

SACHA: Moi, je trouve qu'on devrait rester ici. C'est stupide de déménager.

LYDIE: _____

SACHA: Ben, voilà. D'abord, tous nos amis sont ici. Ma sœur et moi, nous venons de commencer l'année scolaire. Et puis, moi, je veux rester ici, c'est tout.

LYDIE: D'accord. Mais tu n'as pas le choix. Alors, si tu veux, en été on peut aller te voir. Ça sera génial, non?

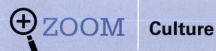

⊕ ZOOM | Culture

Questions «tabou»

Questions à ne pas poser à un(e) Français(e) même si on le/la connaît assez bien:

- ■ âge
- ■ état civil (marié[e], célibataire, veuf, veuve, divorcé[e], etc.)
- ■ famille (enfants, parents, etc.)
- ■ questions financières (salaire, coût de quelque chose, impôts payés, etc.)
- ■ parti politique
- ■ votes aux élections
- ■ santé (maladies, médecins, handicaps, etc.)
- ■ notes dans les cours (aux contrôles)
- ■ problèmes personnels

L **Mon autobiographie.** In preparation for class work, provide the autobiographical information asked for in the following form. Note that since this is about you, you can decide that there are some things that are not applicable or that you don't want to talk about. In that case, add other things about you that someone might find interesting.

Autobiographie

Nom de famille _____

Prénom _____

Type de logement _____

Lieu de naissance _____

Spécialisation à l'université _____

Cours _____

Emploi(s) / Job(s) _____

Activités préférées _____

Musique préférée _____

Etat civil [célibataire, marié(e), veuf (veuve), divorcé(e)] _____

Nombre d'enfants _____

Age des enfants _____

Autres détails autobiographiques _____

_____

Entre nous 1: Le jeu de la conversation

 M **Des réactions.** Read the following pieces of news to your partner. He or she will react using an expression of surprise, acknowledgment, or agreement. When you've finished, change roles. You must react with expressions not already used by your partner.

1. Mes parents pensent que je suis trop frivole. Je dépense très facilement mon argent.

2. Je n'arrive pas à le croire! Je viens de rater mon partiel de chimie, et pourtant j'avais révisé pendant des journées entières.

3. Mon (Ma) petit(e) ami(e) refuse de m'accompagner au concert.

4. J'ai vu Billel hier. Il m'a dit que sa sœur reviendra de Paris pour les vacances.

5. La semaine dernière j'ai eu un accident de voiture. Maintenant mon père refuse de me laisser conduire.

6. Nos voisins nous ont invités à passer les vacances dans leur chalet en Suisse.

 N **Explique un peu.** As you read each of the following statements to your partner, he or she will first ask for clarification, then will ask you to repeat, and finally will ask you for more information. You should respond appropriately to the inquiry. When you're done, reverse roles. You may not use the same expressions that your partner has already used.

1. Je ne comprends pas du tout mes enfants. Ils ne sont vraiment pas raisonnables.

2. J'ai passé une journée absolument épouvantable.

3. Zut! Je n'ai toujours pas de travail pour cet été.

4. Demain, c'est une journée très spéciale pour moi.

5. Non mais tu ne vas pas croire ce qui m'est arrivé hier!

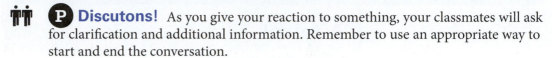 **P** **Discutons!** As you give your reaction to something, your classmates will ask for clarification and additional information. Remember to use an appropriate way to start and end the conversation.

Suggested topics:

Your reactions to a movie.

Your reactions to a professor or a course.

Something that happened to you recently.

Plans you have for the next vacation.

Q **Mon autobiographie.** Complete these steps as a follow-up to Exercise M.

1. Question another student in class and fill in the information you get on the blank form below. Example: For **domicile**, ask the student: **Où est-ce que tu habites?** When you've been given each piece of information, you show interest by asking for clarification, repetition, or additional information. You must ask at least two follow-up questions for each item.

2. Now that you've interviewed another student, take the information and go tell a third party about what you found out.

3. Finally, this third party goes back to the interviewee, explains what was said, and the interviewee confirms correct information and makes corrections to misinformation.

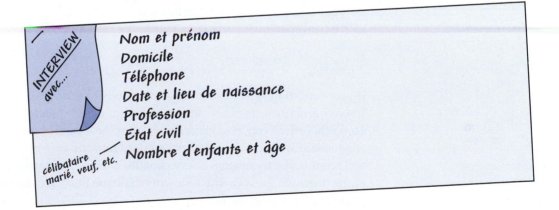

R **Qu'est-ce que je vais faire?** You're upset about something and you find it difficult to put your problem into words. As you give a very hesitant explanation of the problem, your partner will help you out and will ask for clarification and additional information. It's finally up to your partner to offer an explanation or advice. When you've finished, reverse roles.

Possible problems:

Your friend didn't invite you to a party.

You didn't do well on a test.

Your best friend or a family member is not talking to you.

You lost your backpack with your wallet, keys, and cell phone.

You want to quit your job but don't know how to tell your boss (she's a friend of yours).

A faire!

■ **Enregistrement,** Ex. S

■ **Stratégies communicatives,** Ex. T

 S Enregistrement: Des explications. Get together with a student in the class and record a short conversation. One of you explains something to the other. You can select from among any of the topics that have already been used in this chapter (something that happened recently, your plans for the next vacation, and so on), or you may choose your own topic. While one of you does the explaining, the other one must use as many expressions as seem natural to ask for clarification, repetition, additional information, or to provide help. Do everything you can to make the conversation progress smoothly. Then choose a different topic and reverse roles. Your instructor will listen to the recordings for comments and evaluation.

Le jeu de la conversation

THROWING THE BALL

To be an effective conversational partner, it's not enough to catch the ball. It's just as important to know how to throw the ball back so that the conversation keeps going. In order to do this, you need to know some of the strategies that will make you an active conversational partner.

TAKING THE FLOOR

If you want to interject something into a conversation, just look at the previous speaker and use a starter to attract his or her attention and, possibly, to interrupt. To do this effectively, you must first learn to be a careful listener, because very often what is said will serve as your springboard into the conversation. Your interruption will seem perfectly normal and acceptable if what you say is closely tied to the words of the previous speaker. The following dialogue illustrates some of the effective strategies for taking the floor.

— Tu connais Stéphane Rodrigues?

— Oui, bien sûr. Nos parents sont voisins depuis des années. Pourquoi?

— Eh bien… il lui est arrivé quelque chose de très bizarre l'autre jour. Il était à son cours de philo en train de passer un examen. Au bout d'un moment il s'est aperçu que son voisin regardait sa copie. Comme Stéphane avait peur que le prof l'accuse, lui, de copier, il a essayé de cacher sa feuille. Mais de temps en temps il ne pouvait pas résister et il jetait des coups d'œil sur son voisin pour voir s'il continuait à tricher. C'est à ce moment-là que le prof l'a vu, et voilà le pauvre Stéphane, accusé de copier sur son voisin. Le prof…

— **Mais,** c'est pas possible!

— Si, si. Imagine un peu la situation. Stéphane qui ne peut pas se défendre contre cette accusation…

— **Mais, écoute,** Stéphane n'a rien dit?

— Si, si. Mais, franchement, qui allait croire son histoire? Les autres étudiants...

— **Justement,** il y avait tout de même d'autres étudiants dans ce cours. Est-ce que personne n'a vu ce qui s'est passé?

— Qu'est-ce que tu crois? Ils ne faisaient pas attention. Et...

— **D'accord, mais** le prof connaît bien Stéphane. Qu'est-ce qui est arrivé finalement?

— Stéphane a eu zéro à son partiel et l'autre étudiant aussi.

— Mais ce n'est pas juste!

— Non, mais il n'y avait rien d'autre à faire, aucune preuve.

— Moi, **je pense que** l'autre aurait pu avoir l'honnêteté de se dénoncer. Moi, j'aurais...

— Arrête, tu aurais fait pareil!

— **Mais non! Attends,** tu veux dire que TOI, tu aurais laissé Stéphane se prendre un zéro pour rien?

— Euh, non... enfin...

Expressions pour continuer une conversation		
D'accord, mais...		OK, but . . .
Mais tu sais (vous savez)...		But you know . . .
Justement. (Exactement.)		Exactly.
Mais non (Pas du tout).		Not at all.
(Mais,) Franchement,...		(But,) Really, . . .
Arrête (Arrêtez).		Get real. (Oh, stop.)
Attends (Attendez) un peu...		Wait a second.
Je comprends, mais...		I get it (understand), but . . .
(Oui, mais...) Mais...		(Yes,) But . . .
Ecoute,... (Ecoutez,...)		Listen, . . .
Moi, je pense que...		I think that . . .

GAINING TIME

If you need time to think, show the others that you have not finished your thought and that you'll continue. To do this, you need to make use of conversational fillers (hesitation markers) that have no meaning in themselves, other than to indicate that you're stalling for time. You may need to gain time in the middle of a sentence, particularly when you're searching for the right word or expression to get your meaning across. This is when a conversational filler comes in handy.

— Qu'est-ce que tu as fait là?

— **Eh bien**, j'ai essayé d'ouvrir cette bouteille... **euh...** et je n'ai pas fait attention. Alors... **euh...**

— Regarde un peu ce tapis. **Franchement,** quelle catastrophe!

— **Ben,** oui. Mais, **tu sais,** c'était un accident!

— **Bon alors... Voyons...** essaie de nettoyer tout ça. Et surtout ne te coupe pas! Ce serait vraiment le comble! Ah, ces enfants! Toujours quelque chose!

Ces expressions peuvent être utilisées soit au début soit à l'intérieur d'une phrase.

ben…	well . . .
bon alors…	OK, so . . .
eh bien…	so . . .
euh…	umm . . .
voyons…	let's see . . .
tu sais… (vous savez…)	you know . . .

THROWING THE BALL BACK

When you've taken your turn in a conversation, throw the ball back to the listener by adding a word or expression that requires a response.

— Solange veut déménager. **Tu es d'accord, toi?**
— Moi, je ne sais pas. Je me plais bien ici. **Qu'est-ce que tu en penses?**

— C'était vraiment méchant. **Tu ne trouves pas?**
— Absolument!

— J'ai beaucoup à faire ce soir. **Et toi?**
— Moi, je vais aller au cinéma.

— Elle a eu de la chance. **Tu ne crois pas?**
— Oui, elle aurait pu se faire mal.

Besides these expressions, you can also throw the ball back by simply adding an information question pertaining to the topic being discussed.

— Ce week-end, moi, je vais me reposer. **Qu'est-ce que tu vas faire, toi?**

— Moi, je vais réparer ma voiture.

T **Des proverbes.** In class, you'll have a small-group discussion of one or several of the following proverbs. In preparation for this discussion, select some expressions you want to use for each of the categories indicated. Also think about the arguments you would make to support or refute the proverb.

Taking the floor: _____

_____

_____

Gaining time: _____

_____

_____

Throwing the ball back: _____

_____

_____

Proverbes:

L'habit ne fait pas le moine.

Dis-moi qui tu fréquentes, je te dirai qui tu es.

L'argent ne fait pas le bonheur.

Le temps, c'est de l'argent.

Vouloir, c'est pouvoir.

L'argent est un bon serviteur mais un mauvais maître.

Entre nous 2: Improvisons!

 U **Des proverbes.** As a follow-up to Exercise T, discuss the proverbs with your classmates. Remember to use the expressions you selected to take the floor, to gain time, and to throw the ball back. Explain why you agree or don't agree with the proverb under discussion and give examples to back up your point of view.

 V **Obsessions.** Each member of the group picks a topic he or she is going to be obsessive about. One student starts the ball rolling by saying something related to the obsession. It's the task of the other members of the group to listen and find a way of interrupting to talk about their own obsessions. In order to do so, each one should use the strategies for taking the floor and for paraphrasing.

Possible obsessions: food, leisure-time activity, work, money, sports team, dating, clothes, movies, electronic devices (e.g., type of cell phone or tablet, apps)

 W **Un étranger.** You're sitting next to a stranger on an airplane. Start a conversation, find out as much as possible about the person, and steer the conversation to a topic of interest to you. End the conversation before you deplane. Now go to someone else in the class (the person meeting you at the airport) and talk about the person you talked to on the plane.

 X **Les signes du zodiaque.** Before you begin the activity, read the characteristics of your astrological sign and underline the traits that seem to fit you best. Now find three or four other students who have the same sign as you. Appoint a group leader for each group. The members of the group then find out what they have in common with each other. The group leader doesn't participate in the discussion, but rather takes notes, and then reports back to the class about what the members of the group have in common.

 Bélier (21 mars–20 avril): aventureux, courageux, énergique, aime la liberté, impulsif, égoïste, impatient, enthousiaste, généreux, vif, déteste la routine, bon sens de l'humour, sait prendre des décisions, changeant, aime le défi (*challenges*), innovateur, aime les sports violents.

 Taureau (21 avril–21 mai): sens pratique, responsable, patient, aime le luxe et la bonne cuisine, persistant, grande détermination, fidèle, possessif, paresseux, manque d'originalité, adore la routine, tient à ses opinions, manque de flexibilité, têtu (*stubborn*), aime la sécurité de la famille, jaloux, charmant, lent, sait gagner de l'argent.

Gémeaux (22 mai–21 juin): s'adapte facilement, intellectuel, bon sens de l'humour, actif, aime parler, superficiel, aime les commérages (*gossip),* change d'avis facilement, sait raisonner, fait plusieurs choses à la fois, recherche la variété, s'ennuie facilement, sensible (*sensitive*), un peu froid.

 Cancer (22 juin–23 juillet): aimable, sensible (*sensitive*), beaucoup d'imagination, instinct maternel ou paternel très développé, patriote, protecteur, change d'humeur (*mood*) facilement, n'aime pas la critique, positif dans son attitude, passe d'un extrême à l'autre dans ses sentiments et attitudes, se fait du souci pour un rien, bonne mémoire.

 Lion (24 juillet–23 août): généreux, créateur, enthousiaste, sens de l'organisation, intolérant, dogmatique, adore le pouvoir (*power*), snob, veut être le leader, beaucoup de charme, bonne humeur (*mood*), optimiste, sensible (*sensitive*) et facilement blessé (*hurt*), veut être au centre des activités.

 Vierge (24 août–23 septembre): adore analyser les choses, modeste, propre (*clean*), bien organisé, se fait beaucoup de soucis (*worrier*), critique facilement les autres, conservateur, sens pratique, travailleur, cherche à aider les autres, ne sait pas se détendre (*relax*), s'arrête à tous les détails, aime surtout l'ordre et la propreté (*cleanliness*).

 Balance (24 septembre–23 octobre): charmant, aime l'harmonie et le confort, détendu (*relaxed*), diplomate, idéaliste, raffiné, indécis, frivole, instable, se laisse facilement influencer, déteste les disputes, paresseux, sens de la justice, optimiste, n'aime pas être seul (*alone*).

 Scorpion (24 octobre–22 novembre): puissant (*powerful*) dans ses sentiments et émotions, sait ce qu'il veut, beaucoup d'imagination, subtil, jaloux, obstiné, se révèle avec difficulté (*secret*), se méfie (*is suspicious*) des autres, énergique, quelque peu masochiste, dynamique, fascinant, mystérieux, intuitif.

 Sagittaire (23 novembre–21 décembre): jovial, optimiste, tolérant, s'adapte facilement, philosophe, sincère, franc, honnête, tend à exagérer, extrémiste, irresponsable, capricieux, intellectuel, rejette les conventions, grand besoin de liberté, sait faire des projets.

 **Capricorne** (22 décembre–20 janvier): ambitieux, prudent, sens de l'humour, discipliné, patient, grande détermination, rigide dans ses opinions, pessimiste, conservateur, un peu avare (*stingy*), quelquefois méchant (*nasty*), sérieux, facilement déprimé (*depressed*), timide, se sent (*feels*) souvent seul (*alone).*

 Verseau (21 janvier–19 février): indépendant, aimable, bonne volonté, original, innovateur, fidèle, idéaliste, intellectuel, altruiste, tendance à la révolte, libéral, excentrique, esprit de contradiction, manque de tact, garde ses distances, sait faire des sacrifices pour protéger sa liberté.

 Poissons (20 février–20 mars): humble, obéit à ses émotions, sensible (*sensitive*), s'adapte facilement, se laisse facilement impressionner, aimable, vague, aime les secrets, aucun sens pratique, manque de volonté, indécis, peu adapté à la réalité, déteste la routine et la discipline, charmant, sentimental.

2

Demander et rendre service

Chris Ferting/iStockphoto.com

kali9/iStockphoto.com

Tyler Olson/Photos.comv

A faire!

- **Planning Strategy,** Ex. A
- **A l'écoute,** Ex. B, C, D
- **Vocabulaire et renseignements,** Ex. E
- **Stratégies communicatives,** Ex. F

Planning Strategy

A **Asking for help.** Your French friend is in need of help. He asks how one goes about asking another person for help in English. Imagine a situation (he needs money, a ride, to borrow something) and suggest three ways he could ask for help; be sure to indicate to him the level of language (formal, informal, slang).

1. _____

_____

2. _____

_____

3. _____

_____

A l'écoute

The listening material for Exercises C and D is found on the website. If you wish to verify your comprehension, you may consult the audioscript.

You will hear six short conversations. Before listening to them, do the **Préécoute** exercise (Exercise B). Then, listen to the conversations two or three times as you try to get used to the rhythm of the sentences and try to identify the topic of each conversation. Finally, listen to them again while doing Exercises C and D.

Note: All exercises in the **Chez vous** sections marked with an asterisk are self-correcting. The answers are in the answer key.

*** B** **Préécoute.** Voici trois conversations où on demande un service à quelqu'un. Dans chaque conversation, l'ordre des phrases est embrouillé (*mixed up*). Rétablissez la chronologie en numérotant les phrases.

CONVERSATION 1

_____ —Mais certainement. Que veux-tu que je fasse?

_____ —Oh, c'est vraiment gentil de ta part.

_____ —Eh bien. Mes parents arrivent vers 4h. Tu pourrais leur expliquer que, moi, j'ai cours jusqu'à 4 heures et demie.

_____ —Ecoute, Aïssatou, tu pourrais me rendre un petit service?

_____ —Pas de problème. D'ailleurs, je peux rester avec eux jusqu'à ce que tu rentres de ton cours.

- -

CONVERSATION 2

_____ —Des billets de 10 ou de 20.

_____ —Je vous remercie tout de même. Je m'excuse de vous avoir dérangée.

_____ —Excusez-moi, Madame. Vous auriez la monnaie de 100 euros, s'il vous plaît?

_____ —Oh, je suis désolée. Je n'ai que des billets de 50.

_____ —Attendez, je vais voir. Qu'est-ce qu'il vous faut?

- -

CONVERSATION 3

_____ —Oui, je te le jure.

_____ —Pas de problème. Je te la rendrai avant 6h. Je te le promets.

_____ —Oh, merci. Tu es vraiment très sympa.

_____ —Dis donc, tu pourrais me prêter ta voiture?

_____ —Avant 6h? T'es sûr?

_____ —Ma voiture. Oh, je ne sais pas, euh… moi, je dois sortir ce soir.

_____ —Eh bien, d'accord. Voici les clés.

★ **C On accepte ou on refuse?** For each conversation, indicate the subject (i.e., what the person is asking someone else to do), and then indicate the other's response: (1) he or she accepts immediately; (2) he or she accepts with some hesitation and/or under certain conditions; (3) he or she refuses.

CONVERSATION 1

CD1: Track 5

Jean-Philippe parle à un ami de son nouvel appartement.

| Vocabulaire utile |

quoi de neuf? what's new? / **déménager** to move / **à propos** by the way / **donner un coup de main à quelqu'un** to give someone a hand

Service demandé: _____   Réponse: _____

CONVERSATION 2
CD1: Track 6

Etienne parle avec sa sœur, Annick.

Vocabulaire utile

prêter to lend / **un boulot** job

Service demandé: _____   Réponse: _____

CONVERSATION 3
CD1: Track 7

Marielle parle avec son amie, Sophie.

Vocabulaire utile

tenir à y aller to really want to go / **porter** to wear / **nettoyer** to clean /
un ange angel

Service demandé: _____   Réponse: _____

CONVERSATION 4
CD1: Track 8

Jean-Luc téléphone pour parler à son ami Kevin.

Vocabulaire utile

C'est de la part de qui? Who's calling? / **ensemble** together / **faire la
commission** to give the message

Service demandé: _____   Réponse: _____

CONVERSATION 5
CD1: Track 9

M. Lemoine s'adresse à une femme qui passe dans la rue.

Vocabulaire utile

le quartier neighborhood / **déboucher sur** to run into

Service demandé: _____   Réponse: _____

CONVERSATION 6
CD1: Track 10

Thierry parle avec son amie, Nicole.

Vocabulaire utile

le quartier neighborhood / **déboucher sur** to run into

Service demandé: _____   Réponse: _____

s'occuper de to take care of / **garder** to keep / **sauter** to jump /
les meubles furniture / **s'échapper** to escape, run off

Service demandé: _____   Réponse: _____

*⬛**D** **Services.** Find the following in the conversations you're listening to:

1. three expressions used to *ask* someone to do something

_____

_____

_____

2. two expressions used to *accept* doing something for someone

_____

_____

3. an expression used to *hesitate* about doing something for someone

_____

4. an expression used to *decline* to do something for someone

_____

Vocabulaire et Renseignements

⬛**E** **Les services dont on a besoin.** Quand vous demandez à quelqu'un de vous rendre service, c'est normalement parce que vous avez besoin de quelque chose. Voici plusieurs services qu'on demande souvent. Pour chaque service, trouvez dans la liste donnée trois ou quatre mots ou expressions qui sont utiles pour mieux préciser le service demandé.

Vocabulaire utile	**rembourser** to reimburse / **promener** / **conduire bien** / **mettre quelque chose dans des cartons** to put something in boxes / **envoyer une lettre (une carte postale)** / **à... heures** / **de la viande ou de la pâtée pour chiens (chats)** dog (cat) food / **dans le frigo ou dans le placard** closet / **avoir besoin de... euros** / **entre... heures et... heures** / **être en panne** to be broken down (e.g., a car) / **acheter des timbres à... euro(s)** / **se retrouver devant (à côté de, au coin de)** / **être fauché(e)** to be broke, to have no money / **pour combien de temps** / **nettoyer (laver)** / **brosser** / **prêter** to lend / **emprunter** to borrow / **tout remettre en place** / **aller (venir) chercher quelqu'un ou quelque chose** to go (to come) pick up someone or something

laisser un mot

_____

_____

_____

aider à déménager

_____

_____

_____

emprunter une voiture

_____

_____

_____

s'occuper d'un animal domestique

_____

_____

_____

emprunter de l'argent

_____

_____

_____

aller au supermarché

_____

_____

_____

venir vous chercher

_____

_____

_____

_____

Stratégies communicatives: pour demander un service

Quand on demande à quelqu'un de rendre un service, on met souvent le verbe au conditionnel. De cette façon, on souligne l'idée que l'action n'est qu'éventuelle, c'est-à-dire, qu'elle ne s'est pas encore produite et que l'autre personne a la possibilité d'accepter ou de refuser de rendre ce service.

— S'il vous plaît, Madame. Est-ce que vous **pourriez** me changer ce billet de 500 euros?

— Ecoute, Alfred. Tu **voudrais** me prendre un journal quand tu seras en ville?

Bien entendu, la formule qu'on utilise peut varier selon le contexte. Par exemple, dans une situation où il faut être très poli, on utilise une expression plus cérémonieuse:

— Excusez-moi, Monsieur. **Est-ce qu'il vous serait possible de** me rendre un petit service? J'ai besoin de quelqu'un qui pourrait me conduire à l'aéroport.

Par contre, en parlant à un très bon ami, on peut même abandonner le conditionnel:

— Ecoute, Emma. Je sors avec Eric ce soir. Tu vas être gentille, **tu vas me prêter** ton nouveau pull?

<table>
<tr><td colspan="2">Expressions pour demander un service</td></tr>
</table>

STYLE SOIGNE	
Voudriez-vous bien...?	Would you mind . . .
Pourriez-vous...?	Could you . . .?
Est-ce qu'il vous serait possible de...?	Would it be possible for you to . . .?
Auriez-vous le temps de...?	Would you have time to . . .?
STYLE FAMILIER	
Tu veux (voudrais) bien...?	Will (Would) you . . .?
Tu pourrais...?	Could you . . .?
Tu pourrais me donner un coup de main?	Could you give me a hand?
Il te serait possible de...?	Would it be possible for you to . . .?
Tu as le temps de...?	Do you have time to . . .?

F **Deux services dont vous avez besoin.** Avec l'aide des expressions dans la liste, formulez une demande de service dans les situations suivantes.

1. Vous avez du mal à comprendre l'emploi du passé composé et de l'imparfait. Vous voulez demander à votre professeur de vous l'expliquer encore une fois après le cours d'aujourd'hui. (2 façons de demander ce service)

   a. _____

   _____

   b. _____

   _____

2. Vous avez besoin de 15 euros pour acheter un nouveau DVD. Vous allez demander à un(e) ami(e) de vous prêter de l'argent. (2 façons de demander ce service)

   a. _____

   _____

   b. _____

   _____

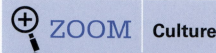

«1 toit, 2 générations»

Partout en France les loyers sont si élevés que les étudiants ont de la peine à trouver un logement convenable. *Un toit, deux générations* (logement intergénérationnel) est un projet qui a pour but de remédier à cette situation. La formule de ce programme est assez simple: sélectionner des étudiant(e)s qui veulent partager le logement de personnes âgées. En échange d'une chambre au loyer réduit, les

Silvia Jansen/iStockphoto.com

étudiants s'engagent à rendre des services selon les besoins de leurs colocataires: faire la lessive, faire les courses, préparer les repas, faire le ménage, organiser des sorties, et, surtout, leur tenir compagnie.

Cette solution économique aide les étudiants à trouver un logement et aide en même temps les seniors qui ne pourraient plus vivre seuls et souffrent de la solitude. Idée géniale, n'est-ce pas?

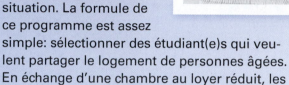

Entre nous 1: Demander des services

 G **Les services dont on a besoin (*suite*).** Comparez avec d'autres étudiants les mots et les expressions que vous avez choisies pour l'exercice E.

 H **Vous demandez à... de...** A tour de rôle, demandez à votre partenaire de vous rendre les services suivants; variez les expressions que vous utilisez et ajoutez des détails.

Modèle: Demandez à votre camarade de chambre de vous réveiller à 6h30.

—*Tom, tu pourrais me réveiller à 6h30? J'ai un examen et je voudrais réviser avant d'aller en cours.*

—*Melissa, il te serait possible de me réveiller à 6h30? Je dois téléphoner à mon père avant qu'il parte travailler.*

1. Demandez à un(e) ami(e) de vous prêter de l'argent.
2. Demandez à un(e) passant(e) de vous aider à faire démarrer (*to start*) votre voiture.
3. Demandez à votre père de vous prêter sa nouvelle voiture pour le week-end.
4. Demandez à un(e) ami(e) de vous aider à corriger un devoir.
5. Demandez à la mère de votre ami(e) de lui dire que...
6. Demandez à un(e) ami(e) de vous aider à déménager ce week-end.
7. Demandez à votre mari (femme) d'aller au supermarché.
8. Demandez à un serveur (une serveuse) de vous apporter une fourchette.

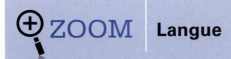

ZOOM | Langue

Du côté technologie

De nos jours, on a souvent des difficultés avec les gadgets électroniques. Cette liste de vocabulaire et phrases vous permettront de demander de l'aide à quelqu'un.

un portable	laptop, cell phone
un ordinateur	computer
un ordi (familier)	computer
une tablette / un iPad	tablet
une imprimante	printer
un smartphone	cell phone, smart phone

Problèmes:

Mon ordi est en panne.	My computer crashed.
Mon portable ne s'allume pas.	My laptop won't boot up.
Je ne reçois pas mes messages.	My e-mails aren't downloading.
Est-ce que l'anti-virus est à jour?	Is the anti-virus updated?
J'ai oublié mon mot de passe.	I forgot my password.
On fait (Je fais) comment pour...	What do I have to do to . . .
changer la cartouche d'encre?	change the printer cartridge?
télécharger des vidéos?	download videos?
envoyer mes photos?	send my pictures?
envoyer un fichier joint?	send an attachment?

 I J'ai besoin de quelqu'un pour... Pour chaque situation, expliquez pourquoi vous avez besoin d'aide, puis demandez à votre partenaire de vous aider.

> **Modèle:** s'occuper d'un animal domestique
>
> *Je pars ce week-end et j'ai besoin de quelqu'un pour s'occuper de mon chat. Tu aurais le temps de lui donner à manger et à boire? Je pourrais laisser des boîtes de pâtée pour chats dans le frigo.*

1. vous prêter un livre
2. vous aider à faire les devoirs de...
3. s'occuper d'un animal domestique
4. venir vous chercher pour aller...
5. vous laisser utiliser son ordinateur
6. vous aider avec un problème technologique
7. _____ (à vous de choisir le service)
8. _____ (à vous de choisir le service)

†† J Mon ami(e) ne parle pas français. Vous voyagez dans un pays franco-phone avec un(e) ami(e) qui ne parle pas français. Par conséquent, chaque fois que votre ami(e) a besoin de quelque chose, c'est vous qui devez faire la demande pour lui (elle). Pour chaque situation, votre ami(e) inventera les détails (en anglais) et vous ferez la demande de service (en français, bien entendu). Consultez la liste de vocabulaire avant de faire chaque demande.

> **Modèle:** (speaking to a family member) to get to the airport
>
> AMI(E): I have only one hour to get to the airport; my plane is going to leave without me. Can you get me someone to take me there?
>
> VOUS: *Est-ce que tu pourrais aider mon ami(e)? Son avion part dans une heure et il (elle) a besoin de quelqu'un pour le (la) conduire à l'aéroport.*

1. (at a hotel reservation desk) to get a hotel room
2. (speaking to another friend) to show around the city
3. (at a pharmacy) to get some medicine
4. (speaking to another friend) to borrow something
5. (at an airline ticket counter) to change flights
6. (speaking to another friend) to find out information about a concert

Vocabulaire utile

At a hotel reservation desk: **vouloir réserver une chambre avec... / un grand lit (deux lits) / salle de bains (douche, baignoire) / réserver pour... nuits / payer par carte de crédit (par chèque)**

To show around the city: **visiter / trouver des voyages organisés pour touristes / prendre l'autobus / se promener à pied / tenir particulièrement à voir** to be especially anxious to see

To get some medicine: **ne pas se sentir bien / avoir la grippe (un rhume, mal à) / se casser (se fouler** [to sprain]**) / être allergique / avoir besoin de quelque chose pour calmer (soulager) / préférer des comprimés** (pills) **(des suppositoires, des gouttes** [drops]**)**

To borrow something: **vouloir emprunter quelque chose / le (la) rendre** (to return) **/ en avoir besoin pour... jours (heures) / prendre grand soin de / faire bien attention**

At an airline ticket counter: **changer de vol / partir plus tôt (plus tard) / prendre un vol direct / avoir une correspondance** to have a connection **/ arriver avant... heure(s)**

To find out information about a concert: **toujours des places disponibles** (available) **/ le prix des billets / être près de (loin de) la scène** (stage) **/ commencer à quelle heure / finir à quelle heure**

A faire!

- **A l'écoute,** Ex. K, L
- **Vocabulaire et renseignements,** Ex. M
- **Stratégies communicatives,** Ex. N

A l'écoute

The listening material for Exercises K and L is found on the website. If you wish to verify your comprehension, you may consult the audioscript.

WORD GROUPS AND BOUNDARIES

The basic element of spoken English is the word; native speakers of English tend to mark the boundary between one word and the other. For example, in English, there is a distinct difference in enunciation between *I scream* and *ice cream* or between *a name* and *an aim.* The basic element of spoken French, however, is the word group. Native speakers of French link sounds together within a word group, eliminating the boundaries between individual words. For example, in French, there is no clear distinction between the phrases **et les gants** and **élégant** or **il est ouvert** and **il est tout vert.** In short, several words strung together sound like a single word. As a consequence, when listening to spoken French, it is necessary to *listen for word groups* rather than for individual words.

CD1: Track 11

* **K Le groupement de mots.** As you listen to the following phrases and short exchanges, indicate with a slash (/) the word groups you hear.

> **Modèle:** You hear: Elle a passé la nuit dans un hôtel.
>
> You indicate: *Elle a passé la nuit / dans un hôtel.*

1. On est allé en Angleterre.
2. Ils se sont acheté une grosse voiture allemande.
3. Nous avons vu Michèle et ses parents au centre commercial.
4. Quand elle est tombée, elle s'est fait mal au dos et au bras.
5. L'année dernière j'ai passé trois semaines aux Etats-Unis et huit jours au Canada.
6. Il y a un film de science-fiction là, *2001: Odyssée de l'espace.* C'est un vieux film, mais il est très bon.
7. — Tiens! A propos d'apéritif, si on dînait ensemble?

   — Ah, oui, il y a un restaurant de fruits de mer près du port.

   — Ah, très bien, comment s'appelle-t-il, ce restaurant?
8. — Alors, est-ce que vous avez déjà été moniteur dans une colonie de vacances?

   — Non, pas vraiment, mais j'ai fait beaucoup de babysitting avec mon petit frère et ma petite sœur. Je m'en occupe tout le temps. J'aime beaucoup les enfants.

   — Oui... c'est un peu différent tout de même. Il faut savoir encadrer (*to train*) les jeunes.

   — Ah mais oui, mais je vais très souvent à la Maison de la Culture avec les enfants.

LINKING AND LIAISON

In order to facilitate the grouping of words together, French speakers tend to link, within the same group, a word ending in a consonant with a word beginning with a vowel. They do so by treating the final consonant of the first word as if it were the initial consonant of the second word. For example, instead of saying **quelle / heure** as two separate words, they say **quelle heure** [kɛ lœr], thus making the second syllable of the group sound like the second syllable of the word **couleur** [ku lœr]. When this linking occurs with a final consonant that is ordinarily pronounced (such as **quelle**), it is called **enchaînement**; when it occurs with a final consonant that is ordinarily silent (such as the **t** in **c'est**), it is called **liaison**—for example, **c'est un livre** [se tɛ̃ livr]. Because of these two types of linking, words within a group will sound different from the way they sound when heard in isolation.

🔊 CD1: Track 12

*Ⓛ **L'enchaînement et la liaison.** As you listen to the following sentences and short exchanges, indicate with a ‿ each time that a final consonant is linked to an initial vowel within a word group.

> **Modèle:** You hear: Vous étiez avec elle à l'école?
>
> You indicate: *Vous‿étiez avec‿elle à l'école?*

1. Mes amis espèrent apprendre à nager.

2. Votre ami, pourquoi est-ce qu'il n'est pas allé en Amérique?

3. Avec l'incertitude économique, la direction hésite à augmenter ses effectifs (*number of workers*).

4. Alors il faut attendre encore un mois avant de les avoir?

5. Elle a envie de devenir ingénieur dans une grande entreprise.

6. — Qui est au téléphone?

   — C'est Jean-Michel. Il nous invite à voir son nouvel appartement.

7. — Ecoute, Patrick! J'ai quelque chose d'incroyable à te raconter! Mon ami Daniel est chef d'entreprise... c'est une petite entreprise... une quinzaine de personnes... et là on refuse d'engager des fumeurs.

   — Comment! Les gens qui fument, on refuse de les engager! Quelle idée! C'est un scandale!

   — Mais non. A mon avis, c'est très bien. On devrait encourager tous les employeurs à faire de même.

Vocabulaire et renseignements

Ⓜ **Les services dont vous avez besoin.** Pensez à six services que vous pourriez demander à quelqu'un que vous connaissez bien. Pour chaque service, notez les mots et les expressions qui vous seraient utiles pour faire cette demande.

Quelques suggestions	**aller chercher quelque chose à la bibliothèque / acheter quelque chose dans un magasin / envoyer un colis** (package) **/ aider à faire les devoirs / faire du babysitting / vous amener à l'aéroport / vous montrer comment faire quelque chose sur l'ordinateur**

1. _____   4. _____

   _____   _____

   _____   _____

   _____   _____

2. _____   5. _____

   _____   _____

   _____   _____

   _____   _____

3. _____   6. _____

   _____   _____

   _____   _____

Stratégies communicatives: pour accepter ou refuser de rendre un service

Quand on vous demande de rendre un service, vous avez, bien entendu, la possibilité d'accepter tout de suite:

— S'il vous plaît, Madame. Est-ce que vous pourriez me changer ce billet de 100 euros?
— **Certainement,** Monsieur.

— Ecoute, Alfred. Tu pourras m'acheter un journal quand tu seras en ville?
—**D'accord. Pas de problème.** Qu'est-ce que tu veux—*Le Monde?*

Ou bien vous pouvez hésiter avant d'accepter de faire ce qu'on vous demande:

— Excusez-moi, Monsieur. Pourriez-vous me rendre un petit service? J'ai besoin de trouver quelqu'un pour me conduire à l'aéroport.
— **Je voudrais bien** vous aider, **mais** je suis obligé de rester ici jusqu'à 4h.
— Ça ne fait rien, Monsieur. Je ne suis pas pressée.
— Dans ce cas, je serais heureux de vous y amener... disons, à 4h15.

— Manon, je sors ce soir avec Eric. Tu vas être gentille, tu vas me prêter ton nouveau pull?
— Mon nouveau pull? **Je ne sais pas,** Coralie. Je ne l'ai pas encore porté.
— Oui, mais je te promets d'y faire bien attention. Il est si joli!
— **Bon. D'accord.** Je te le prête pour la soirée.

Naturellement, parfois on ne peut pas ou on ne veut pas rendre service. Dans ce cas on peut refuser catégoriquement.

— S'il vous plaît, Madame. Est-ce que vous pourriez me changer ce billet de 100 euros?
— **Je suis désolée**, Monsieur. **C'est impossible**. Je n'ai pas de monnaie.

— Manon, je sors ce soir avec Eric. Tu vas être gentille, tu vas me prêter ton nouveau pull?
— Mon nouveau pull? **Pas question**. C'est moi qui le porte ce soir.

Ou bien on peut refuser d'une manière plus délicate en suggérant des difficultés et en proposant une autre possibilité.

— Ecoute, Alfred. Tu voudrais bien m'acheter le journal quand tu seras en ville?
— **Je voudrais bien, mais**... c'est-à-dire, euh... je n'ai pas beaucoup de temps et il n'est pas certain que je passe à côté d'un bureau de tabac.
— Oui, mais... si tu vois un marchand de journaux, par hasard...
— D'accord, mais je ne te promets rien.

— Excusez-moi, Monsieur Boudon. Pourriez-vous me rendre un petit service? J'ai besoin de trouver quelqu'un pour me conduire à l'aéroport.
— **Si j'avais le temps**, je serais heureux de vous y emmener, mais...
— Oh, je ne suis pas pressée, Monsieur. Nous pourrons y aller quand vous le voudrez.
— Oui, je dois vous dire que ma femme a la voiture et... c'est-à-dire... je crois que vous feriez mieux de demander à quelqu'un d'autre.

Expressions pour accepter ou refuser de rendre un service

POUR ACCEPTER	
Certainement.	Certainly.
Bien sûr.	Of course.
Avec plaisir.	With pleasure.
D'accord.	Okay.
Pas de problème.	No problem.

POUR HESITER	
Je voudrais bien, mais...	I'd like to, but . . .
Je ne sais pas.	I don't know.
Si j'avais le temps...	If I had time . . .
Ça dépend.	That depends.
C'est possible, mais...	It's possible, but . . .

POUR REFUSER	
Je suis désolé(e)...	I'm very sorry . . .
Je regrette, mais je ne peux pas...	I'm sorry, but I can't . . .
C'est impossible.	It's impossible.
Pas question.	No way.

*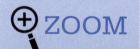 Accepter ou refuser: niveaux de langue. Dans la liste d'expressions à la page 38 pour accepter et refuser de rendre un service, identifiez les expressions qu'on utilise avec une personne qu'on ne connaît pas très bien et celles qu'on utilise avec un(e) ami(e) ou un membre de sa famille.

Style soigné (vous parlez à des gens que vous ne connaissez pas très bien ou que vous devez respecter)

1. expressions pour accepter de rendre un service

_____

2. expressions pour hésiter à rendre un service

_____

3. expressions pour refuser de rendre un service

_____

Style familier (vous parlez à des amis ou à des membres de votre famille)

4. expressions pour accepter de rendre un service

_____

5. expressions pour hésiter à rendre un service

_____

6. expressions pour refuser de rendre un service

_____

⊕ ZOOM | Culture

Les Restos du Cœur

Les Restos du Cœur est une association fondée en 1985 par Coluche (Michel Colucci [1944–1986], humoriste et comédien français). Le but est d'aider les personnes en difficulté en leur distribuant des repas gratuits. En 2010–2011, 109 millions de repas équilibrés ont été distribués. Au début, les Restos ne fonctionnaient que pendant l'hiver mais aujourd'hui, certains centres restent ouverts toute l'année et le nombre de bénévoles *(volunteers)* a augmenté pour faire face aux besoins.

Image Source/Alamy Limited

Entre nous 2: Accepter ou refuser de rendre service

 O Plusieurs réponses. Pour chaque service, la première personne fait la demande, les trois autres répondent ainsi: l'une refuse catégoriquement; la deuxième refuse plus gentiment; et la troisième accepte (avec ou sans hésitation, comme elle veut). Changez d'expression et de rôle pour chaque service.

Modèle: Demandez à un(e) camarade de classe de vous prêter son livre.

A: *Alex, tu pourrais me passer ton livre de français? J'ai oublié le mien.*

B: *Absolument pas. Je n'ai pas encore fait mes devoirs.*

A: *Hilary, est-ce que tu voudrais bien me prêter ton livre?*

C: *Je ne sais pas. J'en aurai besoin cet après-midi... Tu promets de me le rendre avant midi?... Oh, j'ai oublié, il me reste encore un exercice à faire... Désolée.*

A: *Anna, il te serait possible de me prêter ton livre?*

D: *Mais oui. Le voici. Mais n'oublie pas de me le rendre avant le cours.*

1. Demandez à un(e) ami(e) de vous prêter de l'argent.
2. Demandez à un(e) ami(e) de vous aider à déménager.
3. Demandez à un(e) passant(e) de vous aider à monter (*take upstairs*) un paquet lourd.
4. Demandez à un(e) ami(e) de vous amener en ville.
5. Demandez à un(e) passant(e) de vous aider à changer le pneu de votre voiture.
6. Demandez à un(e) ami(e) de vous prêter un vêtement.
7. Demandez à un(e) autre étudiant(e) de vous montrer comment télécharger (*to download*) une image.
8. Demandez à un(e) ami(e) de s'occuper de vos poissons exotiques pendant que vous serez en vacances.

P Les services dont vous avez besoin (*suite*). Demandez qu'on vous rende service. Utilisez les six situations que vous avez préparées pour l'exercice M. Si quelqu'un refuse catégoriquement de vous aider, cherchez une autre personne; si la personne hésite, essayez de convaincre la personne de vous aider. Variez chaque fois les expressions que vous utilisez pour demander un service et pour donner une réponse aux demandes de service.

Ⓠ Des échanges de service. Normalement, si on demande à quelqu'un de rendre service, c'est parce qu'on a vraiment besoin de quelque chose. Il arrive pourtant qu'on fasse une demande de service tout simplement afin de rendre sa vie un peu plus facile, un peu plus agréable.

- Faites une liste des services que vous voudriez qu'on vous rende afin de vous rendre la vie plus agréable (par exemple, qu'on vous apporte une pizza tous les soirs à 11h; que quelqu'un vienne faire votre lessive une fois par semaine,…).

- Ensuite, circulez parmi vos camarades de classe en cherchant quelqu'un qui veuille bien vous rendre service. Il y aura pourtant une condition: on n'acceptera pas de vous rendre service à moins que vous n'acceptiez de satisfaire à une demande de l'autre personne. Il s'agira donc toujours d'un échange de services. Par conséquent, chaque fois qu'on accepte de vous rendre un des services de votre liste, vous allez noter aussi le service que vous allez rendre en échange.

Services qu'on va vous rendre

_____

_____

_____

_____

_____

_____

Services que vous allez rendre

_____

_____

_____

_____

_____

_____

A faire!

- **A l'écoute,** Ex. R
- **Vocabulaire et renseignements,** Ex. S
- **Stratégies communicatives,** Ex. T

A l'écoute

The listening material for Exercise S is found on the website. If you wish to verify your comprehension, you may consult the audioscript.

CD1: Tracks 13–15

★ ® **On accepte ou on refuse? Pourquoi?** Vous allez écouter encore une fois trois des conversations que vous avez entendues au début du chapitre. En vous servant des stratégies que vous avez apprises (groupement de mots, enchaînement, liaison), indiquez pour chaque conversation: (a) le service qu'on demande; (b) pourquoi on le demande; (c) la réponse de la personne à qui on fait la demande; (d) l'explication de cette réponse.

1. _____

_____

_____

_____

_____

2. _____

_____

_____

_____

_____

3. _____

_____

_____

_____

_____

Vocabulaire et renseignements

Ⓢ **Une situation embarrassante.** Vous voyagez seul(e) dans un pays francophone. Vous descendez dans un petit hôtel. Vous vous réveillez le matin pour trouver qu'on a pénétré dans votre chambre pendant la nuit et qu'on vous a tout volé (*stolen*)—absolument tout: il ne vous reste qu'une grande serviette de bain (*bath towel*) appartenant à l'hôtel. En plus, c'est le jour de votre départ; vous devez prendre l'avion dans quelques heures. Après avoir réfléchi un moment, vous vous rendez compte qu'il y a trois personnes à qui vous pourrez demander de l'aide: un(e) employé(e) de l'hôtel, le(s) voyageur(s) qui occupe(nt) la chambre voisine et l'ami(e) d'un(e) ami(e) qui habite dans la ville et à qui vous pouvez téléphoner. Préparez-vous à jouer cette scène en complétant les schémas suivants.

<table>
<tr><td>Vocabulaire utile</td><td>En parlant à l'employé(e): J'aurais besoin de votre aide / il me faut (faudrait) / j'ai un petit problème / être le jour de votre départ / partir dans... heure(s) / ne pas avoir le temps d'attendre

En parlant aux voisins: Je m'excuse de vous déranger / J'ai un (petit) ennui / Pourriez-vous (m'aider, me donner un coup de main)?

En parlant à l'ami(e): avoir besoin de contacter / avoir besoin d'aide / avoir besoin de quelqu'un pour vous amener à l'aéroport / ne pas pouvoir prendre le taxi</td></tr>
</table>

CE DONT VOUS AVEZ BESOIN

_____

_____

_____

CE QUE VOUS ALLEZ DIRE ET DEMANDER…

à l'employé(e): _____

_____

_____

_____

aux voisins: _____

_____

_____

_____

à l'ami(e): _____

_____

_____

_____

Stratégies communicatives: demander un service à une personne qu'on ne connaît pas

Si on se trouve dans une situation où il faut demander de l'aide à quelqu'un que l'on ne connaît pas du tout, on peut utiliser les expressions que nous avons étudiées ci-dessus. Mais il faut les faire précéder d'une formule de politesse.

— **Pardon, Monsieur,** est-ce que vous pourriez m'aider à ouvrir cette fenêtre?

— **Excusez-moi, Madame,** sauriez-vous s'il y a un bureau de poste près d'ici?

— **Excusez-moi de vous déranger,** mais est-ce que vous auriez le temps de me donner quelques renseignements?

Expressions pour demander un service à une personne qu'on ne connaît pas		
Pardon, Monsieur (Madame)...	Pardon me, Sir (Ma'am), . . .
Excusez-moi, Monsieur (Madame)...	Excuse me, Sir (Ma'am), . . .
Excusez-moi de vous déranger, mais...	I'm sorry to bother you, but . . .

T Excusez-moi, Madame... Ajoutez une formule de politesse à chacune des demandes de service.

1. (à un homme dans la rue, vous avez oublié votre montre) _____, pourriez-vous me dire l'heure qu'il est?

2. (à une femme dans la rue, vous êtes perdu[e]) _____, la rue de la Paroisse, s'il vous plaît?

3. (à deux hommes dans la rue, vous essayez de soulever une boîte très lourde)

   _____, est-ce que vous pourriez nous donner un coup de main?

4. (à un homme assis dans la salle d'attente d'une gare, vous avez remarqué un gros

   titre qui vous intrigue) _____, mais est-ce que je pourrais regarder votre journal un instant?

5. (à votre professeur, vous ne comprenez pas une structure grammaticale) _____, auriez-vous le temps de m'expliquer l'emploi des pronoms démonstratifs?

Entre nous 3: Improvisons!

 U Une situation embarrassante (*suite*). Vous allez jouer la scène en imaginant qu'il est 7h du matin et que la victime de l'incident décrit dans l'exercice T vient de se réveiller. Si vous jouez un rôle autre que celui de la victime, essayez de penser aux réactions probables d'une telle personne: par exemple, l'employé(e) a l'habitude de ces situations, pour lui (elle) il n'y a peut-être rien d'exceptionnel; le(s) voisin(s) est (sont) un peu méfiant(s) (*mistrustful*), il(s) vient (viennent) de se réveiller aussi; l'ami(e) de l'ami(e) veut bien aider, mais il (elle) habite assez loin de l'hôtel. Préparez la scène avec quelques camarades, puis présentez-la à la classe.

V **Que faire?** Un(e) camarade de classe et vous allez jouer les scènes suivantes. Quand vous demandez un service, votre partenaire commencera par hésiter. Selon la qualité de vos arguments, il (elle) finira par accepter ou par refuser de vous aider. Puis changez de partenaire et de situation.

1. Vous voyagez en France et vous avez loué une voiture. Vous vous arrêtez dans un petit village pour déjeuner. Quand vous retournez à la voiture, vous découvrez qu'elle est fermée à clé (*locked*) et que vous avez laissé vos clés à l'intérieur de la voiture. Heureusement qu'il y a quelqu'un qui passe dans la rue.

2. Votre meilleur(e) ami(e) se marie ce week-end et vous voulez lui offrir un cadeau. Mais vous n'avez pas beaucoup d'argent et vous ne serez pas payé avant la fin du mois. Heureusement que votre frère aîné est à la maison.

3. Vous vous êtes cassé la jambe et vous êtes à l'hôpital depuis quelques jours. Vous ne vous y plaisez pas (vous n'aimez pas la nourriture; vous vous ennuyez). Un(e) ami(e) vient vous rendre visite.

W **Répétition générale.** Le professeur annoncera deux catégories de demande de service (par exemple, emprunter de l'argent, s'occuper d'un animal domestique). Vous choisirez une de ces catégories et votre partenaire, l'autre. Vous aurez une minute pour penser à la demande précise que vous allez faire. Quand le professeur annoncera le genre de réponses (refus, acceptation, hésitation), vous jouerez les deux scènes. Ensuite, vous changerez de partenaire, le professeur annoncera deux nouvelles catégories de demande de service et un genre de réponse différent et vous continuerez.

X **Excusez-moi...** Si le professeur vous donne la carte A, vous circulerez dans la salle en cherchant parmi les gens assis quelqu'un qui puisse vous rendre chacun des services indiqués sur la carte. Vous aurez parfois des difficultés, puisqu'il s'agit de gens que vous ne connaissez pas. Par conséquent, si quelqu'un refuse, adressez-vous à quelqu'un d'autre. Quand vous réussirez enfin à trouver quelqu'un pour vous aider, continuez avec la demande suivante en vous adressant à une autre personne. Si vous recevez la carte B, vous resterez assis en attendant qu'on vienne vous demander de rendre service. Suivant les renseignements donnés sur la carte, vous devrez accepter ou refuser. Si vous refusez, expliquez poliment pourquoi. Au bout d'un certain temps, le professeur distribuera de nouvelles cartes (C et D) et les rôles seront renversés.

Y **Sur Internet.** Cherchez sur Internet des services intéressants ou insolites (*unusual*) qui sont proposés. Préparez-vous à décrire ces services à vos camarades de classe.

CHAPITRE 3

Demander et donner des conseils

Fotokia/Photolibrary/Getty Images

Image Source/Getty Images

Ambro10/Dreamstime.com

A faire!

- **Planning Strategy,** Ex. A
- **A l'écoute,** Ex. B, C, D
- **Vocabulaire et renseignements,** Ex. E
- **Stratégies communicatives,** Ex. F, G, H

Planning Strategy

A **Giving and getting advice.** Your French friend is having trouble getting or giving advice when speaking English. Imagine a situation (for instance, she doesn't get along with one member of her American family, she's having problems in a class, she has several invitations for the next vacation period and can't decide which one to accept). Suggest two ways she might ask for advice, then show her two ways someone might give her advice in that situation. Be sure to help her with the level of language (formal, informal, slang).

Asking for advice

1. _____

_____

2. _____

_____

Giving advice

1. _____

_____

2. _____

_____

A l'écoute

The listening material for Exercises C and D is found on the website. If you wish to verify your comprehension, you may consult the audioscript.

You're going to hear four short conversations. Before listening to them, do the **Pré-écoute** exercise (Exercise B). Then, listen to the conversations two or three times as you try to get used to the rhythm of the sentences and to identify the topic of each conversation. Finally, listen to them again while doing Exercises C and D.

Note: All exercises in the **Chez vous** sections marked with an asterisk are self-correcting. The answers are in the answer key.

* **B Préécoute.** Lisez la conversation suivante où une personne explique son petit problème et demande des conseils à ses amis. Complétez les conseils des amis en suivant les indications à la fin de chaque phrase.

— Oh, là là. Je ne sais pas quoi faire cet été. Mon père veut que je travaille pour lui. Ce n'est pas très intéressant, mais je pourrais gagner pas mal d'argent. Ma sœur voudrait que j'aille avec elle en Californie. Elle est sûre que nous pourrons trouver du travail comme serveuses. Mes grands-parents, eux, m'ont invitée à voyager en Europe. Ils vont passer six semaines en France et en Italie. Et mon petit ami m'a proposé de passer l'été avec lui et sa famille. Ils ont une petite maison près d'un lac au nord du Minnesota. Qu'est-ce que vous me conseillez, vous autres?

— Moi, je te conseille de _____ (*infinitif*)

— A ta place, moi, je _____ (*verbe au conditionnel*)

— Mais non. C'est facile. _____ (*verbe à l'impératif*)

Je ne suis pas du tout d'accord avec vous A mon avis, il vaudrait mieux que tu _____ (*verbe au subjonctif*)

* **C Des conseils.** Ecoutez les conversations et répondez aux questions suivantes.

CD1: Track 16

Mireille demande un conseil à sa copine.

Vocabulaire utile

les affaires business / **libre** free / **faire de la peine** to make feel bad

1. Mireille a deux invitations pour ce soir. Lesquelles?

_____

_____

2. Quel conseil est-ce que son amie lui donne d'abord?

_____

3. Pourquoi est-ce que Mireille refuse cette suggestion?

_____

4. Quel conseil accepte-t-elle?

_____

CD1: Track 17 CONVERSATION **2** Gérard donne un conseil à son copain.

Vocabulaire utile

un ennui problem / **tomber en panne** to have a breakdown (with a car or other machine) / **la moitié** half / **les frais d'emprunt** costs of borrowing / **rouler sur l'or** to be rolling in money

5. Pourquoi Jean-Michel a-t-il besoin de conseils?

_____

_____

6. Qu'est-ce qu'il pense faire?

_____

_____

7. Son ami lui donne deux fois le même conseil. Quel est ce conseil?

_____

_____

CD1: Track 18 CONVERSATION **3** Hélène se confie à sa copine Danielle.

Vocabulaire utile

perdre to lose / **dingue** crazy / **du ventre** (weight in the) stomach / **laid** ugly / **un régime** diet / **pâtes** pasta / **supprimer** to cut out

8. Pourquoi Hélène a-t-elle besoin de conseils?

_____

_____

9. Quels sont les deux conseils principaux que Danielle lui donne?

_____

_____

10. Hélène les accepte-t-elle? Pourquoi (pas)?

_____

_____

CONVERSATION 4

Danielle a un problème au bureau où elle travaille; elle en parle avec ses amis Hélène et Jean-Michel.

Vocabulaire utile

une collègue colleague / **faire la tête** to sulk / **tourner les talons** to turn on one's heels, walk away / **supporter** to stand, put up with / **s'entendre** to get along

11. Quel est le problème de Danielle?

_____

_____

12. Quels sont les deux conseils qu'Hélène lui donne?

_____

_____

13. Et Jean-Michel?

_____

_____

14. Danielle accepte-t-elle le(s) conseil(s) de ses amis? Expliquez.

_____

_____

✲ **D** **Expressions.** Trouvez dans les conversations au moins trois expressions qu'on utilise pour demander un conseil et trois expressions qu'on utilise pour donner un conseil.

1. Pour demander un conseil

_____

_____

_____

2. Pour donner un conseil

_____

_____

_____

Vocabulaire et renseignements

E **On se plaint beaucoup.** Certes, dans la vie on est parfois confronté à des problèmes graves: guerres, catastrophes naturelles, accidents, divorce, ruine. Mais il arrive que des problèmes qui n'ont pas une portée universelle soient tout aussi gênants car ils nous obsèdent et perturbent notre vie quotidienne. Ce sont des soucis sans cesse présents à notre esprit, des choses qui à première vue n'ont pas une importance universelle mais qui importent néanmoins beaucoup à la personne concernée. Au nombre de ces soucis, il y a l'apparence, l'argent, les phobies, les rapports avec les autres. Choisissez dans les listes les plaintes qui vous semblent les plus fréquentes dans chaque catégorie.

Vocabulaire utile	

L'apparence physique: **avoir de trop petites (de trop longues) jambes / avoir les jambes arquées** to be bowlegged / **avoir un double menton** chin / **avoir de gros pieds (de grandes oreilles) / être trop maigre** skinny / **prendre du poids** to gain weight / **avoir les cheveux frisés** curly **ou raides** (straight) / **avoir un grand nez**

L'argent: **ne pas avoir un sou, être fauché(e), être à sec** (to be broke) / **avoir besoin d'emprunter** (to borrow) **de l'argent / ne pas arriver à joindre les deux bouts** not to be able to make ends meet / **avoir du mal à vivre / avoir de grosses dettes / devoir** to owe **de l'argent à quelqu'un / ne pas savoir faire des économies / trop dépenser** to spend too much

Les phobies: **avoir peur de l'eau / avoir peur des hauteurs** heights / **avoir peur de parler devant un groupe de personnes / être claustrophobe / avoir peur des insectes (des serpents** [snakes], **des araignées** spiders) / **avoir peur de prendre l'avion (l'ascenseur)**

Les rapports avec les autres: **avoir des problèmes avec sa famille / se sentir très différent(e) des autres / ne rien avoir en commun avec les autres / être très timide / être trop loquace** to talk too much / **se disputer avec** to have a fight with / **ne pas s'entendre avec** not to get along with / **être susceptible** touchy, thin-skinned, overly sensitive / **être facilement blessé(e)** to be easily hurt / **être arrogant(e) / être têtu(e)** to be stubborn

L'apparence physique
J'ai besoin de maigrir.

Mon nez est trop long.

_____

_____

_____

_____

L'argent
Il me faut 1 000 euros pour acheter un ordinateur.
Je viens de perdre mes cartes de crédit.

_____

_____

_____

_____

Les phobies

J'ai peur des chiens.

Moi, je déteste parler à une
  messagerie vocale *(voice mail)*.

_____

_____

_____

_____

_____

Les rapports avec les autres

Je ne peux pas supporter *(to stand)* ma
  sœur: elle est très égoïste.

Je suis fâché(e) contre mon père; il ne
  veut pas que je…

_____

_____

_____

_____

Stratégies communicatives: pour demander des conseils

On se retrouve souvent à écouter les plaintes (jérémiades), le récit des ennuis d'un(e) ami(e), d'un membre de sa famille ou (moins fréquemment sans doute) d'une personne qu'on connaît moins bien. Il arrive aussi que cette personne demande un conseil ou qu'on se sente obligé d'en proposer un. Voici quelques expressions qui vous aideront quel que soit le rôle que vous jouez — celui de la personne qui demande des conseils ou celui de la personne qui en donne.

Si on veut que quelqu'un vous donne des conseils, on peut le lui demander directement:

— Je ne sais pas en quoi me spécialiser. Je suis très forte en maths et en sciences, mais j'aime beaucoup les beaux-arts, surtout la peinture. **Quel conseil est-ce que vous me donneriez?**

— Jean-Pierre m'a invitée à aller faire du ski en montagne. Mais mes parents veulent que je rentre pour le mariage de ma cousine. **Que ferais-tu à ma place?**

— Mes cours sont assez difficiles ce semestre. Mais si je ne gagne pas un peu d'argent, je ne pourrai pas continuer mes études au printemps. J'ai envie de trouver un travail à mi-temps. **Qu'est-ce que tu en penses?**

Ou bien on peut faire savoir indirectement qu'on a besoin de conseils:

— Mon colocataire est vraiment sale. Il ne se lave pas, il jette ses vêtements partout et il veut regarder la télé à 1h du matin. **Je ne sais pas ce que je vais faire.**

Expressions pour demander des conseils		
Qu'est-ce que tu me conseilles?	What advice would you give me?
Qu'est-ce que tu en penses (vous en pensez)?	What do you think? / What do you think about that?
Que ferais-tu (feriez-vous) à ma place?	What would you do if you were me?
A ton (votre) avis, qu'est-ce que je devrais faire?	In your opinion, what should I do?
Je ne sais pas ce que je vais faire.	I don't know what I'm going to do.
Je ne sais pas quoi faire.	I don't know what to do.

✱ F Demandes de conseils. Complétez les phrases suivantes en utilisant une des expressions pour demander un conseil.

1. J'ai peur de rater mon cours de biologie. Quel conseil est-ce que tu _____
_____?

2. Mon colocataire a peur de rater son cours de biologie. Quel conseil est-ce que tu
_____?

3. Je n'ai pas assez de temps pour finir mes devoirs. A ton avis, qu'est-ce que je _____
_____?

4. Mon amie Caroline n'a pas assez de temps finir ses devoirs. A ton avis, qu'est-ce
qu'elle _____?

5. Voilà la solution qu'on m'a proposée. Qu'est-ce que _____?

6. Aller voir ma grand-mère qui est malade ou bien terminer mon devoir pour le

cours d'histoire? Je n'arrive pas à me décider. Que _____ place?

7. Se coucher ou revoir ses notes pour le cours de philosophie, ma colocataire n'arrive
pas à se décider. Que _____ place?

8. Acheter une nouvelle voiture ou faire un voyage, mes parents ne peuvent pas se

décider. Que _____place?

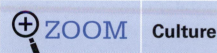

ZOOM | Culture

Conseils avant les épreuves du bac

Le bac est un examen très important pour les Français. Sans le Bac, on ne peut pas s'inscrire à l'université ni envisager une école de commerce ou une école d'ingénieurs. A l'approche de l'examen, les parents sont aussi stressés que leurs enfants. Journaux, radio, télévision, blogs rivalisent de conseils sur l'alimentation, le sommeil, les révisions, les meilleures méthodes de travail. Les épreuves se terminent toujours avant la Fête de la Musique pour que tout le monde puisse profiter de cette fête très populaire.

Stratégies communicatives: pour donner des conseils

Il y a plusieurs façons de donner des conseils et un grand nombre d'expressions qu'on peut utiliser. Il est peut-être utile d'organiser ces expressions selon leur structure grammaticale. D'abord, on peut employer le verbe **conseiller de** et un infinitif:

— Je suis très confus. J'ai un collègue… je l'aime bien… mais je crois qu'il est en train de faire quelque chose de malhonnête.

— **Je vous conseille d'en parler tout de suite au directeur.**

Ou bien on peut donner carrément son conseil en utilisant un impératif:

— Je suis crevée. Je n'ai pas dormi depuis vingt-quatre heures. J'ai un examen demain, mais je n'arrive pas à garder les yeux ouverts.

— Alors, **couche-toi!** Tu ne vas pas réussir à ton examen si tu t'endors au milieu.

On utilise souvent le conditionnel, surtout avec **devoir** et certaines autres expressions:

— Je suis un peu inquiet. Je n'ai pas de nouvelles de ma sœur depuis plusieurs jours. D'habitude elle m'envoie des textos plusieurs fois par jour.

— **A mon avis, tu devrais lui téléphoner.** Elle est peut-être malade.

— Qu'est-ce que je vais faire? Mon père se propose de m'offrir un voyage en Europe cet été, mais au restaurant où je travaille le patron veut que je commence à plein temps tout de suite après la fin des cours.

— **A ta place, moi, j'irais en Europe.** Tu pourras chercher du travail une fois rentrée.

On peut employer une expression suivie du subjonctif:

— Je voudrais passer du temps en Gironde. Mais je ne connais pas très bien la région.

—**Il vaudrait mieux que vous écriviez à l'Office du Tourisme à Bordeaux.**

— Comment! Nous ne sommes que mardi et il ne me reste que cinq euros pour la semaine. Où est-ce que j'ai tout dépensé?

— Ecoute. **Il faut que tu fasses un effort pour faire des économies.** Autrement tu ne pourras pas rester à l'université.

Ou bien on peut faire une suggestion en utilisant **si** et un verbe à l'imparfait:

— J'ai un examen très important demain, mais je suis tellement fatiguée.

— **Si tu essayais de dormir un peu?** Tu pourras réviser après.

Expressions pour donner des conseils	**INFINITIF**	
	Je te (vous) conseille de...	I advise you to . . .
	Pourquoi pas... ?	Why don't you . . . ?
	Je te (vous) recommande de...	I recommend that you . . .
	IMPERATIF	
	Téléphonez-lui tout de suite!	Call him (her) right away!
	Ne t'inquiète pas!	Don't worry!
	CONDITIONNEL	
	A mon avis, tu devrais (vous devriez)...	In my opinion, you should . . .
	Je pense que tu devrais (vous devriez)...	I think you should . . .
	A ta (votre) place, moi, je...	If I were you, I . . .
	Il me semble que tu devrais...	It seems to me that you should . . .
	Il me semble qu'il serait important (intéressant, etc.) de...	It seems to me it would be important (interesting, etc.) to . . .
	SUBJONCTIF	
	Il est important que...	It's important that . . .
	Il faut que...	It's necessary that . . . (You have to . . .
	Si + *verbe à l'imparfait*	
	Si tu (vous)... ?	Why don't you . . . ?
	(Si j'étais) à ta place, je + *conditionnel*	If I were you, I would . . .

★G Des conseils. Pour chaque situation, donnez le conseil suggéré sous les trois formes différentes indiquées.

J'ai invité ma copine à dîner au restaurant pour fêter son anniversaire, mais on ne m'a pas payé aujourd'hui et je n'ai pas assez d'argent. (lui demander de te prêter assez d'argent pour payer l'addition)

1. (*infinitif*)

_____

2. (à ta place)

_____

3. (si + *imparfait*)

_____

J'ai un dilemme. J'adore la musique classique et on m'a offert un billet pour un concert ce soir, mais mes amies veulent aller au cinéma. Qu'est-ce que tu me conseilles de faire? (aller au concert)

4. (devoir)

_____

5. (*impératif*)

_____

6. (*subjonctif*)

_____

H Quelques conseils. Choisissez une plainte dans chaque catégorie de l'exercice E, et puis imaginez le conseil que vous pourriez donner à cette personne. N'écrivez pas de phrases complètes, mais notez les mots et les expressions dont vous auriez besoin pour offrir vos conseils.

<table>
<tr><td>Vocabulaire utile</td><td>*Apparence physique:* **se mettre au régime** to go on a diet / **faire de la muscu(lation)** (weight training) / **faire du yoga** / **faire de la marche à pied** (hiking) / **faire du jogging** / **faire une détox** / **faire de la thalasso** go to a spa / **éviter les fast-foods** / **se faire refaire le nez (le menton)**

Argent: **faire des économies** / **dépenser** (to spend) **moins en…** / **vendre** (to sell) **quelque chose** / **se passer de** to do without / **faire plus attention à ses affaires** / **trouver un job**

Phobies: **parler avec ses amis** / **sortir (aller) voir un psychanalyste (un psy)** / **faire face à ses peurs** / **se faire hypnotiser** / **suivre un traitement**

Rapports avec les autres: **essayer de parler avec…** / **prendre les autres comme ils sont** / **ne pas s'inquiéter** to not worry / **demander à quelqu'un d'intervenir** / **chercher des gens qui te (vous) ressemblent**</td></tr>
</table>

1. argent

plainte _____

_____

conseil _____

_____

2. phobies

plainte _____

_____

conseil _____

_____

3. rapports avec les autres

plainte _____

_____

conseil _____

_____

4. apparence physique

plainte _____

_____

conseil _____

_____

Entre nous 1: Donner des conseils

 I On se plaint beaucoup (*suite*). En travaillant avec quelques autres étudiants, dressez une liste de plaintes associées aux quatre catégories de l'exercice E: l'apparence physique, l'argent, les phobies, les rapports avec les autres. Suggestions: (1) pour chaque catégorie, lisez à haute voix les plaintes que vous avez identifiées; (2) choisissez cinq ou six plaintes qui vous semblent efficaces pour encourager la conversation.

 J Quel conseil est-ce que tu lui donnerais? La première personne choisit une des plaintes de la liste que vous venez d'établir (exercice I); elle l'explique brièvement et demande un conseil; la deuxième personne refait la demande en utilisant une autre expression; puis l'(les) autre(s) membre(s) du groupe donne(nt) un conseil.

K **A mon avis...** La première personne explique sa situation d'après les renseignements donnés; les autres lui donnent des conseils en utilisant chacun(e) une expression différente.

> **Modèle:** acheter une voiture / une Ford toute neuve ou une vieille Cadillac décapotable (*convertible*)
>
> **A:** *Quelle décision! Je vais m'acheter une voiture... J'ai deux possibilités: une Ford toute neuve ou une vieille Cadillac décapotable.*
>
> **B:** *A mon avis, tu devrais acheter la Ford. Elle est plus pratique.*
>
> **C:** *Non, à ta place, moi, j'achèterais la Cadillac. C'est vraiment une voiture extraordinaire.*
>
> **D:** *C'est possible. Mais il faut que tu te renseignes sur l'état* (condition) *de la Cadillac avant de l'acheter.*

1. trouver du travail / IBM ($45 000 par an) ou une petite maison de publicité ($30 000 par an)

2. ne pas savoir cuisiner / partager un appartement avec deux ami(e)s qui sont végétarien(ne)s ou habiter seul et manger au restaurant

3. avoir peur des chiens / être mordu(e) (*bitten*) quand vous étiez petit(e) / votre petit(e) ami(e) les adore, veut en acheter deux

4. vouloir perdre du poids / adorer les desserts et les sauces

5. trouver un job à mi-temps (*part-time*) / travailler le week-end comme vendeur (vendeuse) (le samedi et le dimanche de 8h à 18h) ou travailler le soir comme serveur (serveuse) (le lundi, le mardi, le mercredi, le jeudi, le vendredi de 18h à 22h)

6. avoir deux semaines de congés / aller en camping au bord de la mer, à la montagne ou visiter un autre pays dans des hôtels tout confort

L **Quelques conseils (*suite*).** Pour faire cet exercice, vous allez utiliser ce que vous avez préparé chez vous pour l'exercice H. A tour de rôle, chaque membre du groupe se plaint de quelque chose et demande un conseil; les autres membres du groupe lui donnent plusieurs conseils. Variez autant que possible les expressions pour demander et donner des conseils.

A faire!

■ **A l'écoute,** Ex. M, N, O, P
■ **Vocabulaire et renseignements,** Ex. Q
■ **Stratégies communicatives,** Ex. R

A l'écoute

The listening material for Exercises M, N, O, and P is found on the website. If you wish to verify your comprehension, you may consult the audioscript.

RECOGNIZING NUMBERS

Numbers spoken aloud are something that you recognize automatically in your native language but that often pose problems when listening to a language other than your own. Basically, you need to *know* the numbers (if there are some numbers that still confuse you, you should review them), and then you have to *practice* listening to them. The exercises in this **A l'écoute** section are designed to give you some rapid practice in recognizing spoken numbers.

CD1: Track 20

***M** **De 11 à 99.** You will hear a series of random numbers between 11 and 99. As you hear a number, circle its written equivalent in the grid below.

11	21	31	41	51	61	71	81	91
12	22	32	42	52	62	72	82	92
13	23	33	43	53	63	73	83	93
14	24	34	44	54	64	74	84	94
15	25	35	45	55	65	75	85	95
16	26	36	46	56	66	76	86	96
17	27	37	47	57	67	77	87	97
18	28	38	48	58	68	78	88	98
19	29	39	49	59	69	79	89	99

CD1: Track 21

***N** **100 et au-delà.** Now, as you listen to numbers from 100 and beyond, fill in the missing figures.

___50   ___19   ___.940   ___83   ___.539   ___.000.000

___6___   ___.71___   ___.275.___40   1___5.3___0   ___ ___ 9

___.310.___15   ___.9___ ___   2. ___ ___ ___.000   45. ___ ___ ___

___ ___.___ 00.000   ___ ___.___ 50   3.___ ___ ___.700

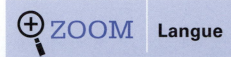

ZOOM | Langue

NUMBERS AND WORD GROUPS

Some numbers have a different sound when they are found in the middle of a word group. This is particularly noticeable with the numbers from 2 to 10 as well as 18 and 19. When these numbers are followed by a vowel or a vowel sound, liaison causes some final consonants, usually silent, to be pronounced:

deux jours [dø jur]	*But*	**deux enfants** [dø zãfã]
trois femmes [trwa fam]	*but*	**trois amis** [trwa za mi]

Other final consonants change sound in liaison before a vowel or a vowel sound:

six [sis]	*but*	**six enfants** [si zãfã]
dix [dis]	*but*	**dix autres** [di zo tr]
neuf [nœf]	*but*	**neuf heures** [nœ vœr]

Some numbers drop the final consonant sound, which is usually pronounced, when followed by a consonant:

cinq [sɛ̃k]	*but*	**cinq kilos** [sɛ̃ kilo]
huit [ɥit]	*but*	**huit kilomètres** [ɥi ki lo mɛtr]

Finally, in very rapidly spoken French, the **r** of **quatre** also often disappears:

quatre jours [ka trə jur]   *or*   [kat jur]

🔊 CD1: Track 22   ＊O **Quel chiffre?** Write the number that you hear in each of the following phrases.

___ enfants	___ semaines	___ jours	___ h30
___ années	___ kilos	___ ans	*Les* ___ *00 coups*
___ fois	___ h30	___ kilomètres	___ étudiants

NUMBERS IN CONTEXT

When you listen to numbers, the context will often indicate, if not the number itself, at least the form the number might reasonably take.

■ In France, you can expect a telephone number to consist of five double-digit numbers (**04 94 65 16 26 = zéro quatre / quatre-vingt-quatorze / soixante-cinq / seize / vingt-six**).

■ If you're about to hear a year, you can anticipate that the number will include **cent(s)** or (**mil**) (1853 = **dix-huit cent cinquante-trois** or **mille huit cent cinquante-trois**).

■ For the years in the 20th century, use **mille** only (2013 = **Deux mille treize**).

■ A percentage will have only two figures (65% = **soixante-cinq pour cent**), unless it is **cent pour cent** or unless decimal points are used. (Remember that in French a decimal point is indicated by a comma, **virgule** (3.4 = **3,4** = **trois virgule quatre**).

■ If a friend is about to tell you how old her grandmother is and you hear the figure **dix-huit,** you can no doubt surmise that you missed hearing either **soixante** or **quatre-vingts.**

*◉**P** **Combien? Quand? Quel âge?...** As you listen to each of the following mini-conversations, write down the number that you hear.

CD1: Track 23

1. _____   4. _____   7. _____   10. _____

2. _____   5. _____   8. _____   11. _____

3. _____   6. _____   9. _____   12. _____

Vocabulaire et renseignements

◉Q **Quelques petits ennuis.** Mettez-vous à la place des personnes suivantes en imaginant la façon dont vous allez demander des conseils: il s'agit de vous plain-dre en résumant votre situation et ensuite de demander qu'on vous donne un avis. Imaginez aussi vos réactions et conseils. N'écrivez pas de phrases complètes, mais notez les mots et les expressions les plus importantes.

1. Il est 5h du soir. Une femme a invité des gens à dîner pour le soir même. Elle est toujours au travail, sa maison est en désordre et elle n'a rien préparé pour le repas.

_____

_____

_____

_____

2. Un(e) amie vous a prêté la veste (ou la robe) que vous avez portée à une soirée élégante. Au cours de la soirée, quelqu'un à côté de vous a renversé un verre de vin et la veste (la robe) est légèrement tachée (*lightly stained*). Les deux taches ne sont pas très grandes et elles ne se remarquent pas tout de suite.

_____

_____

_____

_____

3. Un étudiant s'entend très mal avec son coloc: il a beaucoup de mal à dormir, à faire ses devoirs, à inviter ses amis parce que son coloc joue à des jeux vidéos sur son ordinateur jusqu'à 2 ou 3 heures du matin.

_____

_____

_____

_____

4. Deux adolescents ont un père et une mère qui travaillent en dehors de la maison. Le père ne rentre pas avant 9h du soir et il retourne au bureau pendant le week-end; la mère est donc obligée de tout faire à la maison et, par conséquent, elle est toujours très fatiguée.

_____

_____

_____

_____

Stratégies communicatives: conseiller tout en réagissant

Il arrive que les conseils qu'on donne prennent la forme non pas de suggestions mais plutôt de réactions à ce que quelqu'un d'autre a dit ou a proposé. Il est possible que vous vouliez encourager cette personne:

— Comme je te disais, je n'ai pas eu de nouvelles de ma sœur depuis plus d'un mois. Je vais lui téléphoner.
— C'est une bonne idée. **Vas-y!**

— Bon, c'est décidé. J'en ai assez de ne pas pouvoir mettre mes vêtements de l'été dernier. Demain je commence à faire du jogging.
— **Bravo!** Tu verras, dans un mois tu te sentiras beaucoup mieux.

Ou bien vous voudrez peut-être conseiller la prudence:

— Il nous faut un nouvel ordinateur. Les Dell sont en solde. Je vais en acheter un.
— **Doucement!** Regardons deux ou trois autres marques (*brands*) avant de prendre une décision.

— Camille ne veut pas déjeuner au restaurant d'altitude après le ski. C'est débile! *(That's dumb!)* Je vais l'obliger à y aller.

— **Fais gaffe,** si ça se trouve elle a vraiment le vertige.

Ou on peut tenir à décourager cette personne:

— Mon père ne va pas permettre à ma sœur d'aller au bal. Il lui a interdit de voir son petit ami. Je vais dire à mon père qu'il exagère.

— **A ta place, je ne dirais rien.** Après tout, ta sœur n'a que treize ans; ton père a peut-être raison.

Expressions pour conseiller tout en réagissant

APPROBATION

Vas-y! (Allez-y!)	Go ahead!
(C'est une) bonne idée!	(That's a) Good idea!
Bravo!	Great! Good for you!
N'hésite (hésitez) pas.	Don't hesitate.
Pourquoi pas?	Why not?
Je suis d'accord.	I agree.

PRUDENCE

Doucement!	Easy!
Fais gaffe!	Be careful!
Attention!	Careful!
Pas si vite!	Not so fast!
Tu es (T'es) sûr(e)?	Are you sure?

DECOURAGEMENT

Je te (vous) conseille de ne pas...	I would advise you not to . . .
(Il ne) faut pas...	You shouldn't . . . Don't . . .
Ce n'est pas (C'est pas) la peine de...	It's not worth . . .
(Il) vaut mieux ne pas...	(It's) better not . . .
A ta place, je ne *(verbe au conditionnel)* pas...	If I were you, I wouldn't . . .

*Ⓡ **Une autre façon de le dire.** Dans chaque situation, trouvez une autre expression qui vous permet de conseiller en réagissant de la même façon.

Modèle: — Je ne comprends pas ma note à l'examen. Je vais en parler au professeur.

— *N'hésite pas. C'est une bonne idée. Vas-y!*

1. — Je vais à Aix ce week-end.

— T'as réservé une chambre d'hôtel?

— Non, non. Je trouverai bien quelque chose.

— *Fais gaffe!* C'est un week-end de fête. Il y aura beaucoup de monde.

2. — Mélanie et moi, nous allons à Rome la semaine prochaine.

— Vous prenez le train?

— Non, nous allons prendre sa voiture.

— Moi, *je vous conseille de ne pas* y aller en voiture. C'est impossible de se garer à Rome.

---

3. — J'ai trouvé des chaussures rouges. Elles sont très jolies… mais elles sont un peu chères tout de même.

— *Vas-y!* Achète-les! Elles iront très bien avec ta nouvelle robe.

---

4. — Je suis fauché! Je vais demander à Maxime de me prêter 20 euros.

— *Il ne faut pas* lui demander de l'argent. Il n'a pas un sou non plus.

---

5. — Ta femme et toi, vous attendez un enfant? Vous avez choisi un prénom?

— Oui. Si c'est un garçon, Corentin. Si c'est une fille, Manon.

— *Attention!* Ce sont des prénoms très populaires. Vous ne voulez pas quelque chose de plus original?

Entre nous 2: Encore des conseils

 S **Quelques petits ennuis (*suite*).** Un membre du groupe joue le rôle d'une personne décrite dans l'exercice Q; les autres étudiants donnent des conseils à cette personne.

 T **Doucement!** La première personne explique la situation d'après les indications données. La seconde personne donne son approbation; la troisième personne conseille la prudence; la quatrième personne essaie de décourager la première.

Modèle: *suivre un régime* —ne manger que de la viande

A: *J'ai trouvé un nouveau régime sensationnel! On ne mange que de la viande. On dit qu'on perd 5 kilos la première semaine.*

B: *Vas-y! C'est bien. Dans quinze jours tu auras perdu plus de 10 kilos, j'en suis sûre.*

C: *Fais gaffe! Tu devrais consulter un médecin d'abord.*

D: *A mon avis, il ne faut pas suivre ce genre de régime. Ils ont tous été inventés par des charlatans.*

Acheter une mob ou un scooter: **être pratique / aller vite / rendre indépendant(e) / faire cool / être très dangereux / être assez cher / consommer moins d'essence / ne pas protéger de la pluie / être moins écologique qu'un vélo électrique**

Inviter un homme (une femme): **être riche / être beau (belle) / être moche / avoir une bonne situation / être un bon parti** to be a good match **/ avoir de l'expérience / connaître la vie / être trop vieux (vieille) / appartenir à une autre génération / avoir des goûts** likes and dislikes **différents / vouloir s'amuser / ne pas prendre au sérieux / être sans avenir** to be without a future

Courir un marathon: **être bon pour la santé / se prouver quelque chose / être bon pour le moral / rencontrer des gens / être trop fatigant / ne jamais tenir le coup** to hold out, last **/ se faire mal aux pieds ou aux jambes / trouver le temps de s'entraîner**

Faire des études en Chine: **connaître une autre culture / visiter Shanghaï et Beijing / voir la Grande Muraille / intéressant du point de vue historique / ne pas parler la langue / être un très long voyage / coûter très cher / être loin de ta famille**

Travailler au centre d'une grande ville: **prendre les transports publics / avoir accès aux magasins et aux restaurants / pouvoir sortir après la journée de travail / y avoir trop de gens (de voitures) / craindre l'insécurité / la pollution de l'air / le bruit / les incivilités dans la rue**

Vendre votre voiture: **faire des économies / dépenser moins en essence et en assurance / polluer moins / contribuer à la santé économique de la ville / profiter des transports en commun / faire du vélo pour sa santé / être moins commode (convenient) / ne pas avoir à chercher une place de stationnement (à payer le parc-mètre) / ne pas avoir des contraventions**

Faire une croisière: **bien manger / prendre le soleil / visiter des endroits exotiques / se relaxer / trop manger / s'ennuyer / être limité(e) / faire la fête toute la nuit / visiter des pays étrangers / avoir le mal de mer**

Laisser tomber un cours: **avoir plus de temps pour les autres cours / éliminer du stress / mieux dormir / ne pas s'inquiéter / devoir prendre un cours de plus le semestre suivant / avoir de meilleures notes / avoir plus de temps libre / avoir moins de devoirs (d'examens)**

1. acheter une mob ou un scooter
2. inviter un homme (une femme) qui a dix ans de plus que vous à sortir
3. courir un marathon
4. faire des études en Chine
5. travailler au centre d'une grande ville
6. vendre votre voiture et utiliser les transports publics
7. faire une croisière (*to go on a cruise*)
8. laisser tomber un cours que vous trouvez très difficile

Ⓤ Le courrier du cœur. Voici trois lettres qu'on a envoyées à un magazine ou à un journal. Lisez les lettres, puis notez les mots et les expressions que vous utiliseriez pour donner des conseils aux trois correspondants.

Mon petit ami a 23 ans. Il est gentil et sincère, mais ma mère voit nos relations d'un mauvais œil. Elle dit que je suis trop jeune pour me fixer, que je serai malheureuse avec un cultivateur. Il faudra que nous vivions avec ses parents. Sa mère voudra me commander. Deux générations ne peuvent pas s'entendre. Que faire? Je ne sais plus où j'en suis, qui écouter. Nous voudrions essayer de vivre ensemble, pour voir.

Elodie **, 21 ans**

J'ai 17 ans. Depuis mon plus jeune âge, mes parents se désintéressent de moi et me laissent faire ce que je veux. Très tôt, je me suis replié sur moi-même et je restais enfermé dans ma chambre, devenant de plus en plus complexé. Je me sentais inférieur et malheureux.

Je n'ai pas d'amis, car je ne comprends pas les gens de mon âge. Les garçons, c'est seulement les mobylettes, les bagnoles, la bagarre. Ça ne m'intéresse pas et les autres se moquent de moi. Les filles, je n'en connais pas.

Bientôt je vais travailler. Je suis actuellement dans un Centre de formation d'apprentis comme mécano. C'est un métier qui ne m'attire pas et, de toute façon, je suis absolument nul. Si j'ai choisi la mécanique, c'est parce que mon père travaille dans un garage et que je pensais ainsi me rapprocher de lui. Mais ça ne sert à rien.

Je regarde les autres s'amuser, s'aimer et je suis content pour eux, mais j'ai envie de pleurer. Si je continue à vivre, c'est grâce à la musique. Comme je suis en apprentissage, je touche une petite paie et je m'achète beaucoup de CD. En les écoutant, je rêve de bonheur, de joie, cela m'en-courage. Je voudrais ne plus avoir peur et mieux comprendre le monde.

Kévin **

J'ai 43 ans, mon mari aussi. On se connaît depuis l'âge de 18 ans; on s'est mariés à l'âge de 22 ans. Nous avons deux filles (10 et 6 ans).

Mon mari, prof de lettres, est tombé amoureux d'une élève de 21 ans. Cela m'a prise au dépourvu. Il est rarement à la maison. Les amis communs ne m'appellent plus. J'ai même déjeuné avec lui et elle (pour les présentations). Mon mari trouve que je prends bien les choses, que je suis très adulte.

Qu'est-ce que je dois faire? Je ne m'apitoie pas sur moi. Je peux refaire ma vie, mais j'aime toujours mon mari. J'attends qu'il revienne ou je l'envoie promener?

Claudine **

1. _____

_____

_____

_____

_____

2. _____

_____

_____

_____

_____

3. _____

_____

_____

_____

_____

Ⓥ Le courrier du cœur (suite). Vous allez comparer vos réponses aux lettres des correspondants (exercice U) à celles de vos camarades. Essayez de vous mettre d'accord sur les meilleurs conseils à donner à chaque correspondant.

A faire!

- **A l'écoute,** Ex. W, X, Y, Z, AA
- **Vocabulaire et renseignements,** Ex. BB

A l'écoute

The listening material for Exercises W, X, Y, Z, and AA is found on the website. If you wish to verify your comprehension, you may consult the audioscript.

UNDERSTANDING NUMBERS

When you hear a number in your native language, it usually has an immediate *meaning* for you. For example, if you hear a temperature, you recognize whether it's hot or very hot or cool; if you hear a time, you can associate it with a particular segment of

the day or night; if a salesperson tells you a price, you know what bills and or coins to take out. However, when listening to French, you may not be used to Celsius temperatures or to the twenty-four hour clock or to the **euro.** In the following listening exercises, you'll have the opportunity to practice associating numbers in French with the meanings these numbers have in a French context.

TEMPERATURES

In French, temperatures are expressed in the Celsius or centigrade scale, where 0° represents freezing. While you don't need to learn exact equivalents between Celsius and Fahrenheit temperatures, it's useful to have a feel for temperature ranges on the Celsius scale.

30 is hot,

20 is pleasing,

10 is not, and

0 is freezing.

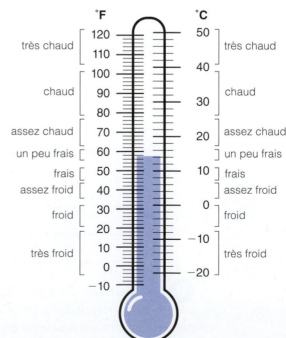

CD1: Track 24

✱ W Va-t-il faire froid demain? As you listen to the following short conversations and weather reports, indicate the general category of temperature (**chaud, un peu frais, très froid,** and so on). Since individual notions of temperature vary, there may be more than one possible answer (**assez chaud** for one person may well represent **un peu frais** for another).

1. _____   4. _____

2. _____   5. _____

3. _____   6. _____

TIME

While in everyday conversation French speakers may use conversational time (time based on a 12-hour clock), official time (plane and train schedules, radio and TV offerings, concert and movie starting times, and so on) is based on a 24-hour clock. In addition to recognizing the times you hear, you need to practice associating afternoon and evening times on the 24-hour clock with moments of the day that have meaning for you.

© Cengage Learning

CD1: Track 25

✱ X Quelle heure est-il? In this first part of the exercise, you'll hear short conversations in which a time (using the 12-hour clock) will be mentioned. Write down this time.

Modèle: You hear: Elle sera là avant trois heures.
You write: *3h*

1. _____   4. _____   7. _____

2. _____   5. _____   8. _____

3. _____   6. _____   9. _____

Now you'll hear times using the 24-hour clock. Write down the time, using the 24-hour notation.

Modèle: You hear: Le film commence à dix-neuf heures trente.

You write: *19h30*

1. _____   4. _____   7. _____

2. _____   5. _____   8. _____

3. _____   6. _____   9. _____

CD1: Track 26

* **Ⓨ** **Oui ou non? Pourquoi?** Read each of the situations described below, then listen to the corresponding conversations. In order to answer the questions, you will need to make a quick conversion from conversational to offical time. Be sure to explain your answer.

1. It is 3 o'clock in the afternoon. You're at work and don't get off until 6 o'clock. A friend calls and invites you to go to a movie. Can you accept? Why (not)?

   _____

   _____

2. Some friends are coming to visit, and you're planning to pick them up at the airport. They call and give you the flight information. It usually takes 15–20 minutes to get baggage and another 45 minutes to an hour to drive from the airport to your house. If their plane arrives on time, will you probably get back to your house before midnight?

   _____

   _____

3. You and a friend are going to a play. Your friend calls at 6 o'clock to tell you the curtain time and to make plans about when the two of you should meet. If it usually takes you twenty minutes to half an hour to shower and get dressed and another half hour to fix and eat a light supper, will you have time to shower and eat before the play?

   _____

   _____

PRICES

One sure way of marking yourself as a tourist is to pay for an item with a bill that is much larger than the price of that item. In this exercise, you will work on the practical problem of paying for what you buy.

CD1: Track 27

*Ⓩ **Voilà, je vous donne…** Tourists often pay for items by handing over the largest bill that they have. However, it's better to give the exact price or to come as close as possible without going under it. Listed below are the bills you have in your wallet. After each statement that you hear, write the bill or the combination of bills that you would hand over. (For the purposes of this exercise, imagine that your wallet replenishes itself after each conversation!)

Vous avez: 3 billets de 100 euros, 3 billets de 20 euros et 3 billets de 10 euros

Modèle: You hear: — Le pâté, 5 euros; le jambon, 5 euros; le saucisson, 4 euros. Ça fait 14 euros.

You write: *un billet de 20 euros (deux billets de 10 euros)*

1. _____

2. _____

3. _____

4. _____

5. _____

6. _____

CD1: Track 28

***AA** **«Je vous écoute.»** Mme Soleil donne des conseils aux auditeurs et auditrices de radio au Québec. Vous entendrez Mme Soleil répondre aux questions de trois auditeurs. Pour chaque conversation, complétez le schéma suivant.

CONVERSATION 1

Vocabulaire utile

souffre de is suffering from / **ne sera pas sur votre dos** won't be breathing down your neck

1. Qui téléphone? _____

_____

2. Quel est son problème? _____

_____

_____

3. Quels conseils est-ce que Mme Soleil lui donne? _____

_____

_____

CONVERSATION

Vocabulaire utile

je suis carrément une loque I'm a total wreck

1. Qui téléphone? _____

_____

2. Quel est son problème? _____

_____

_____

3. Quels conseils est-ce que Mme Soleil lui donne? _____

_____

_____

Vocabulaire utile

à son bras on his arm / **gênée** embarrassed, ill-at-ease / **lui éviter une souffrance** to spare her from suffering / **vous taire** to be quiet

1. Qui téléphone? _____

_____

2. Quel est son problème? _____

_____

_____

3. Quels conseils est-ce que Mme Soleil lui donne? _____

_____

_____

Vocabulaire et renseignements

BB **«Je vous écoute»** (*suite*). Préparez-vous à téléphoner pour demander des conseils à la radio. Vous pouvez parler d'un problème que vous avez ou vous pouvez inventer un personnage et son problème. Si vous avez du mal à trouver un thème, vous voudrez peut-être consulter «le courrier du cœur» qu'on trouve dans les journaux ou sur Internet. N'écrivez pas de phrases complètes, mais notez les mots et les expressions les plus importantes.

_____

_____

_____

_____

_____

_____

_____

Entre nous 3: Improvisons!

CC **«Je vous écoute» (_fin_).** La classe sera divisée en auditeurs et con-seillers. Si vous êtes auditeur (auditrice), téléphonez pour parler de votre problème; si vous êtes conseiller (conseillère), écoutez votre auditeur (auditrice), puis donnez-lui des conseils.

DD **Les conseils d'un(e) ami(e).** Vous recevrez une fiche sur laquelle vous trouverez la description d'un problème. Circulez dans la salle en demandant à plusieurs étudiants leur avis. Enfin réunissez-vous avec quelques camarades pour parler des conseils que vous avez reçus.

EE **La vie des étudiants.** Etre étudiant(e) n'est pas toujours facile. Il y a toujours un tas de problèmes — les uns, petits; les autres, plus gros — qui se posent. Choisissez un problème que vous avez en ce moment (ou bien que vous anticipez) et parlez-en avec vos camarades. Ils vous poseront des questions puis, selon vos réponses, ils vous donneront des conseils.

| Suggestions | **vos notes / votre spécialisation / votre (vos) colocataire(s) / vos frais de scolarité** (tuition) **/ votre temps libre** |

FF **Sur Internet.** Cherchez sur Internet des sites qui donnent des conseils (par exemple, le courrier du cœur ou un blog). Préparez-vous à décrire les problèmes que vous avez trouvés et les conseils qu'on a donnés.

«Si on allait...»

Faire des projets

CHAPITRE 4

Jeremyrich/Dreamstime.com

Ladislav Pavliha/iStockphoto.com

Albert Barr/Shutterstock.com

A faire!

- **Planning Strategy**, Ex. A
- **A l'écoute**, Ex. B, C
- **Vocabulaire et renseignements**, Ex. D, E
- **Stratégies communicatives**, Ex. F

Planning Strategy

A **Organizing a trip.** Your French friend will soon be involved in planning a trip with a group of foreign students whose common language is English. She asks you for some expressions to use to: (1) indicate her preference as to places to visit; (2) set up an itinerary; and (3) divide responsibilities (proposing what she can do, getting others involved in the planning). You suggest some useful expressions for each of the three concerns.

1. _____

_____

_____

2. _____

_____

_____

3. _____

_____

_____

A l'écoute

The listening material for Ex. C is found on the website. If you wish to verify your comprehension, you may consult the audio script.

You're going to hear three conversations. Before listening to them, do the **Préécoute** exercise (Exercise B). Then listen to the conversations two or three times to get used to the rhythm of the sentences and to identify the topics being talked about. Finally listen to the conversation again and do Exercise C.

Note: All exercises in the **Chez vous** sections marked with an asterisk are self-correcting. The answers are in the answer key.

*⓫ **Préécoute.** Deux Français sont en train de faire des projets pour voyager ensemble. Choisissez dans la liste suivante les décisions qu'ils vont probablement prendre **avant de partir**.

1. où ils vont aller
2. quel jour ils vont partir
3. combien de temps le voyage va durer
4. à quelle heure ils vont se coucher
5. où ils vont se loger
6. les films qu'ils vont voir
7. les restaurants où ils vont dîner
8. quel(s) moyen(s) de transport ils vont utiliser pour se déplacer

Maintenant choisissez dans la liste suivante les détails qu'ils vont probablement régler **avant le jour de leur départ**.

1. les billets d'avion (de train)
2. l'itinéraire
3. l'enregistrement des bagages
4. les réservations d'hôtel
5. l'achat d'un journal ou d'un magazine à lire pendant le voyage
6. la location d'une voiture
7. des recherches sur Internet sur les endroits qu'ils vont visiter

*⓬ **Des projets de voyage.** Répondez d'après ce que vous avez entendu dans les conversations.

CD2: Track 2

CONVERSATION

Deux amies québécoises font des projets pour le week-end.

Vocabulaire utile

toutes les deux together, both of us / **que dirais-tu** what would you say / **te charger de trouver** take care of getting

1. Où est-ce que Nicole propose d'aller? _____

2. Quelle ville est-ce que son amie préfère visiter? _____

3. Combien de temps vont-elles y passer? _____

4. Qui va prendre les billets d'avion? _____

5. De quoi l'autre va-t-elle s'occuper? _____

Trois Français font des projets pour visiter une région des Etats-Unis.

Vocabulaire utile

bon marché inexpensive / **il y a de tout** it has everything / **plein de** many / **une baleine** whale / **un tas de** a lot of

De qui s'agit-il? Qui dit quoi? Identifiez la personne dont il s'agit dans la conversation. Les trois amis s'appellent Simon, Maxime et Sandrine.

1. La personne qui veut aller à Washington. _____

2. La personne qui propose Boston. _____

3. La personne qui préfère aller à New York. _____

4. La personne qui s'intéresse à l'histoire. _____

5. La personne qui va trouver les chambres d'hôtel. _____

6. La personne qui va prendre les billets d'avion. _____

7. La personne qui va faire des recherches sur Boston. _____

Les trois Français règlent maintenant les détails de leur voyage.

Vocabulaire utile

tout est réglé everything is taken care of / **T'es fou?** Are you crazy? / **un trajet** trip / **rater** miss / **l'heure de pointe** rush hour / **J'ai la trouille** I'm afraid / **ça coûte les yeux de la tête** they cost an arm and a leg / **un portable** laptop / **une baleine** whale / **un mammifère marin** marine mammal

1. Quels sont le jour et l'heure du départ? _____

2. Est-ce que les billets sont chers ou bon marché? _____

3. A quelle heure faut-il être à l'aéroport? _____

4. Comment vont-ils aller à l'aéroport? _____

5. Qui a peur de voyager en avion? _____

6. Où se trouve l'hôtel à Boston? _____

7. Quelle excursion est déjà prévue? _____

8. Quel guide touristique vont-ils consulter? _____

Vocabulaire et renseignements

D **Pour trouver un compagnon ou une compagne de voyage.**
Quand on voyage, il est plus agréable d'être accompagné de personnes avec qui on s'entend bien, de personnes qui partagent vos intérêts et dont les habitudes personnelles ne vous gênent pas. Mais pour trouver un bon compagnon ou une bonne compagne de voyage il faut d'abord se connaître soi-même. Commencez donc par compléter le questionnaire aux pages 77 et 78 sur vos habitudes et préférences.

Vocabulaire utile	(Attention: en complétant le questionnaire, il n'est pas nécessaire d'utiliser un article — par exemple, on écrit: **chat / musique / télé / viande rouge**)

Animaux domestiques: **un chat / un chien / un oiseau (un canari, un perroquet) / un poisson rouge / une tortue** turtle **/ une grenouille** frog **/ un lapin** rabbit **/ un cochon d'Inde** guinea pig **/ un hamster**

Allergies: **le rhume des foins** hay fever **/ la poussière** dust **/ les poils** (hair) **de chat / le soleil / les produits laitiers / les crustacés** shellfish **/ les fraises** strawberries **/ les champignons** mushrooms **/ les cacahuètes**

Régime alimentaire particulier: **éviter ou consommer avec modération les graisses (le beurre) et les féculents (le pain, les pâtes, le riz) / manger beaucoup de fruits et de légumes / menu végétarien**

Plats à éviter: **les plats cuisinés au beurre / les pâtisseries / les desserts en général / la viande rouge**

Plats préférés: **la volaille (le poulet, la dinde), la viande / les quiches / les pizzas / les raviolis / les pâtisseries / le chocolat / les crustacés** shellfish **/ la pizza / la glace / les frites / la salade / les pâtes / le riz**

Sports et activités en plein air: **l'alpinisme / la marche / la natation / le ski nautique / la planche à voile** windsurfing **/ la voile** sailing **/ le vélo / le jogging / la course automobile / le tennis / le badminton / le basket / le volley / le foot(ball) / le patinage** skating **/ le skate** skateboarding **/ le roller** rollerblading **/ le ski alpin** downhill skiing **/ le ski de fond** cross-country skiing **/ le snowboard / les raquettes / la rando (la randonnée)** hiking **/ le yoga / l'équitation** horseback riding

Activités d'intérieur: **la télé / les jeux de cartes / les jeux vidéo / la lecture** reading **/ surfer sur Internet / la musique / parler au téléphone / le courriel / jouer aux échecs / regarder la télé / regarder un film / faire la cuisine / jouer aux jeux vidéo / vérifier mes mails / envoyer des mails**

Activités artistiques: **le théâtre / le cinéma / la poésie / la peinture / le dessin** drawing **/ la sculpture / la danse (classique, moderne) / la musique**

Intérêts culturels: **les promenades dans des sites historiques / la visite de musées et de monuments / la musique classique / la découverte d'autres cultures**

Pour le fun: **aller dans une discothèque (boîte) / aller danser / manger dans des fast-foods / rencontrer des gens de son âge / aller à la plage / aller à un concert de rap (à un concert de rock) / aller à une fête** to go to a party **/ retrouver ses amis**

BULLETIN D'INSCRIPTION

A retourner à: MONDE-VOYAGES
                 B.P. 19 75010 PARIS

Ce bulletin doit être rempli par le voyageur. Il est primordial de fournir des renseignements aussi précis que possible afin de nous aider à vous trouver un compagnon (une compagne) de voyage qui vous convienne parfaitement.

VOYAGEUR
NOM _____ PRENOM _____ SEXE _____

ADRESSE _____

E-MAIL _____ TEL. _____

DATE DE NAISSANCE _____ AGE _____

PROFESSION _____

HABITATION

Maison ☐   Appartement ☐   Résidence universitaire ☐

Animaux domestiques: _____

SANTE

Allergies: _____

Régime alimentaire particulier: _____

Plats à éviter: _____

Plats préférés: _____

INTERETS

Sports et activités de plein air pratiqués (faire suivre de «R» si régulier):

_____

_____

Activités d'intérieur (faire suivre de «R» si régulier):

_____

_____

Activités artistiques (musique, théâtre, etc.):

_____

_____

Intérêts culturels (concerts, musées, films, visite de monuments, etc.):

_____

_____

Pour le fun: _____

ETUDES	Nom de l'école	Nombre d'années
Lycée	_____	_____
Université	_____	_____

LANGUES	Nombre d'années d'études	Niveau (bon, moyen, faible)
Allemand	_____	_____
Français	_____	_____
Espagnol	_____	_____
(Autres)	_____	_____

CARACTERE

Optimiste ☐	Timide ☐	Influençable ☐	Travailleur ☐
Paresseux ☐	Volontaire ☐	Sociable ☐	Généreux ☐
Fantaisiste ☐	Méthodique ☐	Sérieux ☐	Créateur ☐

DIVERS

Tabac	Oui ☐	Non ☐
Alcool	Oui ☐	Non ☐
Sorties nocturnes	Oui ☐	Non ☐
Etes-vous matinal(e)?	Oui ☐	Non ☐

A quelle heure vous couchez-vous d'habitude? _____

A quelle heure vous levez-vous d'habitude? _____

Avez-vous déjà voyagé à l'étranger?   Oui ☐   Non ☐

    Où _____

    Quand _____

Quels pays / régions voudriez-vous visiter? _____

_____

Je joins à ce bulletin d'inscription 1 chèque de 25 € et 2 photos.

Fait à _____ le _____

Signature _____

E **Comment voyager?** Selon vos préférences, choisissez **trois** moyens de transport (avion, bateau, train, autocar, vélo, auto, marche à pied) et **trois** catégories de logement (hôtel de luxe, hôtel une ou deux étoiles, auberge de jeunesse, camping) et complétez les schémas à la page suivante en y mettant des mots ou des expressions que vous y associez. Ne vous limitez pas aux substantifs; donnez aussi des verbes et des adjectifs. Les mots dans le **Vocabulaire utile** ne sont que des suggestions. Ajoutez des mots qui correspondent à vos propres idées!

| Vocabulaire utile | *Avion:* **le ciel / les turbulences / voir le sol d'en haut** the ground from the air / **avoir le mal de mer / vomir / les accidents / les attentats terroristes / le détournement d'avion** skyjacking / **rapide / pas très confortable / mauvaise nourriture / cher / absence de place pour les jambes / ne pas pouvoir dormir / mal aux oreilles**

Bateau: **la mer** ocean, sea / **calme / houleuse** rough / **le bateau** ship, boat / **le voilier** sailboat / **la croisière** cruise / **le port / à bord** on board / **jouer au deck tennis / nager dans la piscine / avoir le mal de mer / vomir / rester dans la cabine / manger / prendre du poids / se détendre** to relax

Train: **pratique / rapide / confortable / le wagon-restaurant / voir le paysage** (countryside) **/ jouer aux cartes / manger à sa place / lire**

Autocar: **long / fatigant / assez confortable / être fatigué / avoir mal au cœur** to be nauseated / **s'arrêter très souvent / bon marché** inexpensive / **les autoroutes / les aires de repos** rest stops

Vélo: **la campagne** countryside / **les pistes cyclables / la nature / se faire des muscles, se muscler** to build up muscles / **bon pour la santé / la fatigue / la chaleur / les mauvaises routes / les voitures qui roulent vite**

Auto: **confortable / pratique / aller où on veut / ne dépendre de personne / avoir besoin de réparations / les accidents de la route / le prix de l'essence** (gas) **/ les pannes** (breakdowns) **de moteur (d'essence)**

A pied: **fatigant / marcher / courir** run / **avoir mal aux pieds / avoir des ampoules** (blisters) **aux pieds / se faire des muscles, se muscler / avoir soif / boire beaucoup d'eau / porter son sac** |

MODELE

BATEAU

LA MER	JOUER	LE MAL DE MER	MANGER
calme	au deck tennis	vomir	5 repas
houleuse	nager	rester dans	prendre du
		la cabine	poids

◆1◆

_____

_____

◆2◆

_____

_____

◆3◆

_____

_____

◆4◆

_____

_____

◆5◆

_____

_____

◆6◆

_____

_____

Circuler en ville sans polluer

Pour lutter contre la pollution et les embouteillages, les maires des grandes villes françaises mettent en place des systèmes de transport plus écologiques. A Paris, les vélibs (vélos liberté) sont le plus grand réseau de partage de vélos au monde. Avec les quelques 20 000 vélos disponibles et les 1 000 stations de vélos (situées tous les 300 mètres), les vélibs sont devenus très populaires pour les Parisiens comme pour les touristes. Louer un vélo avec une carte de crédit est donc chose facile pour circuler à Paris.

Brucerobbi/Dreamstime.com

Stratégies communicatives: choisir l'endroit á visiter

Quand on a pris la décision de voyager avec des amis (ou avec des connaissances ou des membres de sa famille), il reste de nombreuses questions à résoudre. D'abord, il faut choisir les endroits qu'on va visiter. Normalement une personne propose un endroit à visiter et ses compagnons de voyage réagissent. Leur réaction peut être affirmative:

> — **Si on allait** en Europe?
>
> — Moi, **j'aimerais bien.** Et toi?
>
> — Oui, **je trouve ça très bien.**

Ou bien ils peuvent hésiter:

> — **J'ai une idée. Que diriez-vous d'**un voyage au Brésil?
>
> — **Euh...je ne sais pas.** Et toi?
>
> — **Je ne dis pas non, mais...**

Ils peuvent refuser:

> — **Pourquoi pas aller** en Alaska?
>
> — Non, **ça ne me dit pas grand-chose.** Et toi?
>
> — Moi, **ça ne m'intéresse pas du tout. J'ai horreur du** froid.

Ou bien ils peuvent proposer autre chose:

> — **J'ai une idée. Allons** à Moscou.
>
> — Ça serait intéressant, mais moi, **j'aimerais mieux** aller à Dakar.
>
> — Et moi, **j'aimerais bien** voir Tokyo.

Mais il faut finir par prendre une décision si on veut voyager avec d'autres personnes:

— **Alors, on va** à Madrid ou à Mexico?

— **Ça m'est égal. C'est à vous de décider.**

— Eh bien, moi **je préfère** aller à Madrid.

— **Je suis d'accord.**

— Alors, **c'est décidé.** On va à Madrid.

Expressions pour...

PROPOSER UN VOYAGE

Si on allait... ?	Suppose we went . . . ?
Pourquoi pas... ?	Why not . . . ?
J'ai une idée. Allons...	I've got an idea. Let's go . . .
Que dirais-tu (diriez-vous) de... ?	What would you say about . . . ?

REAGIR AFFIRMATIVEMENT

Oui, c'est une bonne idée.	Yes, that's a good idea.
Je trouve ça très bien.	I think that's very good.
J'aimerais bien...	I would like . . .
Trop bien! (familier)	Great idea!
Entièrement d'accord.	I agree completely.

MARQUER L'INDECISION

Je suppose. Mais...	I suppose. But . . .
C'est possible, mais...	It's possible, but . . .
Je ne dis pas non, mais...	I'm not saying no, but . . .
Euh...je ne sais pas.	I just don't know.

REAGIR NEGATIVEMENT

J'ai horreur de...	I hate . . .
Je n'aime pas ça.	I don't like that.
Non, j'aimerais mieux...	No, I'd rather . . .
Non, je préfère...	No, I prefer . . .
Ça ne m'intéresse pas tellement (du tout).	That doesn't interest me particularly (at all).
Ça ne me dit pas grand-chose.	That doesn't appeal to me.
Tu rigoles ou quoi?	Are you kidding me (putting me on)?
Ben voyons! (familier)	Yeah, right.
Ton idée est débile/nulle.	Your idea is (That's) lame.

PRENDRE UNE DECISION

Alors, on va à (au, aux, en)... ?	So, are we going to . . . ?
C'est à toi (vous) de décider.	You decide.
Ça m'est égal.	I don't care (one way or another).
C'est décidé.	It's decided.

F **Autrement dit.** (*In other words.*) Pour chaque réaction, trouvez dans la liste une autre façon de dire la même chose.

> **Modèle:** — Il fait beau à Paris en avril.
> — Alors on va à Paris.
> — *C'est décidé, on va à Paris.*

1. — J'ai une idée. Allons en Arizona.

   — C'est possible, mais je ne suis pas sûr.

   — _____

2. — Moi, j'aimerais aller en Norvège.

   — La Norvège en décembre? Ça ne me dit pas grand-chose.

   — _____

3. — Alors, on va en Louisiane?

   — Oui, c'est une bonne idée.

   — _____

4. — Pourquoi pas descendre dans le Midi (*south of France*)?

   — Je trouve ça très bien.

   — _____

5. — Que diriez-vous de faire un petit voyage au Québec?

   — Je ne dis pas non, mais...

   — _____

6. — Il fait très beau en Australie en décembre.

   — Alors, pourquoi pas aller en Australie?

   — _____

7. — Il fait trop chaud en Floride. Je n'aime pas la chaleur.

   — En tout cas, la Floride, ça ne m'intéresse pas beaucoup.

   — _____

8. — La Russie. Voilà une aventure!

   — Ça ne me dit pas grand-chose. Pourquoi pas aller en Suisse?

   — _____

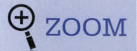
Apéro géant

Quand les jeunes veulent se rencontrer, ils ne s'envoient pas toujours un texto comme auparavant, ils se donnent rendez-vous sur Facebook. En 2010, à Nantes, quelqu'un a proposé de se rencontrer pour un apéro (apéritif). 9 500 personnes

Dash/Dreamstime.com

ont répondu; c'était le premier apéro géant. Depuis, le site permet d'organiser ou de participer à des apéros dans un parc ou à la plage. L'objectif est de passer un bon moment en faisant de nouvelles rencontres. Chacun apporte de quoi boire et de quoi manger.

Entre nous 1: Vous et les voyages

 G **Pour trouver un compagnon (une compagne) de voyage (*suite*).** Vos amis ne peuvent pas vous accompagner; vous devez donc chercher de nouveaux compagnons (de nouvelles compagnes) de voyage. Circulez dans la classe et posez des questions à vos camarades pour vous renseigner sur leurs préférences. Notez les réponses de chaque personne. Suggestion: pour trouver les personnes qui ont les qualités que vous recherchez, inspirez-vous des réponses que vous avez données dans l'exercice D pour formuler vos questions.

 H **Comment voyager (*suite*).** Avec vos camarades, discutez des moyens de voyager et des logements préférés. Faites une liste de tous les mots que le groupe associe au moyen de transport et à la catégorie de logement choisis et qui se trouvent dans les pyramides de l'exercice E. Parlez ensuite des avantages et des inconvénients de ce moyen de transport ou de cette catégorie de logement. Dans votre discussion, chaque personne doit prendre la parole et s'exprimer avec une ou deux phrases. Puis quelqu'un propose un nouveau moyen de transport et une nouvelle catégorie de logement et vous continuez la conversation sur ce même modèle.

<table>
<tr>
<td>**Vocabulaire utile**</td>
<td colspan="3">Des expressions pour parler des avantages et des inconvénients des moyens de transport ou des catégories de logement:</td>
</tr>
<tr>
<td></td>
<td>

cher
bon marché
gratuit
sûr
dangereux
bruyant
reposant
toujours à l'heure
souvent en retard
</td>
<td>

amusant
intéressant
ennuyeux
rapide
lent
sale
propre
connecté
wi-fi gratuit
</td>
<td>

économique
pratique
efficace
confortable
désagréable
climatisé
luxueux
prise pour l'ordi
près de (loin de)
</td>
</tr>
</table>

 I **On se décide.** En vous basant sur les goûts de vos camarades et en utilisant les expressions que vous avez apprises,

■ organisez-vous en groupes de trois ou quatre personnes;

■ regardez les cartes ci-dessous et mettez-vous d'accord sur une région de France ou du monde francophone où vous aimeriez passer huit jours.

Nom de la région de France ou du monde francophone: _____

_____

LE MONDE

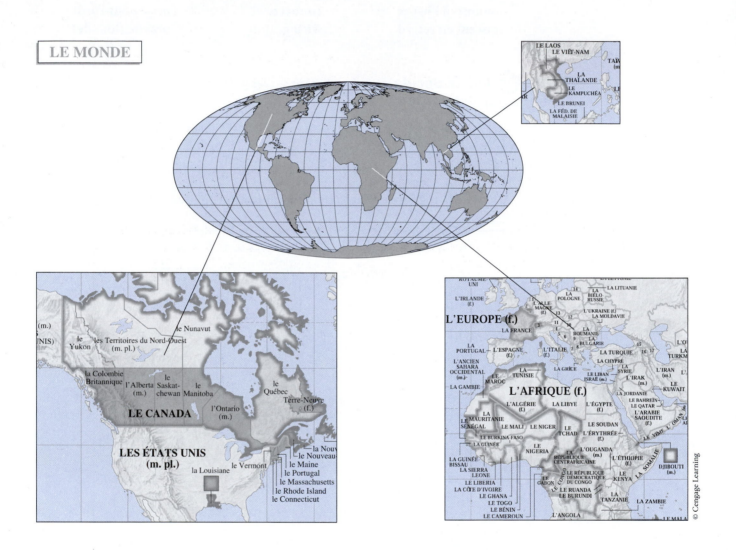

LE LAOS
LE VIÊT-NAM
TAÏW
(m
LA
THAÏLANDE
LE KAMPUCHÉA
LE BRUNEI
LA FÉD. DE
MALAISIE

(m.)
le Nunavut
(NIS)   le   les Territoires du Nord-Ouest
Yukon   (m. pl.)
la Colombie   le   le   le Québec
Britannique   Saskat-   Manitoba   Terre-Neuve
l'Alberta   chewan   (f.)
(m.)   l'Ontario
(m.)
LE CANADA

LES ÉTATS UNIS
(m. pl.)
la Louisiane   le Vermont   la Nouv
le Nouveau
le Maine
le Portugal
le Massachusetts
le Rhode Island
le Connecticut

ROYAUME-
UNI   LA LITUANIE
L'IRLANDE   LA   LA BIÉLO
(f.)   L'ALLE-   POLOGNE   RUSSIE
L'EUROPE (f.)   MAGNE   13   L'UKRAINE (f.)
(f.)   11   12   LA MOLDAVIE
LA FRANCE   LA
LA   10   ROUMANIE
LA   L'ITALIE   9   LA
PORTUGAL   L'ESPAGNE   (f.)   BULGARIE
(f.)   8   LA TURQUIE
L'ANCIEN   LA GRÈCE   LA CHYPRE   L'O
SAHARA   LA   L'   LA
OCCIDENTAL   LE   TUNISIE   LE LIBAN   L'IRAN   TURKM
(m.)   MAROC   ISRAË (m.)   SYRIE   (m.)
LA GAMBIE   L'IRAK   LE
L'AFRIQUE (f.)   (m.)   KUWAIT
LA   LA JORDANIE
L'ALGÉRIE   LA LIBYE   L'ÉGYPTE   LE BAHREÏN
LE QATAR
LA   L'ARABIE
MAURITANIE   LE MALI   LE NIGER   SAOUDITE
SÉNÉGAL   LE   (f.)
LE BURKINA-FASO   TCHAD   L'ÉRYTHRÉE
LA GUINÉE   LE   L'O (m
LA GUINÉE   NIGERIA   L'OUGANDA
BISSAU   RÉPUBLIQUE   (m.)   L'ÉTHIOPIE   LA SOMALIE
LA SIERRA   CENTRAFRICAINE   DJIBOUTI
LEONE   LE CONGO   LA RÉPUBLIQUE   (m.)
LA CÔTE D'IVOIRE   LE GABON   DÉMOCRATIQUE   LE
LE GHANA   DU CONGO   KENYA
LE TOGO   LE RUANDA   LA
LE BÉNIN   LE BURUNDI   TANZANIE   LA ZAMBIE
LE CAMEROUN   L'ANGOLA   LE MALA

© Cengage Learning

A faire!

- **A l'écoute**, Ex. J, K, L
- **Vocabulaire et renseignements**, Ex. M
- **Stratégies communicatives**, Ex. N

A l'écoute

The listening material for Ex. J, K, and L is found on the website. If you wish to verify your comprehension, you may consult the audio script.

THE MUTE *E*

In Chapter 2, you learned that in French you have to listen for word groups rather than for individual words. The grouping of words is facilitated in that often the unaccented **e** is *not pronounced*. You're probably familiar with the *mute e* or **e caduc** (dropped e) within individual words. You may also have learned the **loi des trois consonnes**—the **e** is not pronounced as long as dropping it doesn't result in three consecutive consonant sounds. For example, in **samedi** [sam di], dropping the **e** leaves only two consonant sounds together; however, if the second **e** of **vendredi** were dropped, the combination **drd** would remain and would be very difficult to pronounce. In actual practice, the situation is more complex; for instance, some three-consonant combinations are easier to pronounce and thus allow the **e** to be dropped—for example, **parce que** [pa rskə]. In terms of understanding spoken French, it is most important to remember that the practice of dropping the unaccented **e** occurs frequently in the middle of word groups and often involves short one-syllable words such as **de, ce, ne, me, te, se,** and **le.**

CD2: Track 5

★ **J Le *e* caduc.** As you listen to the following sentences and short exchanges, draw a slash (/) through each unaccented **e** that the speaker drops.

> **Modèle:** You hear: Tu veux un peu de pain?
> *You draw a slash through the **e** of d**e̸**.*

1. Notre employée de maison parle constamment de ses petits-enfants.

2. Je vous le donnerai demain ou après-demain.

3. Qu'est-ce qui se passe?

4. Je ne veux pas le savoir.

5. Dans ce cas-là, tu ferais mieux de ne pas le lui donner.

6. Je te reverrai demain si tu as le temps.

7. — J'irai ce matin acheter deux billets de train, Paris-Boulogne.
   — Mais qu'est-ce qu'on fera pour traverser la Manche? Il n'y a pas de bac.
   — Mais non. On ne prend pas le bac. Il y a l'aéroglisseur. C'est très bien. On n'a même pas le mal de mer.
   — Heureusement. Et puis on prendra le train jusqu'à Victoria Station. Ça dure à peine une heure et demie.

8. — Bonjour, Madame. Je peux vous aider?

— Bonjour, Monsieur. Qu'est-ce que vous pouvez me recommander? Euh...nous avons un déjeuner de famille et il me faut un bon petit dessert.

— Ah, nous avons de jolies tartes aujourd'hui.

— Très bien. Je pense que je prendrai bien une tarte aux cerises. Voyons...est-ce que vous auriez des gâteaux pour les petits?

— Bien sûr. Nous avons beaucoup de pâtisseries. Peut-être des mille-feuilles ou des meringues?

— Voyons...donnez-moi euh...quatre meringues.

— Voilà, Madame. Merci, Madame. Au revoir, Madame.

— Au revoir, Monsieur.

OTHER DROPPED SOUNDS

In everyday spoken French, there is a tendency to drop not only the unaccented **e** but also other vowels and even consonants. This is similar to the reductions frequently used in English (**gonna, wanna, hafta,** etc.). There are no general rules you can apply to help you with this phenomenon. But if you're aware of some of the most frequently dropped sounds, it will help you better understand what people are saying.

- the **u** of **tu** before a verb beginning with a vowel (**t'as** for **tu as** / **t'es** for **tu es**)
- the **l** of **il(s)** (**i'fait, i'font, i'faut** instead of **il fait, ils font, il faut**)
- the **el** of **celui** (**c'ui**)
- the **re** of **votre** and **notre** (**vot' frère, not' fils**)

CD2: Track 6

★ K Les sons caducs. As you listen to the following sentences, draw a slash (/) through any dropped letters (vowels or consonants).

Modèle: You hear: Qu'est-ce que tu as fait, toi?

*You draw a slash through e of c*e *and the u of t*u.

1. Tu as vu Yannick hier soir?
2. Tu es vraiment gentil, tu sais.
3. Mais qu'est-ce qu'il veut, celui-là?
4. Nous, on se moque de votre voiture de luxe!
5. Ils font beaucoup de progrès.
6. Tu as rencontré notre neveu?
7. Quel fromage tu préfères? Celui-ci ou celui-là?
8. Il y a tellement de choix que je ne sais pas trop bien.
9. Il se prend beaucoup trop au sérieux, celui-là!
10. Tu aurais mieux fait d'y aller samedi.

GRAMMAR AS AN AID TO UNDERSTANDING: GRAMMATICAL ELEMENTS THAT DISAPPEAR

The grouping of words is also facilitated by the dropping of grammatical elements that are whole words. As you'll see, however, other clues always remain in the sentence to make the meaning clear. This phenomenon is common particularly in informal speech. Once you know the words that disappear most frequently, you'll have an easier time understanding others.

The following are the words that most commonly disappear:

- the **ne** is dropped from negative expressions such as **ne...pas, ne...jamais,** and so on—the **pas** or **jamais** is retained as a negative marker (**Ça va pas. J'y vais pas. Elle est jamais contente.**)
- the **il** in some fixed expressions (**Faut [pas] y aller. Y a quelqu'un à la porte.**)
- the **il** and **ne** in the expression **il n'y a qu'à...**(all you [they, we, he, she] have [has] to do is . . .). This expression then sounds like **yaka** (**Y a qu'à envoyer un message à ton prof.** *All you have to do is send a message to your prof.*)

CD2: Track 7

*⬤L **Les mots qui disparaissent.** As you listen to the first eight sentences, cross out the words that have been dropped. Then listen to the two short exchanges and cross out all dropped sounds (vowels, consonants) and words.

1. Je ne sais pas.

2. Vous avez échoué à l'examen? Il n'y a qu'à mieux réviser la prochaine fois.

3. Elle ne veut pas aller en Afrique avec nous.

4. Il vaut mieux ne pas lui donner trop de chocolat.

5. Ça ne va pas! Elle n'achète jamais assez de pain!

6. Elles n'ont pas assez d'argent? Il n'y a qu'à trouver un job d'été!

7. Ne t'inquiète pas! Il ne faut pas exagérer le danger des voyages en avion!

8. Je ne comprends pas pourquoi il ne vient pas. Il faut peut-être lui téléphoner.

9. — Tu as envie de visiter le Cameroun?
   — Je ne sais pas. Ça ne me dit pas grand-chose. Je n'ai pas beaucoup de temps.
   — Il n'y a qu'à demander des jours de congé *(days off)* à ton patron.
   — Tu es folle! Mon patron ne me donnera jamais de vacances en octobre!

10. — Le Japon, ça ne m'intéresse pas tellement.
    — Pourquoi pas? Moi, mon rêve, c'est d'y passer mes vacances.
    — Eh bien, d'abord, je ne parle pas japonais. En plus, je ne comprends pas du tout la culture. Enfin, je n'ai pas assez d'argent pour un si grand voyage.
    — Mais il n'y a qu'à suivre un cours de japonais pour apprendre les expressions de base. Et il y a un tas de livres sur la culture. Et tu pourrais emprunter l'argent à ta mère.
    — Ce n'est pas un projet très réaliste. Il vaut mieux passer les vacances avec mes cousins en Suisse.

Vocabulaire et renseignements

🌐 **Ⓜ Sur Internet.** Faites des recherches sur Internet sur la région française ou francophone choisie par votre groupe (exercice I) pour votre voyage. Prenez des notes qui vous serviront dans votre discussion en cours.

NOM DE LA REGION _____

1. Quelques faits sur la région (situation géographique, villes principales, climat).

_____

_____

_____

_____

2. Ce qu'il y a à voir (monuments, architecture, plages, montagnes, lacs).

_____

_____

_____

_____

_____

3. Ce qu'il y a à faire (**verbes utiles:** visiter, aller, regarder, se promener, manger, parler à, acheter, faire des randonnées, aller à vélo, voir, passer du temps à, danser).

_____

_____

_____

_____

4. Comment y aller (ville de départ, escales [*stopovers*], ville d'arrivée, moyens de transport, temps qu'il faut pour y aller).

_____

_____

_____

Stratégies communicatives: pour organiser un voyage

Une fois la destination décidée, il y a de nombreux détails à régler. Par exemple, il faut réserver les billets, trouver un logement et calculer l'argent qu'il vous faudra. Voici quelques expressions qui vous aideront à répartir les responsabilités:

— **Qui va s'occuper de** l'hôtel?

— Moi, **je veux bien.**

— **D'accord.** Christine s'occupe de l'hôtel.

— Et les billets d'avion, **qui les prendra?**

— **Je peux le faire.**

— Merci. C'est Anne qui va se charger des billets.

Expressions pour . . .

DEMANDER A QUELQU'UN DE FAIRE QUELQUE CHOSE

Qui va (peut, veut) s'occuper de… ?	Who's going to (can, wants to) take care of . . . ?
Qui va (peut, veut) se charger de… ?	Who's going to (can, (wants to) take care of . . . ?
Et qui va (peut, veut)… ?	And who's going to (can, wants to) . . . ?
Qui a envie de… ?	Who feels like . . . ?
Tu pourrais… ? (Vous pourriez… ?)	Could you . . . ?

ACCEPTER DE FAIRE QUELQUE CHOSE

D'accord (OK), pourquoi pas.	Sure (OK), why not.
Je veux bien.	I don't mind (doing it).
Oui, je peux le faire.	Yes, I can do it.
Je m'en occupe.	I'll take care of it.
Tu peux (Vous pouvez) compter sur moi.	You can count on me.
C'est comme si c'était fait.	As good as done.

N **Qui va… ?** Rédigez une conversation dans laquelle vous utiliserez les expressions convenables. Il s'agit de répartir les tâches (*tasks*) associées à un voyage. Suivez le modèle et utilisez une autre feuille de papier.

Modèle: faire des recherches sur Internet / prendre les billets de train

A: *Qui va se charger de faire des recherches sur Internet?*

B: *Moi, je peux le faire ce soir.*

A: *D'accord. Merci.*

B: *Et les billets de train, qui va les prendre?*

C: *. . . ,*

1. prendre les billets d'avion
2. réserver les chambres d'hôtel
3. louer une voiture
4. faire des recherches sur Internet
5. acheter un Guide du Routard de la région

ZOOM | Langue

Questions d'information

Quand il s'agit de faire des projets avec d'autres personnes, on a besoin de poser questions précises sur ce qui va se passer. Pour vous les rappeler, voici les formes des questions les plus courantes.

qui	**Qui va** réserver les billets?
quand	**Quand** est-ce qu'on part?
où	**Où** est-ce qu'on va? (On va **où?**)
combien	**Combien** coûtent les billets?
comment	**Comment** allons-nous à l'aéroport?
que (qu'est-ce que)	**Que** fait-on demain? (**Qu'est-ce qu'**on fait demain?)
quel (quelle, quels, quelles)	Le train, c'est à **quelle** heure?
pourquoi pas	**Pourquoi pas** aller à Los Angeles?

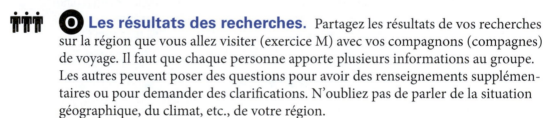

Entre nous 2: Organiser un voyage

O Les résultats des recherches. Partagez les résultats de vos recherches sur la région que vous allez visiter (exercice M) avec vos compagnons (compagnes) de voyage. Il faut que chaque personne apporte plusieurs informations au groupe. Les autres peuvent poser des questions pour avoir des renseignements supplémentaires ou pour demander des clarifications. N'oubliez pas de parler de la situation géographique, du climat, etc., de votre région.

P On se décide. Maintenant que vous avez discuté de votre destination, c'est le moment de prendre des décisions sur les détails du voyage.

Vocabulaire utile

partir to leave / **rentrer** to come back home / **passer...jours** to spend . . . days / **faire escale à** to stop over in / **Il faut...heures pour...**It takes . . . hours to . . . / **Je tiens à...** I really want to . . . / **Il faut absolument...** I (We) absolutely have to . . . / **Si on a le temps, je voudrais...** If we have the time, I'd like . . . / **A mon avis, nous devrions...** In my opinion, we should . . . / **J'aimerais bien...** I'd like . . .

Maintenant que vous vous êtes mis d'accord sur les détails, décidez:

1. la semaine du voyage (dates)

_____

2. comment vous allez faire le voyage (moyens de transport, ville de départ, escales, ville d'arrivée, voyages à l'intérieur de la région).

_____

_____

_____

_____

3. ce que vous allez voir

_____

_____

_____

_____

4. ce que vous allez faire

_____

_____

_____

_____

Q Qui va faire quoi? (_Who's going to do what?_) Décidez qui va se charger de trouver des détails sur les sujets qui concernent le voyage projeté. N'oubliez pas la région choisie et les dates du voyage.

Modèle: — _Qui va s'occuper du logement?_

— _Moi, je veux bien. Hôtel ou auberge de jeunesse?_

— _Ça dépend. Combien est-ce que nous pouvons payer?_

— _Moi, je préfère...parce que..._

Qui va faire quoi?

Trouver sur Internet	Nom
logement (hôtel, auberge de jeunesse, chambre d'hôte)	_____
moyens de transports	_____
activités culturelles (musées, etc.)	_____
restaurants	_____

A faire!

■ **A l'écoute,** Ex. R

■ **Vocabulaire et renseignements,** Ex. S

A l'écoute

The listening material for Ex. R is found on the website. If you wish to verify your comprehension, you may consult the audio script.

In this chapter, you've learned to make plans. You know how to propose an idea, to take care of the practical details and, in the case of a trip, to establish an itinerary. In addition, you've learned how to respond to the suggestions made by other people and to express your personal opinion. In the last phase of this lesson, you're going to listen to a conversation that you haven't heard before, a conversation in which four people are planning a trip.

CD2: Track 8

★ R Si on allait? Ecoutez les quatre personnes faire un projet de voyage. Répondez ensuite aux questions.

Vocabulaire utile

au bord de la mer on the (sea)shore / **le québécois** Quebecois French / **un trajet** trip / **faire escale** stop (overnight) / **à l'avance** ahead of time / **en pleine** in the middle of / **puisque** since / **un pneu** tire / **tomber en panne** have the car break down

1. Est-ce qu'ils vont passer leurs vacances dans un petit village, au bord de la mer ou dans une ville? Quel est le nom de cet endroit?

   _____

2. Quelles sont les autres suggestions pour ce voyage?

   _____

3. Pourquoi est-ce qu'ils ne vont pas à Washington ou à New York?

   _____

4. Comment est-ce qu'ils vont faire le voyage?

   _____

5. Quelles sont les trois choses qu'il faut faire pour organiser le voyage?

   _____

Vocabulaire et renseignements

S **Notre projet de voyage (*suite*).** Votre travail comprend deux parties: (1) Vous allez vous acquitter de la responsabilité que vous avez acceptée en cours (exercice P). Suggestions: faites des recherches sur Internet, consultez un Guide du Routard, renseignez-vous sur le cours du change (*exchange rate*) pour connaître le coût du voyage ou de l'hôtel en dollars, en euros ou dans la devise (*currency*) de la région (du pays); (2) préparez un itinéraire en complétant le plan donné ci-dessous. Il s'agit de décider où vous voulez aller et ce que vous allez faire.

ITINERAIRE

jour / date	détails

Entre nous 3: Improvisons!

 T **Un projet de voyage (*fin*).** Réunissez-vous avec vos compagnons (compagnes) de voyage. Vous devez:

- échanger les renseignements que vous avez trouvés dans vos recherches;
- faire un itinéraire détaillé (commencez par comparer les itinéraires que vous avez établis chez vous;
- calculer le coût approximatif du voyage par personne (transports, logement, nourriture, activités).

U **Notre projet de voyage (*présentation*).** Votre groupe va présenter à la classe (ou à un ou deux autres groupes) ses projets de voyage. Organisez votre présentation de sorte que chaque membre du groupe y participe.

 V **D'autres projets.** Les projets de voyage sont d'habitude assez compliqués. Mais il nous arrive souvent de faire des projets plus simples — pour aller au cinéma, pour retrouver des amis en ville, pour inviter des gens chez nous. Dans l'activité qui suit, on va vous demander d'utiliser le vocabulaire que vous avez appris pour faire des projets moins complexes que les projets de voyage.

Vous allez vous mettre d'accord avec un(e) ou deux camarade(s) pour faire les activités suivantes. Travaillez vite; vous n'aurez que deux ou trois minutes pour régler tous les détails essentiels d'une activité particulière.

Vocabulaire utile	
	Un pique-nique: **acheter (préparer) à manger et à boire / apporter une nappe** (tablecloth)**, des fourchettes et des couteaux / trouver un endroit / répartir les responsabilités / des gobelets / des serviettes en papier / une couverture** (blanket)
	Un dîner en ville: **choisir un restaurant / réserver / s'occuper des transports / s'organiser avec les amis**
	Une fête: **décider de la date / nettoyer (décorer) la maison / acheter la nourriture et les boissons / choisir la musique / envoyer des invitations (des textos)**
	Une soirée à un concert: **choisir le concert / décider de la date / acheter les billets / prendre de bonnes places / décider de ce qu'on va faire avant et après le concert**
	Une excursion à... : **décider où aller / décider du moyen de transport / prendre des vêtements chauds (légers) / préciser un lieu et une heure de rendez-vous**

1. un pique-nique
2. un dîner en ville
3. une fête
4. une soirée à un concert
5. un week-end à...

 W **Qu'est-ce qu'on fait?** Votre professeur va distribuer des cartes. Chacune de ces cartes vous indiquera la nature de la situation à laquelle vous devez vous préparer.

🌐 **X** **Sur Internet.** Surfez sur Internet pour faire des recherches sur une région du monde que vous ne connaissez pas et que vous voudriez visiter. Utilisez les informations recueillies sur cette région pour créer un poster qui comprend les points suivants:

■ une description de sa situation géographique (y compris le climat)
■ une liste de ce qu'il y a d'intéressant à voir et à faire

Montrez votre poster à vos camarades et commentez-le avec eux.

5

Exprimer ses sentiments et opinions

Andresr/Dreamstime.com

Dean Mitchell/iStockphoto.com

Sjenner13/Dreamstime.com

A faire!

- **Planning Strategy,** Ex. A
- **A l'écoute,** Ex. B, C
- **Vocabulaire et renseignements,** Ex. D
- **Stratégies communicatives,** Ex. E, F

Planning Strategy

A **How to Express Feelings.** Your French-speaking friend is having trouble letting people know how she feels about what is being said and events that occurred. Since you're her native informant in English, you provide her with some expressions that she can use in the following situations. Make sure that you indicate the level of language of each of the expressions (familiar, polite).

1. Your team just lost the final game in a tournament and your friend wants to express the following feelings:

   sympathy _____

   _____

   disappointment _____

   _____

2. Your friend has just been told that her cell phone was stolen.

   irritation _____

   _____

3. Your friend got an A on her history exam.

   happiness _____

   _____

4. Your friend was just "unfriended" on Facebook by a mutual friend of yours.

   indifference _____

   _____

   surprise _____

   _____

A l'écoute

The listening material for Exercise C is found on the website. If you wish to verify your comprehension, you may consult the audio script.

You're going to hear four conversations. Before listening to them, do the **Préécoute** exercise (Exercise B). Then listen to the audio tracks two or three times and try to identify the topics of conversations. Finally, listen again and do Exercise C.

Note: All exercises in the **Chez vous** sections marked with an asterisk are self-correcting. The answers are in the answer key.

*★**B** **Préécoute.** Identifiez les émotions exprimées dans chaque petite scène.

1. Première scène

— T'as vu Eliane? Elle ne t'a même pas dit bonjour!

— Je sais. J'en ai marre! Je ne sais pas ce qu'elle a.

— Mais qu'est-ce que tu lui as fait?

— Mais rien du tout! Elle a mauvais caractère, c'est tout! Eh ben, moi non plus, je ne vais plus lui parler!

Quelle est l'émotion (compassion, colère, déception, surprise, bonheur, irritation, indifférence)?

_____

2. Deuxième scène

— Voyons, les enfants, ça suffit! Vous ne pouvez pas me laisser tranquille une seule minute?

— Mais, papa. Nous avons faim!

— Encore? Vous venez de manger un tas de saloperies! On va dîner dans quelques minutes. Vous pouvez attendre!

— C'est combien de temps, quelques minutes?

— Ecoutez, vous m'énervez. Quelques minutes, c'est quelques minutes. Allez jouer dehors. Je vous appellerai quand le dîner sera prêt.

Quelle est l'émotion (compassion, colère, déception, surprise, bonheur, irritation, indifférence)?

_____

3. Troisième scène

— C'est incroyable! Je viens d'avoir un 16 sur 20 à ce contrôle!

— Ça alors! C'est super! Mais pourquoi est-ce que ça te surprend? Après tout, tu as passé tout un week-end à réviser!

— Peut-être. Mais les maths, c'est pas mon truc. C'est la première fois que j'ai plus que la moyenne à un contrôle de maths.

— Tant mieux! Maintenant tu auras un peu plus confiance en toi.

Quelles sont les émotions (compassion, colère, déception, surprise, bonheur, irritation, indifférence)?

_____

4. Quatrième scène

— Le concert a été annulé?

— Oui. C'est vraiment décevant!

— Oh, ce n'est pas la fin du monde!

— Mais tu ne comprends pas. Moi, j'ai acheté cinq billets!

— Ne t'en fais pas! Ils vont te rembourser.

— Oui, tu as raison. Tant pis!

Quelles sont les émotions (compassion, colère, déception, surprise, bonheur, irritation, indifférence)?

_____

5. Cinquième scène

— Mais qu'est-ce que tu as?

— Oh, je suis un peu déprimé.

— Pourquoi? Qu'est-ce qui se passe?

— Mon chat est mort hier soir et je n'en reviens pas.

— Quel malheur! Qu'est-ce que je peux faire?

— Rien, merci. C'est comme ça, la vie.

— Ecoute, on pourrait peut-être sortir ce soir. Ça te fera oublier un peu.

— Oui, peut-être. C'est une bonne idée. Merci.

Quelle est l'émotion (compassion, colère, déception, surprise, bonheur, irritation, indifférence)?

_____

CD2: Track 9

CONVERSATION 1

***C** **Des bulletins météorologiques.** Ecoutez les conversations et répondez aux questions suivantes.

1. Quel temps va-il faire?

_____

2. Quelle est l'émotion exprimée par les deux jeunes gens?

_____

3. Qu'est-ce qu'ils vont faire ce week-end?

_____

CONVERSATION 2

CD2: Track 10

1. Pourquoi est-ce que les deux jeunes gens ne sont pas contents?

_____

2. Quelles sont les expressions qu'ils utilisent pour exprimer la déception?

_____

3. Qu'est-ce qu'ils vont faire finalement?

_____

CONVERSATION 3

CD2: Track 11

1. Quelle est l'émotion exprimée par l'enfant?

_____

2. Quelle est l'émotion exprimée par le père?

_____

3. Qu'est-ce qu'ils allaient faire le lendemain?

_____

4. Pourquoi est-ce qu'ils sont obligés de changer de projets?

_____

5. Qu'est-ce que le père propose de faire?

_____

6. Pourquoi est-ce que la petite fille n'est pas contente à la fin de la conversation?

_____

CONVERSATION 4

CD2: Track 12

1. De quoi s'agit-il dans ce bulletin?

_____

2. Quel est l'état des routes?

_____

3. Quelles phrases et expressions sont employées par les personnes pour exprimer leurs sentiments?

_____

_____

_____

_____

_____

Vocabulaire et renseignements

D **Votre disposition.** Quand êtes-vous de bonne ou de mauvaise humeur? Qu'est-ce qui vous irrite? Dites ce qui peut provoquer chez vous les émotions décrites ci-dessous. Donnez deux exemples pour chacune d'entre elles. (Exemple: Je suis de mauvaise humeur quand je me dispute avec mes parents.) Consultez un dictionnaire pour trouver le vocabulaire qui convient à chaque situation que vous décrivez.

1. Je suis de mauvaise humeur quand... (*I'm in a bad mood when . . .*)

_____

_____

_____

_____

2. Je suis en colère quand...

_____

_____

_____

_____

3. Je suis très heureux (heureuse) quand...

_____

_____

_____

_____

4. Je suis toujours étonné(e) (surpris[e]) quand...

_____

_____

_____

_____

5. Je suis irrité(e) quand...

_____

_____

_____

_____

Stratégies communicatives

COMMENT EXPRIMER LES SENTIMENTS

Quand vous apprenez une nouvelle, quand vous vous trouvez dans une discussion animée avec quelqu'un, quand vous faites le commentaire d'un film ou d'un livre, les mots que vous choisissez pour exprimer vos réactions sont très importants. D'abord, il faut savoir réagir convenablement pour ne pas créer de malentendu. Mais en plus, quand on exprime un sentiment, on montre indirectement son opinion. Avant d'exprimer un sentiment quelconque, il faut écouter attentivement ce qui est dit. Il ne serait pas convenable, par exemple, de dire «Trop bien!» si on vient de vous apprendre que quelqu'un est malade! Les expressions que vous utiliserez pour montrer vos sentiments seront donc une indication de ce que vous pensez d'une personne ou d'un événement. Soyez prudent(e) et choisissez vos mots avec soin!

Expressions pour montrer...

LA COMPASSION

Je suis navré(e).	I'm very very sorry.
Je suis vraiment désolé(e).	I'm really sorry.
Quel malheur!	How terrible!
Trop affreux!	That's terrible!
Quel manque de bol (Pas de bol), mon (ma) pauvre.	That's tough, man.
C'est vraiment un coup dur pour toi.	That's tough luck.
Tu arrives à tenir le coup?	Are you hanging in there?
Si tu as besoin de quelque chose, n'hésite pas.	If you need anything, don't hesitate to ask.

LA COLERE

C'est un scandale! (C'est scandaleux!)	That's outrageous!
J'en ai marre!	I've had it!
Ça va pas, non?	What's the matter with you?
Ça suffit maintenant!	That's enough!
Mais ils veulent me rendre fou (folle)!	They're trying to drive me crazy!
Mais j'y crois pas!	I can't believe it!
Mais c'est pas possible!	Unbelievable!
(C'est) Bien fait!	Serves him/her right!

LA DECEPTION

Je suis vraiment déçu(e).	I'm really disappointed.
C'est vraiment décevant!	That's really disappointing.
Zut alors!	Darn!
C'est trop dommage!	That's too bad!
Je (ne) comprends pas.	I don't get it.
C'est totalement injuste.	That's totally unfair.

LA SURPRISE

C'est incroyable!	That's (It's) unbelievable!
C'est pas vrai!	That can't be!
Sans blague!	No kidding!
Tu plaisantes! / (Non, mais) tu rigoles!	You're kidding!

Ça alors!		No way!
C'est pas possible!		That can't be!
J'y crois pas!		I don't believe it.

LA JOIE

Quelle chance!	What luck!
Formidable!	Terrific!
Trop bien!	Great!
Trop chouette!	That's terrific! (Wow!)
C'est épatant!	That's terrific! (I'm thrilled!)
Félicitations!	Congratulations!
C'est extra (top)!	That's great!
Bravo!	Good for you!
Trop génial! (Enorme! / Géant!) (familier)	Awesome
Super! (Super cool!)	Awesome! Cool!

L'ENERVEMENT

Ça m'énerve!	It's getting on my nerves!
Mince alors!	Darn!
C'est embêtant!	That's annoying (irritating)!
C'est casse-pieds! (familier)	That's a drag!
Quelle barbe!	What a drag!
J'en ai ras le bol!	I've had it!

LA NEUTRALITE

Tant pis!	Too bad! (So what? / Who cares?)
Ça m'est égal!	I don't care one way or the other!
Bof!	Oh well! (So it goes. / That's life.)
Je m'en fiche!	I don't care.
Si tu veux...	Whatever . . .
Aucune importance.	It doesn't matter.
C'est pas grave.	No problem.
T'inquiète pas. (T'en fais pas.)	Don't worry about it.
Rien à faire. (Je m'en tape.)	I don't care.

Credit for smiles: Nataly-Nete/Shutterstock.com

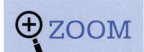 **ZOOM** | **Langue**

«très» et «trop»

La différence entre **très** et **trop** tend à disparaître dans la langue orale parlée par les jeunes Français. **Très** indique un degré élevé (Ce film est **très** bien.), alors que **trop** indique un excès (Ce film est **trop** bien!). Quand on emploie **trop** à la place de **très**, on ajoute un degré d'expressivité. Cet emploi est toléré à l'oral, mais considéré impropre à l'écrit. Voici quelques exemples:

Cette soirée est trop réussie!

Votre maison est trop belle!

C'est trop génial!

J'ai eu trop peur!

C'est trop chouette!

Je pars demain en vacances, c'est trop cool!

★ E Exprimer ses sentiments. Complétez chaque petit échange avec une expression d'émotion logique.

Modèle: — Aïssa ne vient pas demain.

— *C'est vraiment dommage!* J'aurais bien voulu la voir.

1. — Bonne nouvelle! J'ai eu une super note en français!

— _____ Bravo! Faut dire que tu avais bien révisé!

2. — Il va pleuvoir toute la semaine.

— _____ Il y a beaucoup de choses à faire ici à Paris.

3. — Tu es sûre que Pascale va venir? Ça fait une demi-heure qu'on l'attend.

— _____ Elle est toujours en retard!

4. — Désolé, faut que j'y aille. Mon chien vient de se faire renverser par une voiture.

— _____ Il est chez le vétérinaire?

5. — Il a laissé tomber ses études pour aller chercher de l'or dans les Cévennes!

— _____ Franchement, qui ferait un truc pareil!

6. — Théo est à l'hôpital. Il a été opéré de l'appendicite.

— _____ On peut lui rendre visite?

7. — Quand est-ce qu'on mange? J'ai trop faim! Qu'est-ce que tu as préparé?

— _____ Tu ne m'aides jamais à faire la cuisine!

8. — Tu vas jamais deviner ce qui m'est arrivé! J'ai gagné 1 000 euros au loto!

— _____ Tu vas partager ta fortune avec tes amis?

9. — Changement de plans: l'hôtel est complet!

— _____ Il y a beaucoup d'hôtels dans la région.

10. — Je ne peux pas aller au concert avec toi. Je dois rester à la maison avec mon petit frère.

— _____ Peut-être pourras-tu venir au match de football le week-end prochain?

F Mes mails. Lisez les e-mails envoyés par vos amis et préparez ce que vous allez leur dire au téléphone pour les réconforter, leur exprimer vos sentiments ou leur dire ce que vous pensez. Si vous voulez, vous pouvez aussi terminer chaque conversation par une question logique pour avoir des renseignements supplémentaires.

Enfin, c'est fait! Mes parents ont finalement divorcé. Ça me désole vraiment mais ça ne m'étonne pas. Les choses vont de mal en pire depuis des années. Mon petit frère, lui, est effondré.

_____

_____

_____

Mon avenir est tout tracé: grâce à une bourse Erasmus
et une autre de la région, je peux faire mon master de
droit international à Stockholm!

_____

_____

_____

Tu te rappelles Zoé? Elle s'est mariée sans rien dire à personne. Elle qui nous
avait juré que le mariage n'était pas pour elle!

_____

_____

_____

La semaine dernière, j'ai failli me crasher à moto. Je n'ai rien eu, mais ça m'a
fait un peu peur tout de même. Je vais peut-être vendre la moto.

_____

_____

_____

Je n'ai pas de vacances cet été. Je dois travailler pour gagner assez d'argent pour payer
mon loyer et en plus je dois faire 4 semaines de stage à l'étranger.

_____

_____

_____

Je regrette, mais je ne pourrai pas te rendre visite en août. Je sais que tu comptais
sur moi. Mais il y a mon job et aussi la situation avec mes parents. Tu pourrais peut-
être passer me voir? Je ne travaille pas le soir ni le week-end. On pourrait s'amuser
un peu.

_____

_____

_____

_____

Entre nous 1: Exprimer les sentiments

G **Je suis de mauvaise humeur quand...** Comparez les réponses que
vous avez rédigées dans l'exercice D. Chaque membre du groupe expliquera la situation qui provoque en lui (en elle) le sentiment indiqué.

Sur France 24. Vous êtes sur le sofa avec votre ami, devant la télé. Votre ami réagit à une série d'annonces du déroulé *(ticker)* sur l'écran de la chaîne d'informations francophones «France 24». Réagissez après votre ami.

Objectif du gouvernement: augmenter les impôts

Modèle: Votre ami: — *T'as vu ça? C'est incroyable!*

Vous: — *Pas du tout. C'est tout à fait logique parce que...*

.........De la casse dans les vélibs..........Un incendie dans une maison de retraite fait plusieurs victimes..........Drogue au collège Badinter: les parents s'indignent..........Menace de fermeture d'usine: Les ouvriers prennent leur patron en otage..........Maigrir sans faire de régime: Notre plan avant l'été..........Médiapart cambriolé: La liberté de la presse menacée?..........La Tunisie casse les prix de ses séjours du 1er mai au 15 juin!..........La manifestation contre les violences policières dégénère en émeute........

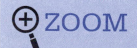 **ZOOM** | **Culture**

Petite Poucette

Dans un discours prononcé le 1er mars 2011, le philosophe et académicien Michel Serres s'interroge sur les nouveaux défis de l'éducation. Il porte un regard amusé sur les nouveaux écoliers et sur leurs pratiques d'écriture:

«Il ou elle écrit autrement. Pour l'observer, avec admiration, envoyer, plus rapidement que je ne saurai jamais le faire de mes doigts gourds, envoyer, dis-je, des SMS avec les deux pouces, je les ai baptisés, avec la plus grande tendresse que puisse exprimer un grand-père, Petite Poucette et Petit Poucet. Voilà leur nom, plus joli que le vieux mot, pseudo-savant, de *dactylo*.»

ZOOM | **Langue**

Le langage SMS

Dans le langage SMS, on modifie l'orthographe ou la grammaire d'une langue pour réduire la longueur des mots, pour rendre plus efficace l'envoi sur un clavier de portable ou tout simplement pour communiquer de façon plus rapide. Les caractéristiques d'une langue dictent les changements possibles dans le langage SMS. Essayez de traduire les mots SMS français sans regarder les réponses. Si ça vous intéresse, vous trouverez des dictionnaires du SMS français sur Internet.

Langage sms: tkt / ms / tjs / pr / pb / tt / ns / ds / 2m1 / 2manD / fr8t / francé / jaten / ri1 / kk1 / pk / jve / mwa / IR / vazi / exClen / bi1sur / areT / bc / bj / ya / gde / fet / aPro resto / aprè / kdo / fé / keske

Traductions: t'inquiète pas / mais / toujours / pour / problème / tout / nous / dans / demain / demander / fruit / français / j'attends / rien / quelqu'un / pourquoi / je veux / moi / hier / vas-y / excellent / bien sûr / arrêtez / beaucoup / bonjour / il y a / grande / fête / apéro (apéritif) / restaurant / après / cadeau / fait (fais) / qu'est-ce que

†† **I Des messages SMS.** Vous recevez les invitations suivantes par SMS. Quand vous rencontrez les amis qui avaient envoyé les SMS, vous refusez d'abord poliment en exprimant votre déception (et une raison pour votre refus); quand ils vous proposent une alternative, acceptez avec plaisir.

Modèle:

Texto: — Je pars vendredi soir à la campagne. Tu m'accompagnes?

           — Je suis vraiment désolé. Je ne peux pas. Je dois travailler demain soir.

           — Et si on partait samedi matin? Ça irait?

           — Ça serait formidable! On pourrait partir très tôt, si tu veux.

1. Texto: — Chloé organise une soirée demain soir. Tu viens?

  — _____

Pas grave. Je passe te chercher au travail.

  — _____

2. Texto: — 12/6, mariage de ma sœur à Deauville = fête d'enfer = tu m'accompagnes? Départ le 10 retour le 14

  — _____

— T'inquiète pas, on peut partir le 11.

  — _____

3. Texto: — location 5/8-15/8, 5 chambres, beau-frère annule = ça te dit? enfants bienvenus

  — _____

— Je comprends, mais tu peux toujours venir lundi le 7.

  — _____

4. Texto: — Ai billets pr match OL/Montpellier ce samedi 14h. Ça te dit?

  — _____

— Pas de problème, samedi matin on range tout! Tu viens au match et tes parents nous retrouvent au restaurant après.

  — _____

5. Texto: — Je compte aller ds zone commerciale Tours 2m1. Tu viens?

  — _____

— OK, on y va après-demain alors. Je passe te chercher à 10h.

  — _____

†† **J Je regrette...** Votre professeur va vous distribuer une carte sur laquelle vous trouverez un sujet que vous allez devoir discuter avec votre partenaire. Utilisez les expressions que vous avez apprises pour exprimer vos sentiments.

A faire!

- **A l'écoute,** Ex. K, L, M
- **Vocabulaire et renseignements,** Ex. N
- **Stratégies communicatives,** Ex. O

A l'écoute

The listening material for Ex. K, L, M is found on the website. If you wish to verify your comprehension, you may consult the audio script.

One of the major features of accurate comprehension of oral messages is the ability to distinguish between affirmative and negative statements. While context may be somewhat helpful, grammar and communicative expressions are the most common ways to signal positive and negative statements.

GRAMMAR AS AN AID TO UNDERSTANDING

Affirmative / Negative—«*ne...pas*»

The negative expression **ne...pas** is used most frequently to indicate negation. In spoken language the **ne...pas** may not be as obvious as in writing: (1) when French is spoken rapidly, the **ne...pas** is integrated into the words that precede and follow it, a blending that often makes it difficult to hear; (2) the **e** of **ne** is often eliminated (**je n'sais pas**), which means you have to rely on hearing the **pas**; (3) in informal French, the **ne** is often eliminated altogether (**j'sais pas**).

CD2: Track 13

* **K Affirmatif ou négatif?** Indiquez si les phrases que vous entendez sont affirmatives ou négatives.

1. affirmatif	négatif		**5.** affirmatif	négatif
2. affirmatif	négatif		**6.** affirmatif	négatif
3. affirmatif	négatif		**7.** affirmatif	négatif
4. affirmatif	négatif		**8.** affirmatif	négatif

Affirmative / Negative — Negative Expressions

Other expressions that indicate a negative statement or question include **ne;** however, this **ne** may also disappear in informal speech. The **ne** is also deleted in expressions that can be used as a fragment (— **Tu as fini tes devoirs?** — **Pas encore.** *Did you finish your homework? Not yet.*). It is therefore particularly important that you know the second half of each negative expression. To help jog your memory, the following is a list of the most common expressions. The expressions with an asterisk are often used without the **ne** in a sentence fragment in spoken French.

***ne...jamais** never	— Je **ne** sors **jamais** le dimanche soir.
	— Et pendant la semaine, tu sors?
	— **Jamais.**
ne...plus no longer	Elle **n'**habite **plus** ici.

*ne...pas encore not yet	— Ses parents **ne** sont **pas encore** arrivés? — Non, **pas encore.**
*ne...personne no one	— Tu as vu quelqu'un? — Non, je **n**'ai vu **personne**. (Non, **personne**.)
personne...ne no one	**Personne ne** m'a téléphoné ce matin.
*ne...rien nothing	— Vous allez au marché? — Oui. Nous **n**'avons **rien** dans le frigo. — **Rien?** — Non, **rien** du tout.
rien...ne nothing	Je ne sais pas ce qu'il a. **Rien ne** l'intéresse.
ne...que only	Elle est très jeune. Elle **n**'a **que** 16 ans.
ne...ni...ni... neither . . . nor	Mes enfants **n**'aiment **ni** le poisson **ni** le poulet.

CD2: Track 14

* **L** **Les expressions négatives.** Indiquez si les phrases que vous entendez sont affirmatives ou négatives.

1. affirmatif négatif		**6.** affirmatif négatif
2. affirmatif négatif		**7.** affirmatif négatif
3. affirmatif négatif		**8.** affirmatif négatif
4. affirmatif négatif		**9.** affirmatif négatif
5. affirmatif négatif		**10.** affirmatif négatif

Affirmatif / Négatif—Sentence Fragments
In addition to the various negative expressions (or their absence), sentence fragments can help you determine whether statements are positive or negative. These are fragments you probably already know; they'll serve as additional clues to aid you in understanding what is being said.

Affirmatif

Mais oui (si).	But of course.
Bien sûr.	Of course.
En effet.	Absolutely.
Absolument.	Absolutely.
D'accord.	I agree (Agreed).
Sans aucun doute.	Without (a) doubt.

Négatif

Merci, non.	No thanks.
Pas du tout.	Not at all.
Jamais de la vie.	Not on your life.
Absolument pas.	Absolutely not.
Pas tout à fait.	Not completely.

◄))) ***M Oui ou non?** Pour chaque petit échange, indiquez si la réaction est affirmative ou négative.

1. affirmatif	négatif		**5.** affirmatif	négatif
2. affirmatif	négatif		**6.** affirmatif	négatif
3. affirmatif	négatif		**7.** affirmatif	négatif
4. affirmatif	négatif		**8.** affirmatif	négatif

Vocabulaire et renseignements

N A mon avis. Vous aimez donner votre avis sur tout. Complétez l'exercice en utilisant le vocabulaire suggéré (ou d'autres adjectifs que vous connaissez). Vous pouvez non seulement utiliser le même adjectif plus d'une fois, mais aussi ajouter **trop** (*too*) ou **pas assez** (*not . . . enough*) pour préciser vos réponses.

1. la cuisine   française   _____   _____

américaine   _____   _____

italienne   _____   _____

chinoise   _____   _____

japonaise   _____   _____

mexicaine   _____   _____

indienne   _____   _____

végétarienne   _____   _____

Vocabulaire utile

épicée spicy / **légère** light / **riche** / **bonne pour la santé** / **grasse** fatty / **salée** salty / **sucrée** sweet / **fade** bland / **bizarre** / **compliquée à préparer** / **bonne** / **savoureuse** flavorful / **lourde** heavy / **fait grossir** fattening / **affreuse** awful / **crémeuse** creamy / **sans intérêt** uninteresting / **peu variée** the same / **variée** many variations / **équilibrée** / **simple** / **bio** organic

2. les cours de   français   _____   _____

psychologie   _____   _____

maths   _____   _____

sciences po   _____   _____

chimie   _____   _____

Vocabulaire utile

difficiles (durs) / **faciles** / **intéressants** / **ennuyeux (rasoir)** / **obligatoires** required / **facultatifs** elective / **intensifs** / **instructifs** informative / **stimulants** thought-provoking / **enrichissants** / **clairs** / **optionnels** / **confus** / **indigestes** difficult, hard to get / **vivants** lively

3. Le prof de... _____ _____

... _____ _____

... _____ _____

... _____ _____

Vocabulaire utile

sévère hard / **exigeant** demanding / **patient** / **impatient** / **autoritaire** / **consciencieux** / **paresseux** lazy / **débutant** beginner / **ponctuel** / **équitable** fair / **sérieux** / **drôle (amusant)** / **sympathique (gentil)** / **intéressant** / **célèbre** famous, well-known / **cultivé** knowledgeable / **plein d'humour** / **tolérant** / **expérimenté** experienced / **antipathique** not likeable / **arrogant**

4. En général, les étudiants de notre université / les employés de ma boîte

_____

_____

_____

Vocabulaire utile

paresseux lazy / **doués** talented / **insolents** / **attentifs** / **têtus** stubborn / **timides** / **intelligents** / **bavards** talkative / **ponctuels** / **patients** / **impatients** / **consciencieux** / **travailleurs** hard-working / **motivés** / **arrogants** / **humbles** / **réalistes** / **sympathiques (gentils)** / **énergiques** / **blasés** / **casse-pieds** annoying / **immatures** / **ambitieux** / **fêtards** partyers / **énergiques** / **créatifs** / **geek**

5. le jazz _____ _____

le rap _____ _____

la musique classique _____ _____

le reggae _____ _____

le country _____ _____

Vocabulaire utile

violent(e) / **sophistiqué(e)** / **compliqué(e)** / **difficile (facile) à comprendre** / **bizarre** / **beau (belle)** / **passé(e)** out-dated / **ennuyeux(se)** / **intéressant(e)** / **mélodieux(se)** / **joyeux(se)** / **déprimant(e)** depressing / **affreux(se)** horrible / **monotone** / **répétitif (répétitive)**

6. la champagne _____ _____

la ville _____ _____

le bord de la mer _____ _____

la montagne _____ _____

la banlieue _____ _____

dangereux(se) / **beau (belle)** / **calme (paisible)** / **bruyant(e)** noisy /
chaotique / **intéressant(e)** / **ennuyeux(se)** / **bondé(e)** crowded /
idyllique / **pollué(e)** / **isolé** / **rasoir** boring / **uniforme** / **mauvais (bon)**
pour les enfants / **sain** healthy / **stimulant** / **sans diversité** / **serein(e)** /
fatigant(e) / **déprimant(e)** / **triste** / **relaxant(e)**

Stratégies communicatives

COMMENT INDIQUER SES RÉACTIONS

Quand on vous propose quelque chose, il est normal de réagir pour indiquer vos préférences. Cette réaction peut être positive, négative ou ambiguë. Elle indique également si vous êtes d'accord ou pas avec la personne qui parle. Notez les expressions que vous pouvez utiliser pour indiquer vos réactions.

Expressions pour indiquer vos réactions

POSITIF

Moi, je préfère...	I prefer . . .
J'aime bien...	I like . . .
Ce que je préfère, c'est...	What I prefer is . . .
J'aime mieux...	I prefer . . .

NEGATIF

Je n'aime pas du tout...	I don't like . . . at all.
Je n'aime pas tellement...	I don't really like . . .
J'ai horreur de... (Je déteste...)	I hate . . .

NI «OUI» NI «NON»

Ça dépend.	That depends.
Oui et non.	Yes and no.

COMMENT DEMANDER ET DONNER UNE OPINION

Dans la plupart des discussions où sont exprimées des idées, on se sent obligé d'indiquer qu'il s'agit d'une opinion et qu'on accepte donc la relativité des choses. Dans une discussion, la plupart du temps, on émet un avis ou une opinion mais on fait savoir à son interlocuteur qu'on est prêt à l'écouter. La façon la plus directe de donner la parole à son interlocuteur c'est donc de lui demander son opinion et de l'écouter attentivement. Même si on n'est pas d'accord, on apprendra peut-être quelque chose! Voici une discussion avec quelques expressions et débuts de phrases qui serviront à créer un vrai dialogue entre vous et les autres. Vous noterez qu'une des personnes est beaucoup plus ouverte aux idées que l'autre. La deuxième personne s'exprime de façon plus catégorique, ce qui éventuellement mettra fin à la conversation.

— Enorme, ce film! Trop bien! J'adore les films français. Il y a toujours un côté psychologique qui me fait réfléchir. **Qu'est-ce que tu en penses?**

— Franchement, quelle barbe, ton film. Les Français ne savent pas s'amuser. Il leur faut sans cesse faire des commentaires sur la condition humaine. **Tu ne trouves pas que** c'est un peu trop?

— D'accord, ça ne bouge pas autant qu'un film de kung fu, **mais c'est plus réaliste et ça nous permet de** mieux comprendre l'âme humaine. **Prends** *Intouchables* **par exemple.** C'est une comédie et ça fait réfléchir.

— Oui, mais **est-ce que tu cherches toujours le réalisme quand tu vas au ciné-ma?** Moi, j'y vais pour oublier et pour m'amuser.

— Alors, tu crois vraiment qu'un film français ne peut être que rasoir?

— **Ça dépend.** Même la comédie peut communiquer un message sérieux et profond, mais au moins on peut rire un peu et, surtout, on a le choix d'apprécier le comique sans se donner la peine de réfléchir et sans se lancer dans des discussions infinies!

— Eh ben…il est évident que tu n'aimes ni les films sérieux ni les discussions qui en résultent.

Expressions pour demander l'avis des autres		
Qu'est-ce que tu penses (vous pensez) de… ?	What do you think about . . . ?	
Qu'est-ce que tu en penses (vous en pensez)?	What do you think (about it)?	
A ton (votre) avis,… ?	In your opinion, . . . ?	
Tu ne trouves pas (Vous ne trouvez pas) que… ?	Don't you think that . . . ?	

Une discussion ne sera pas très intéressante pour vous si vous ne pouvez pas donner votre propre point de vue. Il est donc essentiel que vous ayez à votre disposition les expressions qui vous permettront de donner votre avis. Notez que vous n'êtes pas obligé(e) d'y être invité(e) pour participer à la conversation. Vous pouvez tout simplement prendre la parole quand il y a une petite pause. Attention, néanmoins, de ne pas interrompre celui ou celle qui parle. Vous risqueriez d'être impoli(e). Notez également qu'une opinion consiste souvent en une simple affirmation et que vous n'allez donc pas toujours vous servir d'une annonce linguistique. Les exemples suivants vous montrent comment vous pouvez introduire votre avis dans une discussion.

— De tous les cours que j'ai suivis cette année, je préfère de loin le cours de français. **Le prof est sensationnel et j'ai beaucoup appris.**

— D'accord, mais, **à mon avis,** elle nous a donné beaucoup trop de travail à faire à la maison. Tu ne trouves pas?

— Je ne sais pas. **Il me semble que** je n'aurais pas appris autant sans les devoirs. On ne peut pas tout faire en cours...

— T'as raison. Surtout avec vingt-cinq étudiants. **Je pense que** l'administration devrait réduire le nombre d'étudiants dans chaque cours et **je crois que** je serais moins timide dans ces conditions. Tu ne crois pas que c'est un problème?

— Pas tellement. **Personnellement, je trouve que** le prof a bien réussi à nous faire parler, surtout que nous étions souvent divisés en petits groupes.

— C'est vrai. Et moi, j'étais surtout content parce que le prof n'a pas toujours pu entendre mes erreurs!

— T'es absolument sûr? Moi, **je pense que** rien ne lui échappe, à notre prof!

Expressions pour donner son avis	**A mon avis...**	In my opinion . . .
	Il me semble que...	It seems to me that . . .
	Je pense que...	I think that . . .
	Je trouve que...	I think that . . .
	Je crois que...	I believe (think) that . . .

O A mon avis... Utilisez les expressions que vous venez d'apprendre pour donner votre avis sur les sujets suivants. Variez les expressions et consultez le vocabulaire de l'exercice N.

Modèle: Qu'est-ce que vous pensez des cours de chimie?

Je trouve que les cours de chimie sont très difficiles. Mais ça dépend aussi du prof.

Moi, j'aime mieux les cours de biologie et je préfère surtout les cours de littérature américaine.

1. Qu'est-ce que vous pensez des cours de maths?

_____

_____

2. La cuisine italienne, qu'est-ce que vous en pensez?

_____

_____

3. A votre avis, comment est votre prof de (choisissez un de vos profs)?

_____

_____

4. En général, qu'est-ce que vous pensez des étudiants américains?

_____

_____

5. Et qu'est-ce que vous pensez du rap?

_____

_____

6. Et votre équipe de foot / de basket, qu'est-ce que vous en pensez?

_____

_____

7. A votre avis, c'est comment, habiter dans une grande ville?

_____

_____

8. Et qu'est-ce que vous pensez de la vie à la campagne?

_____

_____

ZOOM | **Langue**

Abréviations dans la langue parlée

Quand vous discutez avec des Français, et surtout avec des jeunes, vous noterez qu'ils ont tendance à employer des abréviations pour désigner des activités courantes ou des objets quotidiens. C'est une forme de facilité et de familiarité. En voici quelques exemples:

Il est deux heures du mat' (matin).

Qu'est-ce que tu fais cet après-m' (après-midi)?

Tu as vu l'expo (exposition) Picasso?

Il y a une promo (promotion) sur les télés (télévisions).

Venez prendre l'apéro (apéritif) avec nous.

Je vais au ciné (cinéma).

On va faire une rando (randonnée).

Elle a fait beaucoup d'heures sup' (supplémentaires).

Je vais manger à la cafète (cafétéria).

Il fait de la muscu (musculation).

Je cherche un appart' (appartement).

T'as fait un travail de pro (professionnel).

Je voudrais écouter les infos (informations).

Cette fille est très sympa (sympathique).

Il a créé son site perso (personnel).

Elle travaille dans un labo (laboratoire).

J'ai peur que mon ordi (ordinateur) se plante _(crash)_.

C'est la cata (catastrophe)!

Je parle à mon psy (psychiatre) une fois par semaine.

Entre nous 2: Nos opinions

P Qu'est-ce que tu en penses? Demandez à votre partenaire de vous donner son avis. Posez vos questions en utilisant des expressions variées. Votre partenaire devra répondre à chacune de vos questions avec une expression différente. Quand vous aurez terminé, changez de rôle.

Modèle: la cuisine indienne

— *Qu'est-ce que tu penses de la cuisine indienne?*

— *Je n'aime pas tellement. Je trouve que c'est souvent trop épicé.*

— *Moi, la cuisine indienne, j'adore.*

1. le cours de…
2. le jazz
3. la cuisine mexicaine
4. la montagne
5. les étudiants
6. la cuisine française
7. le prof de…
8. la banlieue
9. la cuisine américaine

Q Différences d'opinion. Un(e) de vos partenaires va lire les phrases suivantes. Vous et une troisième personne allez donner votre avis, pour soutenir ou au contraire contredire ce que la personne a lu. Quand vous exprimez votre opinion, utilisez les expressions que vous avez apprises.

Modèle: Les voitures japonaises sont les meilleures sur le marché.

— *Absolument. Il me semble que je dépense moins d'argent en réparations que mon père qui a une voiture américaine.*

— *C'est ridicule. A mon avis, les voitures japonaises ont autant de problèmes que les voitures américaines.*

1. Notre prof de…est trop bien.
2. Je préfère passer les vacances à la campagne.
3. Si vous voulez vous amuser, il faut aller dans une grande ville.
4. Il y a trop de violence dans les séries télé sur le câble.
5. Les jeunes d'aujourd'hui sont trop blasés.
6. Pour bien vivre il faut beaucoup d'argent.

ii **R** **Un sondage sur le mariage.** Circulez dans la salle et consultez six à huit étudiants pour avoir leurs opinions sur le mariage. Indiquez ci-dessous si la personne est d'accord ou pas avec la phrase que vous lui lisez.

1. Le mariage est essentiel pour une vie adulte réussie.
2. Il vaut mieux ne pas se marier avant l'âge de 30 ans.
3. Il vaut mieux habiter ensemble avant de se marier.
4. Pour être heureux, il faut avoir des enfants.
5. Il ne faut pas que les parents travaillent tous les deux.
6. Tout le monde devrait avoir le droit de se marier, couples hétérosexuels et couples du même sexe.
7. Tout le monde devrait avoir le droit d'adopter des enfants.
8. L'institution du mariage devrait être éliminée.

Nom	D'accord	Pas d'accord

A faire!

■ **A l'écoute**, Ex. S, T, U
■ **Stratégies communicatives**, Ex. V

A l'écoute

The listening material for Ex. S is found on the website. If you wish to verify your comprehension, you may consult the audio script.

You're going to hear a discussion dealing with the differences between the French and the American secondary school systems. The first couple of times, simply listen for the main ideas and then answer the questions in Exercise S. Then listen again and identify the expressions the two people use to express their points of view.

CD2: Track 16

*S Qu'est-ce qu'ils en pensent? Ecoutez la conversation concernant l'enseignement secondaire en France et aux Etats-Unis, puis répondez aux questions suivantes.

> **Vocabulaire utile**
>
> **accueillir** receive, welcome / **Ça ne t'inquiète pas?** Doesn't that worry you? / **matières** school subjects / **de façon rigoureuse** seriously, in-depth / **formation** education / **généralités** generalizations / **ne tiennent pas debout** don't hold water, don't make sense / **système d'enseignement** educational system / **critères** criteria / **soutenir** support, justify / **indispensable** invaluable / **Décidément** Decidedly, Definitely / **Tu ne comprends toujours pas.** you still don't get it.

1. Quelle est l'attitude de la femme à l'idée d'envoyer sa fille aux Etats-Unis pendant un an?

   _____

   _____

2. Quelles raisons est-ce qu'elle donne pour défendre son point de vue? Relevez aux moins quatre arguments.

   a. _____

   b. _____

   c. _____

   d. _____

3. Et son ami, quelle est son attitude?

   _____

   _____

4. Quelles raisons est-ce qu'il donne pour défendre son point de vue? Relevez au moins six arguments.

a. _____

b. _____

c. _____

d. _____

e. _____

f. _____

T **A mon avis...** Notez sur une feuille de papier cinq aspects positifs et cinq aspects négatifs du système d'enseignement aux Etats-Unis. Autrement dit, exprimez ce que vous pensez de la formation que reçoivent les élèves américains. Il va sans dire qu'on ne peut pas généraliser et qu'il y a toujours des exceptions.

U **Les écoles aux Etats-Unis...** Pour chaque conclusion tirée de la conversation de l'Exercice S, indiquez si vous êtes d'accord ou pas d'accord et défendez votre point de vue.

1. «Il y a beaucoup de problèmes dans les écoles américaines...»

d'accord _____ *pas d'accord* _____

explication

_____

_____

_____

2. «...en général, [les écoles américaines] sont assez médiocres.»

d'accord _____ *pas d'accord* _____

explication

_____

_____

_____

3. «...les étudiants américains ne sont pas obligés d'étudier les matières de base de façon rigoureuse.»

d'accord _____ *pas d'accord* _____

explication

_____

_____

_____

4. «...le latin et le grec ne sont pas obligatoires...»

d'accord _____   *pas d'accord* _____

explication

_____

_____

_____

5. «...la journée scolaire américaine est beaucoup trop courte...»

d'accord _____   *pas d'accord* _____

explication

_____

_____

_____

6. Les Américains passent «trop de temps à faire du sport et des activités qui n'ont rien à voir avec les matières importantes...»

d'accord _____   *pas d'accord* _____

explication

_____

_____

_____

7. «Les jeunes Américains ont l'occasion de s'amuser tout en poursuivant leurs études.»

d'accord _____   *pas d'accord* _____

explication

_____

_____

_____

8. «...les jeunes devraient se concentrer sur leurs études. S'amuser, c'est pas le rôle de l'école.»

d'accord _____   *pas d'accord* _____

explication

_____

_____

_____

Stratégies communicatives

COMMENT RÉAGIR AUX OPINIONS DES AUTRES

Une bonne discussion est comme un match de tennis. Si vous ne réagissez pas aux attaques de l'autre, vous risquez de perdre le match. Dans une discussion, il ne suffit donc pas d'insister sur votre opinion; il faut aussi que vous réagissiez à ce qu'on vous dit. Les expressions que vous allez apprendre vont vous aider à soutenir votre partenaire ou, au contraire, à présenter un point de vue différent.

POUR SOUTENIR QUELQU'UN OU LE CONTREDIRE

— Ces quinze jours à Paris ont été vraiment trop bien!

— **Tu as raison.** Il a fait un temps splendide et nous avons fait plein de visites.

— **Je dirais plutôt que** c'était la catastrophe! Samedi il a plu et nous avons eu un accident de voiture. Et, en plus, nous n'avons fait aucune connaissance!

— Ce match de base-ball était super rasoir.

— **Je suis tout à fait d'accord.** L'équipe a très mal joué.

— **Au contraire,** je l'ai trouvé assez intéressant. Toi, tu n'y connais absolument rien au base-ball. C'est pour ça que tu t'ennuies!

— Il n'y a que les Français qui savent faire du bon pain.

— **Je suis tout à fait de ton avis.** Le pain français est extraordinaire.

— **C'est ridicule, ça!** Le pain en Suisse ou en Allemagne est aussi bon que le pain français.

Expressions pour soutenir quelqu'un		
Je suis tout à fait de ton (votre) avis.	I completely agree with you.
Je suis (tout à fait) d'accord (avec...).	I (completely) agree (with . . .).
Tu as raison. T'as raison. (Vous avez raison.)	You're right.
En plus...	In addition . . .
Et d'ailleurs...	And besides . . .
Et aussi...	And also . . .
Absolument.	Absolutely. (For sure.)
Parfaitement.	Totally.
Je (ne) te le fais pas dire!	It goes without saying!

Expressions pour contredire quelqu'un		
Pas du tout!	Not at all!
Tu as tort! / T'as tort! (Vous avez tort!)	You're wrong!
Je suis contre!	I'm against (it)!
Au contraire...	On the contrary . . .
Je ne suis pas du tout d'accord!	I don't agree at all!
Par contre...	On the other hand . . .
Oui, mais...	Yes, but . . .
Pourtant...	However . . .
Je dirais plutôt que...	I'd say, rather, that . . .
C'est ridicule, ça!	That's ridiculous!
N'importe quoi!	Whatever!
Ça ne tient pas debout ce que tu dis.	You're not making any sense.

V Pour ou contre. Pour chaque avis exprimé, écrivez une phrase qui montre que vous êtes d'accord et une autre phrase qui indique que vous n'êtes pas d'accord. Utilisez une expression différente dans chaque phrase.

> **Modèle:** Les parents ne comprennent rien à nos problèmes.
>
> *Je suis tout à fait de ton avis. Nos parents ne nous comprennent pas.*
> *Je ne suis pas du tout d'accord. Leurs conseils sont souvent très utiles.*

1. Tous les parents de mes amis sont divorcés. Le mariage est une institution qui n'a plus de sens.

   _____

   _____

2. On mange assez bien dans les restos universitaires.

   _____

   _____

3. Si on veut réussir dans les affaires, il faut connaître au moins une langue étrangère.

   _____

   _____

4. Je ne vois pas pourquoi on me fait étudier la psychologie. Ça ne me servira à rien dans l'avenir.

   _____

   _____

5. Avec toutes les vérifications de sécurité et les restrictions sur les bagages, ça ne vaut plus le coup de prendre l'avion. Mieux vaut rester chez soi!

   _____

   _____

6. Je suis pour le port de l'uniforme à l'école secondaire parce que ça réduit les problèmes.

   _____

   _____

Entre nous 3: Improvisons!

W **Pour ou contre (*suite*).** Discutez des sujets de l'exercice V. Pour chaque sujet, décidez si vous êtes pour ou contre et formulez vos arguments. Utilisez les expressions que vous avez apprises pour soutenir ou contredire les opinions de vos camarades.

X **Les problèmes de notre génération.** Avec vos camarades, mettez-vous d'accord sur trois problèmes que vous estimez être les plus graves pour votre génération. Faites des suggestions, indiquez si vous êtes d'accord ou pas, soutenez vos arguments et utilisez les expressions que vous avez apprises. Quand vous aurez terminé, vous présenterez votre liste à la classe entière.

Y **Des questions sociales.** Tout le monde a des opinions sur les grandes questions sociales. Pour chaque sujet, décidez de votre point de vue avant d'en discuter avec vos camarades.

Questions sociales:

1. les signes religieux dans les écoles publiques

2. le droit à l'avortement

3. l'exploitation du gaz de schiste (*shale gas*)

4. la protection de la vie privée sur les réseaux sociaux

5. la punition des mineurs délinquants de moins de 16 ans

6. le droit à la santé pour tous

7. le développement des énergies renouvelables (éolien [*wind*], solaire)

8. la peine de mort (*death penalty*)

Z **Sur Internet.** Surfez sur Internet pour identifier au moins une controverse qui est sujet à discussions. Lisez les différents points de vue et décidez de ce que vous en pensez. Présentez ensuite les arguments essentiels (et votre point de vue) à vos camarades.

6

Raconter des histoires

Tom Craig/Alamy Limited

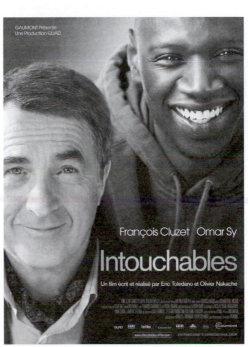

Photos 12/Alamy Limited

Roussel Photography/Alamy Limited

A faire!

■ **Planning Strategy,** Ex. A
■ **A l'écoute,** Ex. B, C
■ **Vocabulaire et renseignements,** Ex. D, E
■ **Stratégies communicatives,** Ex. F

Planning Strategy

A **Telling Stories.** Your French friend tells you that he has a problem telling stories. He has lots of anecdotes to relate, but he doesn't know how to get started. Suggest expressions in English that he could use to get people's attention and to let them know what he's going to talk about.

1. He wants to tell them about a TV program that he really likes.

_____

2. He wants to retell a story he read online.

_____

3. He wants to summarize the plot of a movie he's seen recently.

_____

4. He wants to summarize the story of a book he really likes.

_____

5. He wants to recount something that happened to him, to a family member, or to a friend.

_____

A l'écoute

The listening material for Ex. C is found on the website. If you wish to verify your comprehension, you may consult the audio script.

You're going to hear a series of news items (**faits divers**). Before listening to them, do the **Préécoute** exercise (Exercise B). Then listen to the audio two or three times to accustom yourself to the style of news items. Then listen again and do Exercise C.

Note: All exercises in the **Chez vous** sections marked with an asterisk are self-correcting. The answers are in the answer key.

*⬤**B** **Préécoute.** Voici un fait divers tel qu'il apparaîtrait dans un journal. Lisez-le attentivement et répondez ensuite aux questions pour identifier les faits (*facts*) les plus importants de l'histoire.

> **Vocabulaire utile**
>
> **fait divers** news bulletin, news flash / **a perdu la vie** lost his life / **s'est produit** happened, occurred / **a été heurtée** was struck / **témoins** witnesses / **a grillé un feu rouge** ran a red light / **s'est enfui** drove away / **Malgré** In spite of / **passant** passerby / **SAMU (Service d'assistance médicale d'urgence)** ambulance, EMTs / **est décédée** died / **de ses blessures** as a result of his injuries / **Avec l'appui des** With the help of / **il aurait passé** he allegedly spent / **se mettre au volant** getting behind the wheel / **Ivre** Drunk / **il aurait… perdu** he . . . allegedly lost / **amendes** fines / **alcool au volant** drunk driving / **imprudence** recklessness / **excès de vitesse** speeding

Fait divers: Accident mortel

Un homme, âgé de 20 ans, a perdu la vie dans une rue de Strasbourg, non loin de son lieu de travail. L'accident s'est produit vers 22 h. L'homme rentrait à pied de son travail au Cinématographe quand il a été heurté par une moto. Selon les témoins, le conducteur a grillé un feu rouge, est entré en collision avec la victime et s'est enfui, direction centre-ville. Malgré l'intervention rapide d'un passant et du SAMU, le jeune homme, Aurélien Dorléac, est décédé de ses blessures. Avec l'appui des témoins, la police a pu appréhender le conducteur, Christophe Deneuve, âgé de 23 ans. Selon la police, il aurait passé la soirée en boîte avant de se mettre au volant. Ivre et fatigué, il aurait donc perdu le contrôle de la moto. Il paraît que le jeune homme avait déjà eu d'autres amendes pour alcool au volant, imprudence, et excès de vitesse.

Adapted from «Ivre et sans permis dans une voiture dérobée», from www.dna.fr.

1. De quoi est-ce qu'il s'agit dans ce fait divers (idée principale)?

   _____

2. Qu'est-ce que ce fait divers vous a appris sur la victime? Trouvez au moins trois faits biographiques.

   a. _____

   b. _____

   c. _____

3. Qu'est-ce qui s'est passé, exactement?

_____

_____

_____

4. Qui a essayé d'aider la victime?

_____

5. Qu'est-ce que le fait divers nous révèle sur le conducteur?

_____

_____

_____

C **Des faits divers.** Ecoutez plusieurs fois chaque fait divers et répondez aux questions **quoi, qui, quand, où** et **pourquoi** ou **résultat**.

1. Chauffeur blessé: appel à témoins

Vocabulaire utile

urgences emergency room / **blessée** injured / **ses jours ne sont pas en danger** it's not life-threatening / **brigade des accidents** police who investigate accidents / **lance un appel** is asking / **témoins** witnesses / **aurait pu brûler un feu rouge** could have run a red light

quoi? _____

qui? _____

_____

quand? _____

où? _____

_____

pourquoi? _____

_____

2. Trafic de cannabis

Vocabulaire utile

cannabis marijuana / **ont été condamnés** were convicted / **tribunal correctionnel** criminal court / **dont dix avec sursis** of which ten [months] are suspended / **mise à l'épreuve pendant deux ans** two years' probation / **achat** purchasing / **vente** selling / **les soupçonnait** suspected them / **réseau de trafic de stupéfiants** drug ring / **visant** targeting / **Toxicomanes eux-mêmes** Drug addicts themselves / **prévenus** accused / **enquête** investigation / **être impliqués** be involved

quoi? _____

combien de personnes? _____

qui? _____

_____

quand? _____

où? _____

_____

résultat? _____

3. Trois mineurs impliqués dans des actes de vandalisme

Vocabulaire utile

au cours de during / **en garde à vue** in custody / **les ayant vu sortir** having seen them leave / **dégâts** damages / **auraient détruit** allegedly destroyed / **la plupart des** most of the / **centre de documentation** media center and library / **abîmé** damaged / **murs** walls / **cassé** broken / **de mettre le feu** to set fire / **mobile** motive

quoi? _____

qui? _____

_____

quand? _____

où? _____

_____

résultat? _____

Vocabulaire et renseignements

* **D** **Analyse d'un fait divers.** Lisez le fait divers suivant et faites-en une analyse détaillée. Inspirez-vous des questions qui peuvent vous guider dans chaque catégorie.

Vocabulaire utile

endommagée damaged / **incendie** fire / **sapeurs-pompiers** firefighters / **brigades** fire stations / **feu** fire / **s'était déclaré** started / **rez-de-chaussée** ground floor / **se propager** spread / **ont été sortis** were brought out / **sains et saufs** safe and sound / **ont été relogés** were given housing / **mairie** town hall / **techniciens d'investigation criminelle** criminal investigation unit / **indices** clues / **le feu avait été mis volontairement** it was arson / **enquête** investigation / **auteur de l'incendie** author of the fire / **ancien** former / **interrogatoire** interrogation / **a licencié** fired / **citant** citing / **après avoir effectué son entrée dans** after having gotten into / **dérobée** stolen / **a mis le feu** set the fire / **privant** depriving / **également** also / **foyer** home / **dégâts** damages / **est reconnu coupable** found guilty / **dégradation d'un bien d'autrui** destruction of property / **par un moyen dangereux pour les personnes** with endangerment to people

Maison sérieusement endommagée par un incendie

Les sapeurs-pompiers de trois brigades ont été appelés le 20 août à 5h du matin dans une maison du centre-ville. Ils sont arrivés sur scène au moment où le feu, qui s'était déclaré au rez-de-chaussée, commençait à se propager au premier étage. Tous les habitants des appartements du premier et du deuxième étage ont pu sortir sans difficulté. Grâce à l'intervention des pompiers, un chien et deux chats ont été tirés des flammes sains et saufs. Les familles résidant dans la maison ont été relogées par la mairie. Personne ne se trouvait au rez-de-chaussée, le café «Chez Paul» étant fermé à l'heure de l'incendie.

Avec l'aide des techniciens d'investigation criminelle, des indices qui indiquaient que le feu avait été mis volontairement ont été découverts. L'enquête a permis d'identifier l'auteur de l'incendie, Armand Viduc, âgé de 46 ans et ancien employé du café «Chez Paul». Il a été appréhendé chez lui et, pendant l'interrogatoire, il a donné l'explication suivante. Selon lui, le début de l'histoire remonte au 25 juillet, jour où Paul Bourget, propriétaire du café, a licencié Armand Viduc, en raison de ses absences fréquentes. Se trouvant soudainement sans emploi, l'accusé a perdu tout contact avec la réalité, s'imaginant être victime d'une injustice. Sa femme, Thérèse, confirme que son mari avait passé des semaines à parler de vengeance mais qu'elle ne l'avait pas pris au sérieux. Le 20 août, après être entré dans le café à l'aide d'une clé dérobée à son patron, Armand Viduc a mis le feu à la maison, détruisant non seulement le commerce de son ancien patron mais privant également deux familles de leur foyer. Les dégâts sont estimés à près de 50 000 euros. S'il est reconnu coupable pour dégradation d'un bien d'autrui par un moyen dangereux pour les personnes, il pourra être condamné à cinq ans de prison.

Maison sérieusement endommagée par un incendie

qui? (De qui s'agit-il dans ce fait divers? Qui sont toutes les personnes mentionnées?)

_____

_____

quand? (A quel moment est-ce que le feu a été mis à la maison? Quel jour? Le matin, l'après-midi, le soir? A quelle heure?)

_____

où? (Quel est l'endroit du crime? Ville, village, banlieue? Banque, magasin, gare, etc.? Où est-ce que l'accusé a été interpellé? Chez son psychiatre? Chez lui? Au bureau de tabac? Dans la rue?)

_____

_____

pourquoi? (Quel est le mobile [_motive_] de l'accusé?)

_____

_____

suite des événements? (Quelle est la chronologie des faits? Qu'est-ce qui s'est passé?)

1. _____
2. _____
3. _____
4. _____
5. _____
6. _____
7. _____
8. _____
9. _____
10. _____

résultat(s)? (Quelle est la conclusion possible?)

_____

E **Les vols à l'astuce.** Lisez le fait divers et notez les idées principales que vous estimez essentielles à une discussion en cours.

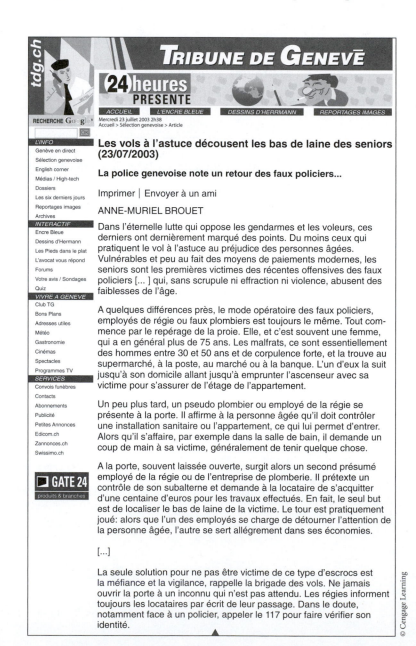

TRIBUNE DE GENÈVE

24 heures PRESENTE

ACCUEIL | L'ENCRE BLEUE | DESSINS D'HERRMANN | REPORTAGES IMAGES

Mercredi 23 juillet 2003 2h38
Accueil > Sélection genevoise > Article

L'INFO
Genève en direct
Sélection genevoise
English corner
Médias / High-tech
Dossiers
Les six derniers jours
Reportages images
Archives
INTERACTIF
Encre Bleue
Dessins d'Hermann
Les Pieds dans le plat
L'avocat vous répond
Forums
Votre avis / Sondages
Quiz
VIVRE A GENEVE
Club TG
Bons Plans
Adresses utiles
Météo
Gastronomie
Cinémas
Spectacles
Programmes TV
SERVICES
Convois funèbres
Contacts
Abonnements
Publicité
Petites Annonces
Edicom.ch
Zannonces.ch
Swissimo.ch

GATE 24
produits & branches

Les vols à l'astuce décousent les bas de laine des seniors (23/07/2003)

La police genevoise note un retour des faux policiers...

Imprimer | Envoyer à un ami

ANNE-MURIEL BROUET

Dans l'éternelle lutte qui oppose les gendarmes et les voleurs, ces derniers ont dernièrement marqué des points. Du moins ceux qui pratiquent le vol à l'astuce au préjudice des personnes âgées. Vulnérables et peu au fait des moyens de paiements modernes, les seniors sont les premières victimes des récentes offensives des faux policiers [...] qui, sans scrupule ni effraction ni violence, abusent des faiblesses de l'âge.

A quelques différences près, le mode opératoire des faux policiers, employés de régie ou faux plombiers est toujours le même. Tout commence par le repérage de la proie. Elle, et c'est souvent une femme, qui a en général plus de 75 ans. Les malfrats, ce sont essentiellement des hommes entre 30 et 50 ans et de corpulence forte, et la trouve au supermarché, à la poste, au marché ou à la banque. L'un d'eux la suit jusqu'à son domicile allant jusqu'à emprunter l'ascenseur avec sa victime pour s'assurer de l'étage de l'appartement.

Un peu plus tard, un pseudo plombier ou employé de la régie se présente à la porte. Il affirme à la personne âgée qu'il doit contrôler une installation sanitaire ou l'appartement, ce qui lui permet d'entrer. Alors qu'il s'affaire, par exemple dans la salle de bain, il demande un coup de main à sa victime, généralement de tenir quelque chose.

A la porte, souvent laissée ouverte, surgit alors un second présumé employé de la régie ou de l'entreprise de plomberie. Il prétexte un contrôle de son subalterne et demande à la locataire de s'acquitter d'une centaine d'euros pour les travaux effectués. En fait, le seul but est de localiser le bas de laine de la victime. Le tour est pratiquement joué: alors que l'un des employés se charge de détourner l'attention de la personne âgée, l'autre se sert allégrement dans ses économies.

[...]

La seule solution pour ne pas être victime de ce type d'escrocs est la méfiance et la vigilance, rappelle la brigade des vols. Ne jamais ouvrir la porte à un inconnu qui n'est pas attendu. Les régies informent toujours les locataires par écrit de leur passage. Dans le doute, notamment face à un policier, appeler le 117 pour faire vérifier son identité.

© Cengage Learning

Idées principales

_____

_____

_____

_____

_____

Stratégies communicatives

POUR INTRODUIRE LE SUJET DU RÉCIT

Quand vous avez la parole, vous pouvez captiver l'attention de votre interlocuteur en annonçant le sujet et en situant l'histoire dans le temps et dans l'espace. C'est-à-dire que vous précisez **qui** et **quand** et **où.** Il est possible de situer un récit de façon très simple:

> Devine ce qui s'est passé! Un faux plombier s'est introduit dans l'appartement de Madame Noureau!

> J'ai vu (Je viens de voir) sur Internet que les infirmières vont faire la grève.

> J'ai lu (Je viens de lire) dans le journal que le tireur fou (_sniper_) a été identifié par la police.

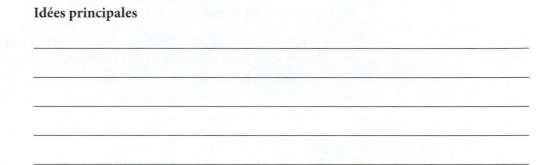

Expressions pour annoncer le sujet du récit		
Devine(z) ce qui s'est passé!	Guess what happened!
J'ai vu (Je viens de voir)...	I saw (I just saw) . . .
J'ai lu (Je viens de lire)...	I read (I just read) . . .
J'ai entendu dire que...	I heard that . . .
Tu sais (Vous savez) ce qui m' **(nous, lui, leur) est arrivé?**	Do you know what happened to me (us, him/her, them)?
Il est arrivé quelque chose de... à...	Something . . . happened to . . .
Voilà ce qui s'est passé.	Here's what happened.

POUR SE RENSEIGNER SUR LES DÉTAILS

Un récit, qu'il soit personnel ou qu'il s'agisse d'un film, d'un livre ou d'un article, dépend des détails qui donnent vie aux personnages et aux événements. Si on veut donc obtenir des informations supplémentaires ou comprendre ce qui se passe dans le récit, il faut poser (ou se poser) des questions précises.

— **De qui est-ce qu'il s'agit** dans ces romans?

— Le personnage principal est un garçon qui est sorcier (_sorcerer_). Il a dix ans et il habite chez son oncle, sa tante et son cousin. Mais il est très malheureux et il veut partir.

— **Pourquoi est-ce que** Harry est malheureux?

— Parce que son oncle, sa tante et son cousin sont très méchants et ont peur de Harry. Il n'a pas de chambre à lui, il a très peu à manger et il reste enfermé à la maison. Il a la vie d'un prisonnier.

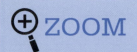 **ZOOM** | **Langue**

Pour avoir des informations détaillées

1. personnages

- ■ **Il s'agit de qui?**
- ■ **qui?** (nom, âge, nationalité, état civil)

2. situation

- ■ **Ça s'est passé où (quand)?**
- ■ **où?** (lieu géographique, endroit, ville, région, bâtiment, rue, plage)
- ■ **quand?** (matin, après-midi, soir; jour; heure; mois; année; printemps, été, automne, hiver; il y a… jours; dimanche dernier; la semaine dernière)

3. événements

- ■ **Qu'est-ce qui s'est passé?**
- ■ **Qu'est-ce qu'on a fait?** (d'abord, ensuite, enfin; le premier jour, le deuxième jour; le 3 juillet, le 5 septembre)

4. mobiles

- ■ **pourquoi?** (parce que…, pour…, pour ne pas…, à cause de…)

5. résultats

- ■ **Quelle est la solution?**
- ■ **Comment est-ce que ça finit?**
- ■ **Quelle en est la conclusion?**

F **Les vols à l'astuce (*suite*).** Rédigez des questions (cinq catégories: personnages, situation, événements, mobiles, résultats) sur le fait divers dans l'exercice E. Vous allez discuter ce fait divers en cours et il faut que vous sachiez poser des questions précises et aussi y répondre.

Questions

1. _____

_____

_____

2. _____

_____

_____

3. _____

_____

_____

4. _____

_____

_____

5. _____

_____

_____

Entre nous 1: Se renseigner

G Les vols à l'astuce (*suite*). En vous basant sur ce que vous avez fait dans les exercices E et F, discutez du fait divers sur les vols à l'astuce. Posez des questions et répondez aux questions de vos camarades. Vous devez reconstruire le fait divers avec tous les détails.

*H Qu'est-ce qui s'est passé? Votre prof va distribuer une carte à chacun d'entre vous. Sur la carte A, il y a le résumé d'un fait divers. Sur la carte B, il y a le même fait divers avec les détails.

■ Si vous avez la carte A, préparez des questions sur le fait divers.

■ Si vous avez la carte B, lisez le fait divers et préparez-vous à répondre aux questions de votre camarade.

I Inventons les détails. Inventez les détails de l'histoire pour chacun des résumés de faits divers.

Vocabulaire utile

meurtrier murderous / **un ado** *short for* adolescent / **en le rattrapant** by catching him / **incendie** fire / **intoxication alimentaire** food poisoning / **échoué** wrecked

Mari meurtrier à Bordeaux

L'acte de bravoure d'un policier

Un ado veut mettre fin à ses jours en se jetant d'une hauteur de 10 mètres mais un policier le sauve en le rattrapant miraculeusement.

Famille avec enfants et animaux domestiques sauvés d'un incendie

Jeune fille blessée dans un accident de voiture

Personnes interpellées dans des vols d'ordinateurs à l'université

42 personnes victimes d'une intoxication alimentaire

BATEAU ÉCHOUÉ À ARCACHON

A faire!

- **A l'écoute,** Ex. J, K, L, M
- **Vocabulaire et renseignements,** Ex. N, O
- **Stratégies communicatives,** Ex. P, Q

A l'écoute

The listening material for Ex. J, K, L, and M is found on the website. If you wish to verify your comprehension, you may consult the audio script.

Understanding what others are saying does not simply involve getting the general idea. If you want to be an effective contributor to a conversation or discussion, you also have to understand details. Context is, of course, very important. Context usually tells you the *who, what, when, where,* and *why*; it indicates one or several players (singular or plural) and whether events take place in the past, present, or future. To reinforce the context, French has a number of clues that help you distinguish between singular and plural and between, in particular, past and present.

GRAMMAR AS AN AID TO UNDERSTANDING

Singular or Plural

One important clue to understanding details is to distinguish between singular and plural. In some cases, liaison may be the only way to know how many people or animals or things are involved. For example, **Elles‿aiment le jazz.** Without any additional information, the **z** sound of the liaison between **Elles** and **aiment** is the only indication that this sentence refers to two or more people (i.e., that the subject is plural).

While liaison is important, it is helpful in only a limited number of cases. By contrast, the conjugation of verbs (grammatical indicator) is a more frequent indicator of number.

Say the following sentences out loud to distinguish between singular and plural. Remember that if you were *hearing* these sentences without seeing them in writing, you would have only the verb tenses to guide you, along with the context.

> **Il va passer l'année prochaine au Québec.**
> **Ils vont passer l'année prochaine au Québec.**
>
> **Elle est très gentille.**
> **Elles sont très gentilles.**
>
> **Il n'est pas allé en cours parce qu'il ne se sentait pas bien.**
> **Ils ne sont pas allés en cours parce qu'ils ne se sentaient pas bien.**

Another way to distinguish between singular and plural is to listen for the different pronunciations of modifiers. For example, listen for the difference in **le** and **les**; **la** and **les**; **un, du,** and **des**; **son** and **ses**; **ce** and **ces**. If you missed other clues, these function words can help remind you about the number of people or things involved.

> **Nous allons acheter une chaise pour notre salle à manger.**
> **Nous allons acheter des chaises pour notre salle à manger.**

If you were to hear, rather than see, these sentences, only the **une** and **des** would tell you whether they concern one or more than one chair.

> **J'ai lu l'histoire du petit garçon découvert dans la maison abandonnée.**
> **J'ai lu l'histoire des petits garçons découverts dans la maison abandonnée.**

In spoken French, only the **du** and the **des** indicate whether this is about one or more than one little boy.

 **ZOOM** | **Langue**

3 Homophones

Les homophones sont des mots qui se prononcent de la même façon mais n'ont pas le même sens. En écoutant les gens, il faut donc faire attention au contexte pour ne pas faire des fautes de sens. Voici 3 homophones très fréquents et des exemples de phrases pour une des catégories:

à	/	as	/	a						
ces	/	ses	/	c'est	/	s'est	/	sais	/	sait
ton	/	thon	/	t'ont	/	tond	/	tons		

Ils **t'ont** dit qu'ils seraient en retard.

J'ai retrouvé **ton** pull au fond d'un tiroir.

Son père **tond** la pelouse tous les samedis.

Le **ton** de sa voix est désagréable.

J'aime bien les **tons** des arbres en automne.

Ils sont partis à la pêche au **thon**.

Il est bon **ton** de s'habiller pour aller à l'Opéra.

CD2: Track 18

★J Il ou ils, elle ou elles? Pour chaque phrase que vous entendez, indiquez si le sujet est singulier ou pluriel.

1. singulier   pluriel   6. singulier   pluriel

2. singulier   pluriel   7. singulier   pluriel

3. singulier   pluriel   8. singulier   pluriel

4. singulier   pluriel   9. singulier   pluriel

5. singulier   pluriel   10. singulier   pluriel

★ K Des mots outils. *(Function words.)* Pour chaque phrase, indiquez si le sujet est singulier ou pluriel. Utilisez les mots outils pour vous guider.

1. singulier	pluriel	**7.** singulier	pluriel
2. singulier	pluriel	**8.** singulier	pluriel
3. singulier	pluriel	**9.** singulier	pluriel
4. singulier	pluriel	**10.** singulier	pluriel
5. singulier	pluriel	**11.** singulier	pluriel
6. singulier	pluriel	**12.** singulier	pluriel

★ L C'est au singulier ou au pluriel? Pour chaque échange, indiquez si le sujet est au singulier ou au pluriel.

1. frère	frères	**5.** amie	amies
2. programmeur	programmeurs	**6.** oncle	oncles
3. appartement	appartements	**7.** devoir	devoirs
4. mobile	mobiles	**8.** prison	prisons

Past or Present

Among the many details that help you to understand a story is its placement in time. It is important to know whether something happened in the past or whether it is something that is happening now. You can avoid many misunderstandings if you can distinguish between these very different time frames.

The most important clues pointing to past or present are the verb tenses. Sometimes, additional time expressions (for example, **hier, la semaine dernière, aujourd'hui, à cet instant**) reinforce the verb tense, but once the time frame has been established for a particular event, it is unlikely that these time expressions will be repeated. You should therefore focus on the verb tenses and consider an additional time expression as a bonus.

au passé: **Tu as parlé à Georges?**

Elles sont passées vous voir?

Qui a proposé cette idée?

J'étais malade quand tu as téléphoné.

Elle serait venue si elle avait su.

au présent: **Qu'est-ce que tu veux?**

Pourquoi est-ce qu'elle n'aime pas tes parents?

Je suis en train de copier ces documents.

Nous préparons un très bon dîner pour ce soir.

Les fenêtres sont ouvertes.

M **Passé ou présent?** Pour chaque phrase que vous entendez, décidez s'il s'agit du passé ou du présent.

CD2: Track 21

1. passé	présent	**6.** passé	présent
2. passé	présent	**7.** passé	présent
3. passé	présent	**8.** passé	présent
4. passé	présent	**9.** passé	présent
5. passé	présent	**10.** passé	présent

Vocabulaire et renseignements

N *Jean de Florette.* Lisez le résumé du film *Jean de Florette* et complétez le schéma.

> ### Vocabulaire utile
>
> **réalisateur** director / **convoitise des richesses** lust for wealth / **orgueil** pride / **ténacité** persistence / **se déroule** takes place / **sèche** dry / **paysans** peasants / **dure** difficult / **se méfient** are suspicious / **œillets** carnations / **source** spring / **se bagarrer** to have a fistfight / **se heurte la tête** hits his head / **héritier** heir / **anciennement** formerly / **lapins** rabbits / **vivre de la terre** live from the earth / **ont bouché** plugged up / **averses de pluie** rain storms / **peu à peu** slowly but surely / **rompu** broken / **creuser un puits** digging a well / **s'emparer de** get a hold of / **déboucher** unplug / **couler** running / **En larmes** In tears; Crying / **s'en va en courant** runs away / **bonheur** happiness

Jean de Florette (1986)

Réalisateur	Claude Berry
Acteurs	Gérard Depardieu (Jean Cadoret, dit «Jean de Florette»)
	Yves Montand (César Soubeyran, dit «le Papet»)
	Daniel Auteuil (Ugolin Soubeyran)
	Elisabeth Depardieu (Aimée Cadoret)
	Ernestine Mazurowna (Manon Cadoret)

Résumé

Jean de Florette est un film qui a pour sujet la convoitise des richesses, l'orgueil, les préjugés, la ténacité. L'histoire se déroule dans les années 1920 dans une région sèche de la Provence. C'est la Provence des petits villages et de paysans qui ont la vie dure et qui se méfient du monde extérieur et des changements qu'il représente. Mais c'est aussi la Provence d'une beauté qui fait rêver.

C'est dans ce paysage que nous rencontrons les deux paysans César Soubeyran (le Papet) et son neveu Ugolin. Tout récemment rentré du service militaire, Ugolin n'a qu'une seule ambition: cultiver des œillets et faire fortune. Mais pour réussir dans ce projet, il lui faut de l'eau. Et c'est là que tout se complique.

Le Papet sait qu'il y a une source sur la propriété de son voisin Marius. Avec Ugolin, il va donc voir Marius pour lui faire une offre généreuse pour la propriété où se trouve la source. Marius, plutôt que d'être ravi, insulte le Papet et la famille Soubeyran. Ils finissent par se bagarrer, Marius tombe, se heurte la tête contre un rocher et meurt.

Entre alors sur scène l'héritier de Marius, le fils de Florette (anciennement de la région) qui s'appelle Jean Cadoret (Jean de Florette). Il arrive avec sa femme Aimée et sa fille Manon pour s'installer dans la maison de Marius et avec l'intention d'élever des lapins et de cultiver des légumes. Jean veut «cultiver l'authentique», c'est-à-dire qu'il a quitté la ville pour vivre de la terre et pour vivre simplement avec sa femme et sa fille. Selon une carte de la propriété dont il a hérité, il y a une source non loin de la maison qui lui fournira suffisamment d'eau pour faire réussir son entreprise. Mais, ce qu'il ne sait pas, c'est que le Papet et Ugolin ont bouché la source avant son arrivée. Aucun signe, donc, d'une source. Et, sans eau, pas de lapins ni de légumes.

Au début, tout va bien. Avec la «générosité» d'Ugolin et quelques averses de pluie, les lapins se multiplient et les légumes sont les meilleurs de la région. Mais peu à peu l'eau disparaît et Jean est obligé d'aller très loin pour en trouver. Il laboure sans succès. Les lapins et les légumes meurent, Jean commence à boire, la vie se dégrade pour lui et sa famille. Le Papet et Ugolin observent de près la tragédie avec l'espoir que Jean, découragé et rompu, leur vendra sa propriété et, par conséquent, la source dont ils ont besoin.

Mais Jean refuse d'abandonner son rêve. Un jour, lorsqu'il est en train de creuser un puits, il finit par mourir dans une explosion et laisse seules sa femme et Manon. Le Papet et Ugolin profitent de la situation pour enfin s'emparer de la propriété. Ils n'attendent pas le départ d'Aimée pour déboucher la source. Ils ne comptent pas sur la présence de la petite Manon qui voit l'eau couler et qui comprend que le Papet et Ugolin sont, en fait, responsables de la mort de son père. En larmes, elle s'en va en courant…

C'est avec cette scène que se termine ce film extraordinaire. Est-ce qu'Ugolin fera fortune en cultivant des œillets? Est-ce qu'il trouvera le bonheur dans la vie? Est-ce que le Papet pourra continuer sa vie sans regrets et sans reconnaître ses actes criminels? Et trouvera-t-il enfin en Ugolin le fils qu'il n'a jamais eu? Les paysans du village, est-ce qu'ils oublieront Jean et sa famille? Et, enfin, que deviendra Manon, la petite fille qui a découvert la vérité sur la mort de son père?

Pour savoir quelles sont les conséquences des actions des personnages dans *Jean de Florette*, il faut voir la suite de l'histoire dans le film *Manon des sources*. Ces deux films, adaptés des romans de Marcel Pagnol, racontent non seulement l'histoire de deux familles mais aussi l'histoire d'un lieu, d'une façon de vivre et des forces de la nature.

Schéma

Introduction

qui? _____

_____

_____

où? _____

_____

quand? _____

Déroulement des événements (faits chronologiques de l'intrigue)

1. _____

2. _____

3. _____

4. _____

5. _____

6. _____

7. _____

8. _____

9. _____

10. _____

Conclusion

résultats

_____

_____

_____

conséquences possibles? (ce qui va probablement se passer dans l'avenir)

_____

_____

_____

_____

_____

O Une histoire que j'ai lue (vue). Sur une autre feuille de papier donnez les grandes lignes d'un livre que vous avez lu ou d'un film que vous avez vu. Notez les personnages principaux, situez l'histoire dans le temps et dans l'espace, racontez les événements principaux et finissez avec une conclusion. On ne vous demande pas d'écrire un résumé mais plutôt de noter ce qui vous aidera à raconter l'histoire à vos camarades de classe.

Stratégies communicatives

POUR ORGANISER UN RECIT (AU PRESENT)

Comme vous l'avez vu, le début d'un récit sert en principe à situer l'histoire et à donner des précisions sur les personnages (**qui**), l'endroit (**où**), le moment (**quand**), et parfois le sujet (**quoi**). On explique comment la situation s'est produite, c'est-à-dire que l'on résume les faits et les événements qui ont précédé le début de l'histoire (**J'étais chez Marianne quand… / Hier soir j'ai vu un très beau film à la télé. / Ce week-end je n'avais pas grand-chose à faire. J'ai donc lu le nouveau roman de…**).

Normalement, la suite de l'histoire comprend une narration chronologique des événements suivie d'une conclusion ou d'un résumé. S'il s'agit d'un film ou d'un livre, on peut aussi ajouter une appréciation (**C'est un très beau film. / J'ai beaucoup aimé ce film. / Je n'ai pas du tout aimé ce livre.**).

Voici le schéma typique d'un récit avec quelques expressions que vous pourrez utiliser pour situer, pour raconter, pour conclure et pour résumer votre histoire. Ce premier schéma est pour un récit raconté au présent.

Notez bien: Quand vous racontez l'histoire d'un film, d'un roman, d'une chanson, etc., il est tout à fait normal de le faire au présent. Vous pouvez même utiliser le présent pour énumérer des événements historiques (**Quand Napoléon arrive en Egypte, il essaie d'abord de…**).

DEBUT

situer

qui	(Ma mère et moi), nous avons l'habitude de…
	J'ai un frère qui…
	Le personnage principal du film est…
	Dans ce livre, il s'agit de deux paysans qui…
où	Ça se passe…
	L'action se déroule…
	L'histoire est située…
quand	C'est dans les années…
	C'est un jeudi…
	Les événements se déroulent pendant…
pourquoi	… parce que (+ *verbe*)
	… à cause de (+ *nom*) (*because of*)
	La raison pour laquelle…

MILIEU

raconter D'abord…
      Puis…
      Ensuite…
      Alors…
      Un peu plus tard…
      Le jour suivant…
      (Trois) jours après…
      Au bout d'un moment…
      En même temps…

FIN

conclure Enfin…
      Finalement…
      Pour finir…
      En conclusion…

résumer Ainsi… *So . . .*
      Bref… *In short . . . ; To make a long story short . . .*
      Et c'est ainsi que… *And that's how . . .*
      Et voilà comment… *And that's how . . .*

★ P Analyse de *Jean de Florette*. Analysez le résumé de *Jean de Florette* et notez les expressions et les phrases qui correspondent à chacune des rubriques indiquées.

situer

_____

_____

_____

raconter

_____

_____

_____

_____

_____

conclure / résumer

_____

_____

_____

Q **Le film que j'ai vu (Le livre que j'ai lu).** Pour chaque rubrique indiquée, choisissez les expressions que vous voulez utiliser pour raconter l'histoire du film ou du livre que vous avez choisi dans l'exercice O. Utilisez une autre feuille de papier.

Entre nous 2: Raconter

 R **Mon film (Mon livre).** Voici enfin l'occasion de raconter l'intrigue du film ou du livre que vous avez choisi dans l'exercice O. Utilisez les expressions que vous avez notées dans l'exercice Q pour raconter l'histoire à votre camarade de classe.

 S **Un petit récit.** En vous inspirant des dessins à la page suivante, racontez une petite anecdote qui a un début, un milieu et une fin. Faites l'effort d'utiliser les expressions que vous avez apprises pour faire avancer l'histoire. La plupart de votre récit sera raconté au présent.

Vocabulaire utile	vouloir aller aux toilettes / se trouver devant les toilettes / être un homme / ne pas avoir ses lunettes / ne pas voir clairement les dessins sur les portes / vouloir aller dans les toilettes pour messieurs / ne pas y voir très bien / devoir sortir ses lunettes de la poche de sa veste
	avoir mis ses lunettes / tout être nettement plus distinct / distinguer claire-ment les dessins / pouvoir pousser la bonne porte
	entrer dans les toilettes pour hommes / s'approcher de la porte des toilettes pour y entrer
	ouvrir la porte / recevoir une gifle en pleine figure (slap in the face), se faire frapper (to be hit) par une femme / être une femme avec les ongles vernis (polished nails) et un bracelet au poignet / les lunettes volent (fly)
	les lunettes être par terre / l'homme n'y rien comprendre / regarder le dessin sur la porte des toilettes / se poser des questions / la femme sortir / la femme être myope comme une taupe (blind as a bat), être entrée dans les toilettes pour hommes / croire que c'étaient les toilettes pour dames

 T **Les détails des faits divers.** Inventez des détails pour raconter l'histoire de chaque fait divers. Par exemple, selon ce que vous apprenez, inventez le début, le milieu, la fin, les mobiles, les personnages.

1. La police arrête un jeune homme qui a déserté son régiment basé dans le Midi.

2. Un policier agressé par un groupe de jeunes.

3. Un joueur de foot flashé par un radar à 200 km/h est interpellé.

4. Trois otages (hostages) libérés.

5. Ordinateurs volés des bâtiments de l'université.

A faire!

■ **A l'écoute,** Ex. U, V
■ **Vocabulaire et renseignements,** Ex. W, X
■ **Stratégies communicatives,** Ex. Y

A l'écoute

The listening material for Ex. V is found on the website. If you wish to verify your comprehension, you may consult the audio script.

You're going to hear a series of anecdotes. Before listening to them, do the **Préécoute** (Exercise U). Then listen to the audio two or three times and do Exercise V.

*Ⓤ Préécoute. Voici une anecdote que quelqu'un a racontée au sujet de l'Occupation allemande de la France pendant la Seconde Guerre mondiale. Malheureusement, les différentes parties de l'anecdote sont dans le désordre. Rétablissez-en la chronologie en numérotant les parties de 1 à 8.

_____ Elle a attendu quelques minutes. Puis les ombres sont remontées et sont sorties de la maison. Et un peu après son père a reparu.

_____ Son père—c'était mon oncle—faisait de la photographie. Il adorait la photographie. Il avait toujours un appareil autour du cou, un autre appareil devant l'œil.

_____ Enfin, un jour elle a compris: son père faisait des faux papiers pour les gens qui essayaient de ne pas se faire prendre par les Allemands.

_____ On parlait de la guerre. Alors, il faut que je te raconte l'histoire de ma cousine.

_____ Et voilà pourquoi j'ai toujours eu beaucoup d'admiration pour mon oncle… et pour ma cousine aussi.

_____ Alors, ma cousine m'a raconté qu'un soir, elle a vu des ombres entrer dans la maison et descendre à la cave. Et au même moment son père a disparu.

_____ Ça s'est passé vers la fin de la guerre. Ma cousine habitait avec son père et sa mère en Bourgogne.

_____ Eh bien, ça a continué pendant pas mal de temps. Tous les soirs elle voyait ces espèces d'ombre qui entraient, qui sortaient, et son père qui disparaissait, puis reparaissait.

🔊 *ⓥ **On raconte.** Ecoutez les anecdotes, puis répondez aux questions.

Anecdote 1: Une histoire de famille

Vocabulaire utile

dingue crazy / **maison jumelle** identical house / **partout** everywhere / **montaient** climbed / **ça ne sentait pas toujours la rose** it didn't always smell great / **elle ne les supportait pas du tout** she couldn't stand them / **ont intenté un procès** took them to court / **se bagarre** fights / **à la campagne** out in the country

1. Que dit Françoise pour commencer son histoire?

_____

2. Qu'est-ce qu'il y a d'amusant au sujet de sa tante?

_____

3. Pourquoi est-ce qu'elle a dû déménager?

_____

_____

_____

4. Quelles précisions Philippe cherche-t-il à propos de l'histoire que raconte Françoise?

_____

_____

Anecdotes 2–4: Le camping

LA PREMIERE HISTOIRE DE MOULAY (2)

Vocabulaire utile

emprunté borrowed / **tente** tent / **au bord de la mer** on the seashore / **au milieu d**e in the middle of / **tempête** storm / **orage** storm / **Il a plu à verse** It poured / **drôle** fun / **Le pire** The worst / **sacs de couchage** sleeping bags / **mouillés** wet / **trous dans le toit** holes in the roof / **cauchemar** nightmare

1. Que dit Moulay pour indiquer qu'il a des histoires à raconter au sujet du camping?

_____

2. Quelle expression utilise-t-il pour signaler le début de sa première histoire?

_____

3. Où est-il allé faire du camping la première fois? Avec qui?

_____

4. Qu'est-ce qui a rendu cette expérience catastrophique? Expliquez.

_____

_____

LA SECONDE HISTOIRE DE MOULAY (3)

Vocabulaire utile

on a chaviré capsized / **trempées** soaked

1. Dans quelles circonstances a-t-il fait du camping la seconde fois? Avec qui?

_____

2. Qu'est-ce qui s'est passé cette fois?

_____

3. Que pense Moulay du camping?

_____

L'HISTOIRE DE PHILIPPE (4)

Vocabulaire utile

courriel = **courrier électronique** / **ours** bears / **bruits** noises / **accrocher** hang / **dès qu'il y avait le moindre bruit** as soon as there was the slightest noise / **effectivement** in fact / **terrain de camping** campground / **il va me sauter dessus** he's going to attack me / **à peine** hardly at all

1. Où est-ce que Philippe a fait du camping? A-t-il eu la même expérience que Moulay?

_____

2. Que dit-il pour annoncer qu'il va raconter une anecdote amusante?

_____

3. Qu'est-ce qui lui est arrivé?

_____

_____

_____

Vocabulaire et renseignements

W **L'album de famille.** Vous allez créer un album photos de votre famille. Sur deux grandes feuilles de papier, collez des photos ou des dessins qui représentent au moins trois générations de votre famille. Préparez-vous à donner des renseignements sur les personnes qui sont dans votre album.

Vocabulaire utile

un beau-père stepfather; father-in-law / **une belle-mère** stepmother; mother-in-law / **un demi-frère** stepbrother; half brother / **une demi-sœur** stepsister; half sister / **un beau-frère** brother-in-law / **une belle-sœur** sister-in-law / **un beau-fils** stepson / **un gendre** son-in-law / **une belle-fille** stepdaughter; daughter-in-law / **un veuf** widower / **une veuve** widow / **un(e) célibataire** single man or woman

X **Des histoires de famille.** Vous aurez à raconter une histoire en cours. Pour vous préparer, complétez d'abord le schéma ci-dessous en y mettant des mots et des expressions qui vous seront utiles. N'écrivez pas de phrases complètes. Voici quelques suggestions qui pourraient vous aider à imaginer votre histoire.

1. quelque chose qui est arrivé à un membre de votre famille (de préférence à une personne dont le portrait se trouve dans l'album de l'exercice W)
2. une activité à laquelle ont participé plusieurs membres de votre famille (par exemple, des vacances, un pique-nique, un anniversaire)
3. la visite d'un membre de votre famille
4. des vacances d'été avec votre famille
5. une fête de famille

Schéma

Introduction

qui? _____

où? _____

quand? _____

Déroulement des événements (faits chronologiques de l'intrigue)

1. _____

2. _____

3. _____

4. _____

5. _____

6. _____

7. _____

8. _____

9. _____

10. _____

Conclusion

résultats _____

_____

_____

conséquences possibles? _____

_____

_____

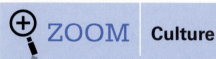

Stratégies communicatives

POUR ORGANISER UN RÉCIT (AU PASSÉ)

Un récit ou une anecdote se raconte souvent au passé. C'est surtout le cas quand vous racontez une histoire qui vient de votre expérience personnelle (**Hier soir, je suis allé à une fête avec Jacqueline. Nous nous sommes bien amusés. Mais…**). Voici un modèle de plan typique pour raconter un récit, avec quelques expressions qui vous seront utiles pour situer, pour raconter, pour conclure et pour résumer votre histoire au passé.

DEBUT

situer

qui	C'est arrivé à (mon oncle).
	Ma famille et moi,…
où	Nous étions…
	Je me trouvais…
	Ça se passait…
	C'était…
quand	C'était le jour où…
	C'était en 2010.
	C'est arrivé il y a…
	Le mois dernier (L'année dernière; La semaine dernière)…
pourquoi	Nous étions là pour…
	Nous avions décidé de…
	Deux jours avant…

MILIEU

raconter	J'ai commencé par…
	D'abord…
	Ensuite…
	Alors…
	Après avoir (être)…
	Un peu plus tard…
	Le lendemain… (*The next day . . .*)
	La veille… (*The day before . . .*)

FIN

conclure	Enfin…
	Finalement…
	Nous avons fini par…
	Tout s'est terminé par…
résumer	Bref…
	Et voilà comment…
	C'est ainsi que…

Y **Pour raconter mon anecdote.** Faites une liste des expressions que vous voulez utiliser pour raconter votre anecdote (exercice X) en cours. N'oubliez pas que vous raconterez l'histoire au passé et qu'il vous faut un début, un milieu et une fin.

_____

_____

_____

_____

_____

_____

Z **Un court-métrage.** Sur le site web de *Du tac au tac* à www.CengageBrain.com, vous trouverez plusieurs courts-métrages. Choisissez-en un que vous n'avez jamais vu et, sur une autre feuille de papier, prenez des notes pour pouvoir raconter l'histoire du film à vos camarades. Faites attention à l'emploi du présent et du passé et appliquez les schémas que vous avez appris.

Courts-métrages sur le site:

> *Madagascar, carnet de voyage* de Bastien Dubois
> *Le grand jeu* de Yannick Pecherand-Molliex
> *La magie d'Anansie* de Jamie Mason
> *A quoi ça sert l'amour* de Louis Clichy
> *L'entrevue* de Claire Blanchet
> *Sans Titre* de David Rousseau
> *Une vie* d'Emmanuel Bellegarde

Entre nous 3: Improvisons!

AA **L'album de famille (*suite*).** Un(e) camarade vous montre son album de famille. Comme vous ne connaissez pas sa famille, il (elle) est obligé(e) de vous parler de chacune des personnes qui sont sur les photos. Vous pouvez aussi lui poser des questions. Quand votre camarade aura terminé, vous changerez de rôle et vous décrirez les personnes dans votre album.

BB **Des histoires de famille (*suite*).** Vous allez raconter l'anecdote que vous avez préparée dans les Exercices X et Y. Cet exercice comprendra plusieurs étapes; à chaque étape, les groupes se réorganiseront.

Première étape:	Vous racontez tout simplement l'histoire sans interruption de votre partenaire.
Deuxième étape:	Vous racontez l'histoire à un(e) autre partenaire et, cette fois-ci, votre partenaire vous pose des questions.
Troisième étape:	Vous racontez l'histoire à un(e) autre partenaire, qui la raconte à une deuxième personne, qui la raconte à une troisième personne, et ainsi de suite. La dernière personne revient vous raconter votre histoire et vous pourrez dire si l'histoire a changé (ou pas).

CC **Un court-métrage (*suite*).** Faites le résumé du court-métrage que vous avez regardé pour votre camarade. S'il arrive que vous avez tous (toutes) les deux vu le même film, vous aurez peut-être des interprétations différentes. Dans ce cas-là, expliquez votre point de vue.

DD **Sur Internet.** Cherchez sur Internet des faits divers ou d'autres histoires qui vous semblent intéressantes. Préparez-vous à raconter une de ces histoires. Utilisez le schéma et les expressions que vous avez apprises pour organiser votre récit.

CHAPITRE

7

Discuter de textes de fiction

Damir Cudic/iStockphoto.com

Scott Smith/iStockphoto.com

Le Petit Prince

Avec dessins par l'auteur

A. T. Willett/Alamy

Ambrophoto/Shutterstock.com

A faire!

■ **Planning Strategy,** Ex. A

■ **A l'écoute,** Ex. B

■ **Vocabulaire et renseignements,** Ex. C, D

■ **Stratégies communicatives,** Ex. E, F

Planning Strategy

A **Talking About a Fictional Text.** A French-speaking exchange student in your American Literature course is having trouble talking about the books you've been reading. Suggest to her some phrases and some literary terms that she might find useful when talking about a story she has just read.

_____

_____

_____

_____

_____

_____

_____

A l'écoute

The listening material for Ex. B is found on the website. If you wish to verify your comprehension, you may consult the audio script.

Note: All exercises in the **Chez vous** sections marked with an asterisk are self-correcting. The answers are in the answer key.

CD2: Track 23

***B** **«La Fête de Moussa.»** You're going to listen to a summary of a folktale that comes from the Ivory Coast in Africa. As you listen, you'll probably recognize some similarities with the Cinderella story you heard or read as a child. After hearing the story, you'll be asked to listen again while filling in some information about the main elements of the tale. Suggestion: read over the **Vocabulaire utile** before starting to listen.

Vocabulaire utile

un pagne skirt / **cueille** picks / **figues** figs / **mûres** ripe / **un figuier** fig tree / **rapporte** brings back / **la bouse de vache** cow dung / **l'herbe** grass / **un champ** field / **une bruine fine** fine mist / **Dieu** God / **pue** stinks, smells / **déçue** disappointed / **les larmes** tears / **attiser un feu** to stir up a fire / **cuire** to cook / **mil** millet (a grain) / **chauffée** heated / **un trou** hole / **des habits** clothes

1. qui? _____

    _____

2. où? _____

3. quoi? _____

    _____

    _____

4. résultat

    _____

Minpin/Dreamstime.com

Vocabulaire et renseignements

Dans ce chapitre, vous allez lire un conte traditionnel de la province de Normandie. Après avoir travaillé un peu le vocabulaire, vous allez analyser ce conte. D'abord, lisez le conte, qui s'appelle «La Petite souris blanche».

La petite souris° blanche

mouse

Il était une fois° une pauvre jeune fille qui se promenait à travers la campagne. Tout à coup, elle aperçut°, allongée sur la mousse° au pied d'un arbre, une minuscule souris blanche qui lui sembla mal en point°. Elle s'approcha, la souris n'eut° même pas la force de s'enfuir°. La fille la prit dans sa main, en disant d'un ton de compassion:

— Pauvre bête°, va... je vais te ramener à la maison.

La souris, effrayée, se trompa° sur ses intentions.

— Ne me fais pas de mal, je te prie°, et ne me donne pas à manger à ton chat. Tu seras récompensée.

— Récompensée? Que pourrais-tu me donner, petite bête?

— Je suis la reine° des souris, et mes pouvoirs° sont grands. Demande, tu verras.

La jeune fille réfléchit avant de se décider:

— Ecoute, j'habite avec mes parents une misérable chaumière°. J'aimerais avoir une maison coquette° [...] entourée d'un jardin empli° de fleurs et de légumes.

— Facile! Repose-moi sur mon lit de mousse, je me sens déjà mieux. Et sauve-toi° vers ta nouvelle maisonnette.

La jeune fille courut° vers son village, les sabots° à la main pour aller plus vite. La reine des souris ne l'avait pas trompée: à la place de la vieille bâtisse délabrée°, s'élevait une maisonnette neuve [...] recouverte d'un toit de tuiles° rouges. Dans le jardin fleuri, peuplé de poules° et de canards°, ses parents, émerveillés°, levaient les bras au ciel.

Une nouvelle vie commença donc pour la jeune fille, qui s'appelait Jeannette, il est temps de le dire. Les jeunes gens du village se mirent° à lui faire la cour°, mais Jeannette les trouva trop communs, pas assez bien pour elle. Elle aurait voulu épouser le fils du notaire°, un homme riche, celui-là, mais la maisonnette ne suffisait pas° à l'attirer°.

La jeune fille pensa: «J'ai été sotte° de demander si peu à la reine des souris.»

Mais elle se dit aussi: «Il n'est peut-être pas trop tard.»

Alors elle alla° dans la campagne, là où avait eu lieu° sa rencontre providentielle°, et elle se mit à appeler en chantant:

Souris blanche, reine des souris,
C'est moi qui t'ai sauvé la vie,
Je t'attends, viens par ici...

La reine des souris accourut°; elle était guérie° à présent de son ancienne° faiblesse et elle trottinait allègrement°.

— Bonjour, Jeannette, que me veux-tu?

La jeune fille expliqua la situation, parla du fils du notaire et de la nécessité pour elle de paraître davantage°.

— Pas de problème, dit la souris. Tes vœux sont exaucés°.

En effet. Au village, à la place de la maisonnette, s'élevait une belle demeure° aux armoires pleines de robes et de souliers°. Jeannette était devenue une riche héritière°, servie par des domestiques nombreux et empressés°. Le premier visiteur qu'elle reçut fut° le fils du notaire. Bientôt, on parla mariage dans les environs°.

Mais Jeannette devenait de plus en plus ambitieuse. Le notaire ne lui suffisait plus. Elle retourna voir la souris blanche et celle-ci°, sans trop se faire prier, en fit° une princesse. Comme elle vivait maintenant dans un château, entouré de vastes terres fertiles cultivées par ses paysans dirigés par son propre père, les seigneurs des alentours° se pressaient en nombre autour d'elle...

Jeannette n'arrivait pas à faire son choix parmi eux, tant ils étaient tous riches et beaux et de fière° apparence, lorsqu'on apprit l'arrivée à Rouen du roi d'Angleterre en personne.

Once upon a time there was
noticed / lying in the moss
not feeling well / didn't have
to flee
animal
frightened / mistook
please (I beg you)

queen / powers

thatched-roof hut
cute / filled
get going

ran / wooden shoes, clogs
dilapidated building
tiles
hens / ducks / amazed

began / to court

lawyer
was not enough / to attract him
stupid

went / had taken place / fortunate

ran up / cured / former
was trotting happily along

to make more of an impression
Your wishes are granted.
home
shoes
heiress / attentive, anxious to please
was / surrounding area

the latter (the mouse) / made her into

noblemen of the region

proud

hastened

La jeune fille s'empressa° d'aller trouver une nouvelle fois la reine des souris:

Souris blanche, reine des souris,
C'est moi qui t'ai sauvé la vie,
Je t'attends, viens par ici…

La souris blanche répondit encore à l'appel, mais elle trottinait moins vite qu'avant:

— Qu'est-ce que tu veux encore, Jeannette?

— S'il te plaît, s'il te plaît. Fais que je rencontre le roi d'Angleterre, qu'il devienne amoureux de moi…

— Tu en demandes vraiment beaucoup. Mais enfin, puisque tu insistes…

asked for her hand in marriage
crash!
peasant / displeases
to look down on

Et c'est ainsi que la princesse Jeannette rencontra le roi d'Angleterre. Grâce à la reine des souris, le roi succomba à ses charmes et la demanda en mariage°. Seulement, patatras° le père de la jeune fille refusa de donner son accord:

— Jeannette, dit-il, je suis un paysan° et ton roi me déplaît° fort. Il a une façon de me regarder de haut°, comme si je n'étais qu'une bouse de vache. Et de plus, il est anglais. Non, tu ne l'épouseras pas.

tried in vain

La jeune fille eut beau° insister, discuter, chercher à le convaincre, l'homme ne changea pas d'avis. Furieuse, Jeannette ne trouva qu'une seule ressource, aller demander l'aide de la souris blanche:

Souris blanche, reine des souris,…

La souris blanche finit par se montrer:

Another wish

— Encore un souhait°, Jeannette, ça commence à faire beaucoup…

— Reine des souris, mon père refuse mon mariage avec le roi d'Angleterre! Je veux que tu le fasses mourir.

— Quoi! Que je fasse mourir ton père?

— Parfaitement!

take back / Get out of here!
No more

— Jeannette, tu es folle, l'ambition t'a fait perdre toute mesure. Je regrette ma bonté, et je retire° tout. Va-t'en°!

were sighing
shaking

La souris blanche disparue, Jeannette retourna au village. Plus de° château, plus de riche maison, même plus de coquette maisonnette. Il ne restait à la jeune fille que la misérable chaumière d'autrefois […] devant laquelle ses parents soupiraient° de regret en hochant° la tête.

✱ⓒ «La Petite souris blanche.» Rétablissez la chronologie des événements principaux du conte.

_____ La petite souris blanche transforme la jolie petite maison de Jeannette en un grand château entouré de vastes terres fertiles.

_____ Le roi d'Angleterre demande la main de Jeannette en mariage, mais son père refuse de donner son accord.

_____ La petite souris blanche retire tout ce qu'elle a donné à Jeannette.

_____ Jeannette rencontre une petite souris blanche qui a besoin de son aide.

_____ Plusieurs jeunes seigneurs de la région font la cour à Jeannette, mais elle veut épouser le roi d'Angleterre.

_____ Jeannette se retrouve dans la misérable chaumière, toute seule avec ses parents.

_____ La petite souris blanche transforme la misérable chaumière de Jeannette en une jolie petite maison entourée d'un jardin.

_____ La petite souris blanche fait que Jeannette rencontre le roi d'Angleterre.

_____ Jeannette demande à la petite souris blanche de faire mourir son père.

_____ Plusieurs jeunes hommes du village font la cour à Jeannette, mais elle veut épouser le fils du notaire.

★ **D** **«La Petite souris blanche»** (*suite*). Complétez les phrases suivantes en trouvant dans le conte les mots et les expressions convenables.

1. En se promenant à travers la campagne, Jeannette, une _____ jeune fille aperçoit une petite _____ blanche, allongée sur la mousse.

2. Quand Jeannette s'approche, la souris, qui est _____, n'a pas la force de _____.

3. La souris a peur; elle ne veut pas que Jeannette la _____ à son chat.

4. Jeannette habite une misérable _____ avec ses parents, mais la souris transforme la vieille bâtisse délabrée en une maison _____.

5. Les jeunes gens du village commencent à _____ à Jeannette, mais elle veut épouser le fils du notaire; malheureusement le notaire est riche et la maisonnette ne suffit pas à _____ son fils.

6. Par conséquent, Jeannette demande à la souris de la faire _____ davantage.

7. La souris transforme encore la vie de Jeannette, qui est maintenant une riche _____, servie par de nombreux _____, habitant un _____ entouré de vastes terres fertiles cultivées par des _____ sous la direction de son père.

8. Les jeunes seigneurs du pays, qui sont tous _____ et _____ et de fière apparence, lui font la cour, mais elle n'arrive pas à _____ entre eux.

9. Quand le roi d'Angleterre arrive à Rouen, Jeannette demande à la souris blanche de faire qu'elle le _____. Le roi tombe amoureux de Jeannette et la _____, mais son père refuse de _____.

10. Son père n'aime pas le roi pour deux raisons: d'abord, parce que, à cause de leur différence de classe sociale, le roi le _____ comme s'il n'était qu'une bouse de vache; ensuite, parce que le roi est _____, et ennemi historique des Français.

11. Furieuse, Jeannette demande à la souris de _____ son père, mais la souris blanche trouve que Jeannette est _____ et que _____ l'a fait perdre tout son sens; elle _____ donc tout ce qu'elle lui a donné.

12. La souris blanche disparaît et, quand Jeannette retourne au village, elle n'a plus de _____ ni de _____; il ne reste que la misérable chaumière et ses parents, qui soupirent _____ en hochant la tête.

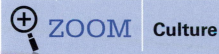

ZOOM | Culture

Les prix littéraires: un phénomène français

C'est en novembre que se déroule la distribution des nombreux prix littéraires français: Renaudot, Médicis, Interallié, Femina... jusqu'au Goncourt qui clôture la série. Le Goncourt, qui existe depuis plus d'un siècle (fondé en 1902), est le plus prestigieux de tous les prix et suscite beaucoup de convoitise de la part des éditeurs comme de celle des auteurs. Certes, le gagnant ne reçoit qu'un chèque symbolique de 10 euros, mais il a l'assurance que son roman sera vendu, traduit en de nombreuses langues, assurant sa notoriété et celle de son éditeur.

Offrir le prix Goncourt de l'année fait partie des cadeaux de Noël préférés des Français. Quant à savoir si le roman sera bien lu, nul ne saurait le dire. Cela dépend du roman... et du destinataire! L'éditeur, lui, en aura vendu entre 200 000 et 600 000 exemplaires.

Stratégies communicatives: analyser un recit

Dans ce chapitre, vous allez apprendre à analyser des textes de fiction. Pour commencer, lisez les deux exemples suivants avec le vocabulaire qui les accompagne.

LE RESUME DE L'ACTION

Un récit comprend généralement une série d'événements servant à transformer une situation initiale en une situation finale. Pour analyser l'action du récit, il faut d'abord d'identifier la *situation initiale* et la *situation finale*. Par exemple, dans «La Fête de Moussa»…

situation initiale: Une fille et ses copines rêvent d'aller à la fête organisée par Moussa, le fils du roi

situation finale: Moussa épouse la fille

Ensuite, il faut organiser la succession des événements qui mènent de la situation initiale à la situation finale en précisant l'événement qui *déclenche (sets in motion)* l'action, l'enchaînement des événements qui *développent* l'action (on les appelle aussi les *péripéties* [*episodes*]) et l'événement qui achève ou *dénoue (resolves)* l'action. Dans «La Fête de Moussa»…

l'action se déclenche: la mère refuse les figues vertes et envoie la fille cueillir des figues mûres en menaçant de ne pas lui donner de pagne

l'action se développe:
1. elle demande des figues mûres au figuier, qui l'envoie lui chercher de la bouse de vache
2. elle demande de la bouse aux vaches, qui l'envoient leur chercher de l'herbe
3. elle demande de l'herbe au grand champ, qui l'envoie lui chercher de l'eau
4. elle demande de l'eau à Dieu, qui lui en donne
5. elle réussit à avoir des figues mûres, mais sa mère lui donne un vieux pagne sale
6. la fille rencontre une vieille dame qui lui demande des services et la fille les lui rend

l'action se dénoue:
7. la vieille dame lui donne de nouveaux habits à porter à la fête, la fille arrive à la fête et se fait remarquer par le prince

C'est ainsi qu'on peut organiser rapidement les événements du récit.

★ **Ⓔ L'analyse de l'action.** Analysez l'action du conte «La Petite souris blanche». Suggestion: consultez l'exercice C en faisant cette analyse.

la situation initiale: _____

_____

l'action se développe

l'événement qui déclenche l'action: _____

_____

les péripéties: _____

_____

_____

_____

_____

_____

_____

l'événement qui dénoue l'action: _____

_____

la situation finale: _____

_____

LE MODELE ACTANTIEL

Inspiré du travail du sémioticien français, A.-J. Greimas, ce modèle a pour point de départ l'idée qu'il existe une grammaire du récit — c'est-à-dire qu'une narration (un conte, par exemple) a comme base une structure grammaticale assez simple: sujet + verbe + objet. En plus, le verbe du récit est toujours le même — le verbe **désirer.** Autrement dit, pour avoir un récit, il faut qu'un sujet désire quelque chose (l'objet). Par exemple, dans «La Fête de Moussa», la jeune fille (le sujet) désire un nouveau pagne (l'objet). On peut représenter cette grammaire ainsi:

SUJET ——————— OBJET

la fille   le nouveau pagne

Greimas appelle ces éléments grammaticaux du récit des *actants* (d'où le terme *modèle actantiel*). Détail important: n'importe quel élément d'un récit peut jouer le rôle d'un actant.

Mais un récit ne se limite pas à ces deux actants (sujet et objet). En fait, dans le modèle de Greimas, on en trouve six. D'abord, il y a le destinateur (*sender*) et le destinataire (*beneficiary*). Le destinateur est l'élément du texte qui crée chez le sujet le désir de l'objet. Par exemple, dans «La Fête de Moussa» le destinateur, c'est la fête qu'organise le prince dans l'intention de trouver une femme. Le destinataire est le personnage (ou autre élément du texte) qui bénéficie des actions du sujet. Dans «La Fête de Moussa» le destinataire (ou bénéficiaire), c'est la fille elle-même, qui réussit à aller à la fête et à se faire choisir par le prince. On peut donc ajouter ces deux actants au modèle:

DESTINATEUR   DESTINATAIRE

la fête organisée par le prince   la fille

SUJET ——————— OBJET

la fille   le nouveau pagne

L'essence du récit narratif, c'est le conflit—c'est-à-dire si le sujet peut réaliser son désir sans opposition, la narration manque d'intérêt. Par conséquent, les deux derniers actants sont l'adjuvant (*helper*) et l'opposant (*opponent*). L'opposant, c'est l'élément du récit (ou bien les éléments, il peut y en avoir plusieurs) qui s'oppose à la réalisation du désir du sujet. Par exemple, dans «La Fête de Moussa», les copines de la fille qui lui disent de cueillir des figues vertes ainsi que sa mère qui la renvoie cueillir des figues et qui lui donne un vieux pagne sale et laid. Heureusement, il y a aussi des adjuvants, c'est-à-dire des éléments qui aident la fille à réussir — en particulier, Dieu, qui lui donne de l'eau de pluie fine sans rien demander en retour, et la vieille femme, qui lui donne de nouveaux habits. Quant au figuier, aux vaches et au champ, ces éléments jouent à la fois le rôle d'opposants (ils lui demandent de leur rapporter des bouses, de l'herbe et de l'eau) et d'adjuvants (ils finissent par lui donner ce dont elle a besoin). On peut donc compléter le modèle ainsi:

DESTINATEUR————————DESTINATAIRE
la fête organisée par le prince   la fille

SUJET————————OBJET
la fille   le nouveau pagne

ADJUVANTS   OPPOSANTS
Dieu   les copines
la vieille femme   la mère
le figuier   le figuier
les vaches   les vaches
le champ   le champ

Pour compléter l'analyse actantielle, il reste à préciser si le sujet réussit à avoir l'objet de son désir. Dans «La Fête de Moussa», le résultat est évidemment très positif.

＊F Un modèle actantiel. Complétez le modèle actantiel du conte «La Petite souris blanche.» N'oubliez pas que plusieurs éléments du récit peuvent occuper la même position actantielle.

DESTINATEUR   DESTINATAIRE

SUJET————————OBJET

ADJUVANTS   OPPOSANTS

Entre nous 1: Analyser un conte

 G «La Petite souris blanche»: qu'est-ce que vous avez compris?
Discutez des questions suivantes avec vos camarades.

1. Quelles sont les intentions de la jeune fille en s'approchant de la petite souris blanche? Pourquoi la souris offre-t-elle de récompenser la jeune fille?

2. Pourquoi Jeannette chante-t-elle son petit refrain avant de redemander à la souris de l'aider?

3. Pourquoi Jeannette ne se satisfait-elle pas de ce que la petite souris blanche lui donne?

4. En quoi les parents de Jeannette diffèrent-ils de leur fille?

5. Quels changements ont lieu chez la petite souris blanche au cours du conte? Qu'est-ce qui explique ces changements?

6. A votre avis, quelle est la morale de ce conte?

H **«La Petite souris blanche».** En vous basant sur vos réponses aux exercices E et F, préparez (1) le résumé et (2) une analyse du conte.

I **«La Petite souris blanche»: version contemporaine.** Vous et des camarades allez écrire une nouvelle version de ce conte en situant l'action à l'époque moderne. Commencez par faire un plan, puis racontez l'histoire en y ajoutant des détails. Attention: vous n'êtes pas obligé(e)s de vous limiter aux suggestions données ci-dessous.

Situation: Où se passe l'action du conte? Aux Etats-Unis ou dans un autre pays? En ville, à la campagne, au bord de la mer?

Personnages: De qui s'agit-il: D'une jeune fille, d'un jeune garçon, de quelqu'un de plus âgé? Qui va aider ce personnage: Un animal, une autre personne, un ordinateur?

Problématique: De quoi ce personnage a-t-il envie? De choses matérielles; de relations personnelles; de talents sportifs, artistiques ou intellectuels?

Evénements: Qu'est-ce qui se passe? Combien de demandes ce personnage fait-il? Y répond-on toujours de la même façon?

Conclusion: Comment l'histoire finit-elle? Le personnage principal est-il récompensé ou est-il puni à la fin?

Chez vous 2

A faire!

■ **Vocabulaire et renseignements,** Ex. J, K

Vocabulaire et renseignements

Maintenant vous allez lire un conte d'Alphonse Daudet. Cet auteur du dix-neuvième siècle est très connu pour ses contes, qui ont souvent pour sujet la vie des paysans du sud de la France. Lisez «Le Secret de maître Cornille», puis faites les exercices qui s'y rapportent.

Le secret de maître Cornille

Alphonse Daudet (1840–1897)

miller / living
flour / vexed about his situation in
life / factories processing flour /
calling together / province in
southern France / thieves

Maître Cornille était un vieux meunier°, vivant° depuis soixante ans dans la farine° et enragé par son état°. L'installation des minoteries° l'avait rendu comme fou. Pendant huit jours, on le vit courir par le village, ameutant° tout le monde autour de lui et criant de toutes ses forces qu'on voulait empoisonner la Provence° avec la farine des minotiers. «N'allez pas là-bas, disait-il, ces brigands°-là, pour faire le pain, se servent de la vapeur° qui est une invention du diable°, tandis que° moi je travaille avec le mistral et la tramontane°, qui sont la respiration de Dieu... » Et il trouvait comme cela une foule de° belles paroles à la louange° des moulins à vent°, mais personne ne les écoutait.

Alors [...] le vieux s'enferma dans son moulin et vécut tout seul comme une bête farouche°. Il ne voulut pas même garder auprès de lui sa petite-fille Vivette, une enfant de quinze ans, qui, depuis la mort de ses parents, n'avait plus que son grand° au monde. La pauvre petite fut obligée de gagner sa vie et de se louer° un peu partout dans les mas°, pour la moisson, les magnans ou les olivades°. Et pourtant, son grand-père avait l'air de bien l'aimer, cette enfant-là. Il lui arrivait souvent de faire ses quatre lieues° à pied par le grand soleil pour aller la voir au mas où elle travaillait, et quand il était près d'elle, il passait des heures entières à la regarder en pleurant°.

Dans le pays°, on pensait que le vieux meunier, en renvoyant° Vivette, avait agi par avarice°; et cela ne lui faisait pas honneur de laisser sa petite-fille traîner° d'une ferme à l'autre [...]. On trouvait très mal aussi qu'un homme du renom de maître Cornille, et qui, jusque-là s'était respecté, s'en allât° maintenant par les rues comme un vrai bohémien°, pieds nus°, le bonnet troué, la taillole en lambeaux°... Le fait est que le dimanche, lorsque nous le voyions entrer à la messe°, nous avions honte° pour lui, nous autres les vieux; et Cornille le sentait si bien qu'il n'osait° plus venir s'asseoir sur le banc d'œuvre°. Toujours il restait au fond de l'église, près du bénitier avec les pauvres.

Dans la vie de maître Cornille il y avait quelque chose qui n'était pas clair. Depuis longtemps personne, au village, ne lui portait plus de blé°, et pourtant les ailes° de son moulin allaient toujours leur train comme devant°... Le soir, on rencontrait par les chemins le vieux meunier poussant devant lui son âne° chargé de gros sacs de farine.

«Bonnes vêpres, maître Cornille! lui criaient les paysans; ça va donc toujours la meunerie?

— Toujours, mes enfants, répondait le vieux d'un air gaillard°. Dieu merci, ce n'est pas l'ouvrage qui nous manque°.»

Alors, si on lui demandait d'où Diable pouvait venir tant d'ouvrage il se mettait un doigt sur les lèvres et répondait gravement: «Motus!° je travaille pour l'exportation... » Jamais on n'en put tirer davantage.°

Quant à mettre le nez dans son moulin, il n'y fallait pas songer°. La petite Vivette elle-même n'y entrait pas...

Lorsqu'on passait devant, on voyait la porte toujours fermée, les grosses ailes toujours en mouvement, le vieil âne broutant le gazon° de la plateforme, et un grand chat maigre qui prenait le soleil sur le rebord° de la fenêtre et vous regardait d'un air méchant.

Tout cela sentait le mystère et faisait beaucoup jaser° le monde. Chacun expliquait à sa façon le secret de maître Cornille, mais le bruit général° était qu'il y avait dans ce moulin-là encore plus de sacs d'écus° que de sacs de farine.

A la longue pourtant, tout se découvrit; voici comment:

En faisant danser la jeunesse avec mon fifre°, j'aperçus un beau jour que l'aîné de mes garçons et la petite Vivette s'étaient rendus amoureux l'un de l'autre. Au fond, je n'en fus pas fâché, parce qu'après tout le nom de Cornille était en honneur chez nous [...] Seulement, comme les amoureux avaient souvent l'occasion d'être ensemble, je voulus, de peur d'accidents, régler l'affaire tout de suite, et je montai jusqu'au moulin pour en toucher deux mots° au grand-père... Ah! le vieux sorcier°! Il faut voir de quelle manière il me reçut! Impossible de lui faire ouvrir sa porte. Je lui expliquai mes raisons tant bien que mal° à travers le trou de la serrure°; et tout le temps que je parlais, il y avait ce coquin° de chat maigre qui soufflait comme un diable au-dessus de ma tête.

steam / devil / while
winds in the valley of the Rhone
a large number of / praise
windmills

wild animal
grand-père
to hire herself out
name given to farms in Provence /
harvest of grain, silkworms, or olives
four kilometers
while crying
region / sending away
greed / to drag around

go around
vagabond / bare
red wool belt in rags / mass
were ashamed
dared / pew reserved for those with
a profession

wheat
sails (of the windmill) / were turning
as usual /donkey

sprightly
we're not lacking any work

Silence!
to get more out of
no sense even thinking about it

grazing
sill

to talk, gossip
general consensus
money

fife

to talk about it
sorcerer
as well as I could
keyhole / rascal

Le vieux ne me donna pas le temps de finir, et me cria fort malhonnêtement de retourner à ma flûte; que, si j'étais si pressé° de marier mon garçon, je pouvais aller chercher des filles à la minoterie… Pensez que le sang me montait° d'entendre ces mauvaises paroles°; mais j'eus tout de même assez de sagesse° pour me contenir, et, laissant ce vieux fou à sa meule°, je revins annoncer aux enfants ma déconvenue°… Ces pauvres agneaux° ne pouvaient pas y croire; ils me demandèrent comme une grâce de monter tous deux ensemble au moulin, pour parler au grand-père… Je n'eus pas le courage de refuser, et prrt! voilà mes amoureux partis.

Tout juste comme ils arrivaient là-haut, maître Cornille venait de sortir. La porte était fermée à double tour°; mais le vieux bonhomme, en partant, avait laissé son échelle° dehors, et tout de suite l'idée vint aux enfants d'entrer par la fenêtre, voir un peu ce qu'il y avait dans ce fameux moulin…

Chose singulière! La chambre de la meule était vide°. Pas un sac, pas un grain de blé; pas la moindre farine aux murs ni sur les toiles d'araignée°… On ne sentait pas même cette bonne odeur chaude de froment écrasé qui embaume° dans les moulins… L'arbre de couche° était couvert de poussière, et le grand chat maigre dormait dessus.

La pièce du bas avait le même air de misère et d'abandon: un mauvais lit, quelques guenilles°, un morceau de pain sur une marche d'escalier, et puis dans un coin trois ou quatre sacs crevés° d'où coulaient° des gravats° et de la terre blanche.

C'était là le secret de maître Cornille! C'était ce plâtras° qu'il promenait le soir par les routes pour sauver l'honneur du moulin et faire croire qu'on y faisait de la farine… Depuis longtemps les minotiers leur avaient enlevé leur dernière pratique°. Les ailes tournaient à vide.

Les enfants revinrent tout en larmes°, me conter ce qu'ils avaient vu. J'eus le cœur crevé° de les entendre… Sans perdre une minute, je courus chez les voisins, je leur dis la chose en deux mots, et nous convînmes qu'il fallait, sur l'heure° porter au moulin de Cornille tout ce qu'il y avait de froment dans les maisons… Sitôt dit, sitôt fait.° Tout le village se met en route, et nous arrivons là-haut avec une procession d'ânes chargés de blé — du vrai blé, celui-là!

Le moulin était grand ouvert… Devant la porte, maître Cornille, assis sur un sac de plâtre, pleurait la tête dans ses mains. Il venait de s'apercevoir, en rentrant, que pendant son absence on avait pénétré chez lui et surpris son triste secret.

«Pauvre de moi! disait-il. Maintenant, je n'ai plus qu'à mourir… Le moulin est déshonoré.»

Et il sanglotait à fendre l'âme°, appelant son moulin par toutes sortes de noms, lui parlant comme à une personne véritable.

A ce moment les ânes arrivent sur la plate-forme, et nous nous mettons tous à crier bien fort comme au beau temps des meuniers: «Ohé! du moulin! Ohé! maître Cornille!»

Et voilà les sacs qui s'entassent° devant la porte et le beau grain roux° qui se répand par terre° de tous côtés…

Maître Cornille ouvrait de grands yeux. Il avait pris du blé dans le creux° de sa vieille main et il disait, riant et pleurant à la fois:

«C'est du blé!… Seigneur Dieu!… Du bon blé! Laissez-moi que je le regarde.»
Puis se tournant vers nous:
«Ah! je savais bien que vous me reviendriez… Tous ces minotiers sont des voleurs.»
Nous voulions l'emporter en triomphe° au village:
«Non, non, mes enfants; il faut avant tout que j'aille donner à manger à mon moulin… Pensez donc! il y a si longtemps qu'il ne s'est rien mis sous la dent°!»

---

in a hurry
I was getting angry
words / wisdom
millstone
disappointment / lambs

double locked
ladder

empty
spider webs
ground wheat that hangs in the air
drive shaft

rags
torn open / were running out / bits of plaster
plaster

had taken away their final client

tears
broken heart
immediately

No sooner said than done.

was sobbing so heavily that it would break your heart

pile up / reddish
spreads out on the ground
hollow

carry him off triumphantly on our shoulders
hasn't had anything to "bite on"

to thrash about
cutting open
was being ground / was flying in
the air

to turn
took his place

boats / long coats worn by men

Et nous avions tous des larmes dans les yeux de voir le pauvre vieux se démener° de droite et de gauche, éventrant° les sacs, surveillant la meule, tandis que le grain s'écrasait° et que la fine poussière de froment s'envolait° au plafond.

C'est une justice à nous rendre: à partir de ce jour-là, jamais nous ne laissâmes le vieux meunier manquer d'ouvrage. Puis, un matin, maître Cornille mourut, et les ailes de notre dernier moulin cessèrent de virer°, pour toujours cette fois… Cornille mort, personne ne prit sa suite°. Que voulez-vous, monsieur! Tout a une fin en ce monde, et il faut croire que le temps des moulins à vent était passé comme celui des coches° sur le Rhône, des parlements et des jaquettes° à grandes fleurs.

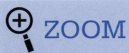 ZOOM | **Langue**

Verbs in the *passé simple* (literary past tense)

aperçus: apercevoir (*to notice*)

cessèrent: cesser (*to stop*)

convînmes: convenir (*to agree*)

courus: courir (*to run*)

cria: crier (*to shout*)

demandèrent: demander

dis: dire

donna: donner

s'enferma: s'enfermer (*to lock oneself in*)

eus: avoir

fus, fut: être

laissâmes: laisser (*to let*)

montai: monter

mourut: mourir

prit: prendre

put: pouvoir

reçut: recevoir

revins, revinrent: revenir

vécut: vivre

vint: venir

vit: voir

voulus, voulut: vouloir

* J Avez-vous bien compris? Indiquez si les phrases sont vraies ou fausses. Dans les deux cas, justifiez votre réponse en faisant allusion au conte.

_____ **1.** Maître Cornille prépare le blé dans son moulin à vent pour en faire de la farine.

_____ **2.** Maître Cornille est ennemi déclaré des minoteries.

_____ **3.** Maître Cornille a une fille de 15 ans, qui s'appelle Vivette.

_____ **4.** Vivette habite avec maître Cornille et l'aide à faire son travail.

_____ **5.** Les gens du village trouvent que le comportement (*behavior*) de maître Cornille est inapproprié et un peu bizarre.

_____ **6.** Les gens du village ne comprennent pas pourquoi les ailes du moulin de maître Cornille continuent à tourner.

_____ **7.** Les gens du village pensent que maître Cornille est très pauvre.

_____ **8.** Le fils du narrateur veut demander Vivette en mariage.

_____ **9.** Maître Cornille refuse de voir le fiancé de Vivette.

_____ **10.** Le narrateur accompagne les deux jeunes gens quand ils retournent voir maître Cornille.

_____ **11.** Maître Cornille a laissé la porte ouverte.

_____ **12.** Les deux jeunes gens découvrent que maître Cornille ne travaille plus.

_____ **13.** Maître Cornille essaie de faire croire aux gens du village qu'il a beaucoup de travail parce qu'il a honte de sa situation.

_____ **14.** Les gens du village décident d'aider maître Cornille à reprendre son travail en lui apportant leur blé.

_____ **15.** Grâce aux actions des villageois, il y a aujourd'hui en Provence des moulins à vent qui continuent à fonctionner.

★ **K** «Le Secret de maître Cornille»: vocabulaire. Choisissez dans la liste donnée les mots et expressions les plus appropriés pour compléter ce mini-résumé du conte.

Vocabulaire utile

ailes / ânes / avarice / blé / cessent / déshonoré / échelle / s'enfermer / exportation / farine / fermée à double tour / gagner / gravats / honte / lambeaux / larmes / se marier / meunier / minoteries / misère / monter / moulins à vent / nus / ouvrage / ouvrir / petite-fille / pleurer / plus de / se promène / régler l'affaire / rire / terre / vide

1. Maître Cornille est _____.

2. Il travaille avec la _____ depuis soixante ans.

3. Il est mécontent à cause de la concurrence (*competition*) des

_____.

4. Il proclame les avantages des _____, mais personne ne

l'écoute.

5. Il _____ donc et vit tout seul.

6. Il aime bien sa _____ Vivette, mais elle est obligée de

_____ sa vie dans les mas.

7. Dans le pays on pense que maître Cornille a renvoyé Vivette par

_____.

8. On trouve très mal qu'il _____ dans les rues comme

un vrai bohémien, pieds _____ et les vêtements en

_____.

9. En fait, les gens du village ont _____ de lui et maître

Cornille le sait.

10. Il y a pourtant une chose qu'on ne comprend pas: les gens du village ne

portent plus de _____ à maître Cornille, pourtant les

_____ de son moulin continuent à tourner.

11. Quand on lui demande d'où vient son travail, il répond: «Je travaille pour

l'_____».

12. On en propose plusieurs explications, mais le bruit général c'est que maître

Cornille a _____ sacs d'écus que de sacs de farine.

13. Le secret de maître Cornille est découvert un jour parce que le fils du narrateur

veut _____ avec Vivette.

14. Le narrateur espère _____ avec maître Cornille, mais le

vieux meunier refuse de lui _____ sa porte.

15. Vivette et le fils du narrateur décident de _____ au moulin

parler au grand-père.

16. Quand ils y arrivent, la porte est _____, mais les jeunes

entrent par la fenêtre grâce à une _____ que le meunier a

laissée dehors.

17. Ils sont surpris de voir que la chambre de la meule est _____:

pas un sac, pas un grain de blé.

18. En bas tout a l'air de _____ et d'abandon: il y a

seulement trois ou quatre sacs de _____ et de la

_____ blanche.

19. Les enfants reviennent tout en _____ raconter ce qu'ils ont vu.

20. Le narrateur organise les gens du village et bientôt tout le village arrive chez maî-

tre Cornille avec une procession d'_____ chargés de blé.

21. Maître Cornille, ayant découvert qu'on était entré chez lui, est en

train de _____, croyant que son moulin est

_____.

22. Quand il voit arriver les ânes chargés de blés, il se met à

_____ et à pleurer à la fois.

23. Depuis ce jour-là, le vieux meunier a toujours de l'_____.

24. Mais après sa mort, les ailes du moulin _____ de tourner

car il faut faire place au progrès.

Entre nous 2: Analyser un conte (*suite*)

L **L'action du récit.** Avec un(e) camarade de classe, précisez les différents moments du conte «Le Secret de maître Cornille»: la situation initiale; l'événement qui déclenche l'action; les péripéties; l'événement qui dénoue l'action; la situation finale. Puis comparez votre analyse à celle de quelques-uns de vos camarades.

M **Un modèle actantiel.** Avec un(e) camarade de classe, complétez le modèle actantiel du conte «Le Secret de maître Cornille». Ensuite, comparez votre modèle à celui de vos camarades. N'oubliez pas que plusieurs éléments du récit peuvent occuper la même position actantielle.

N **Pourquoi?** Avec un(e) camarade, préparez dix questions sur les attitudes et les motivations des personnages du «Secret de maître Cornille». Puis posez vos questions aux membres d'un autre groupe.

Chez vous 3

A faire!

■ **Stratégies communicatives:** Ex. O, P

Stratégies communicatives: l'analyse des personnages

Pour analyser un personnage, il faut tenir compte de ce que dit le narrateur à propos de ce personnage (description), de ce que fait le personnage (actions) et de ce que dit le personnage (paroles). Par exemple, dans «La Petite souris blanche», on peut analyser la souris ainsi:

la souris

ce que dit le narrateur	*ce que fait le personnage*	*ce que dit le personnage*
une minuscule souris blanche / sembla mal en point / n'eut même pas la force de s'enfuir / effrayée / se trompa sur ses intentions / guérie à présent de son ancienne faiblesse / trottinait allègrement / trottinait moins vite qu'avant	transforme la chaumière en une maisonnette neuve / transforme la maisonnette en une belle demeure / fait que Jeannette rencontre le roi d'Angleterre / finit par se montrer / retire tout ce qu'elle a donné à Jeannette (plus de château, plus de riche maison, plus de coquette maisonnette) / disparaît une dernière fois	«Ne me fais pas de mal» / «ne me donne pas à ton chat» / «Tu seras récompensée» / «Je suis la reine des souris» / «mes pouvoirs sont grands» / «Demande, tu verras» / «Facile! Repose-moi sur mon lit de mousse, je me sens déjà mieux» / «Et sauve-toi vers ta nouvelle maisonnette» / «Bonjour, Jeannette, que me veux-tu?» / «Pas de problème. Tes vœux sont exaucés» / «Qu'est-ce que tu veux encore, Jeannette?» / «Tu en demandes vraiment beaucoup» / «Mais enfin, puisque tu insistes» / «Encore un souhait, Jeannette, ça commence à faire beaucoup» / «Quoi! Que je fasse mourir ton père?» / «Jeannette, tu es folle» / «l'ambition te fait perdre toute mesure» / «Je regrette ma bonté, et je te retire tout» / «Va-t'en!»

L'important en analysant un personnage, c'est de tenir compte de tous les détails possibles en cherchant des *liens* entre les détails et en trouvant des *structures*. Par exemple, chez la souris, on peut découvrir plusieurs oppositions:

faiblesse (souris [un petit animal], minuscule, mal en point, pas la force de s'enfuir, peur qu'on la donne au chat) v. **force** (reine des souris, grands pouvoirs, les trois cadeaux qu'elle fait à Jeannette)

désir immédiat d'**aider** («Demande, tu verras»; «Tes vœux seront exaucés») v. **répugnance progressive à aider** (trottine moins vite qu'avant; «Tu en demandes vraiment beaucoup. Mais enfin, puisque tu insistes... »; finit par se montrer; «Encore un souhait, ça commence à faire beaucoup»)

mécompréhension (au début du conte, elle se trompe sur les intentions de Jeannette) v. **compréhension** (à la fin, elle comprend le caractère de Jeannette: «Tu es folle, l'ambition t'a fait perdre toute mesure»)

On ne peut pas toujours organiser les détails en oppositions. Quelquefois, il vaut mieux chercher une logique de *cause à effet:* par exemple, la souris trottine allègrement parce qu'elle est guérie; elle guérit parce qu'elle a récompensé la fille. D'autres fois, les détails ont une *valeur symbolique:* par exemple, la couleur de la souris (elle est blanche) symbolise traditionnellement la bonté, la pureté.

⭐🅞 L'analyse de personnages: Jeannette et ses parents. Analysez les personnages suivants de «La Petite souris blanche.»

JEANNETTE

ce que dit le narrateur: _____   ce que fait le personnage: _____

_____   _____

_____   _____

_____   _____

_____   _____

ce que dit et pense le personnage: _____   structures et associations: _____

_____   _____

_____   _____

_____   _____

_____   _____

LES PARENTS DE JEANNETTE

ce que dit le narrateur: _____   ce que font les personnages: _____

_____   _____

_____   _____

_____   _____

_____   _____

ce que disent les personnages: _____   structures et associations: _____

_____   _____

_____   _____

_____   _____

_____   _____

L'INTERPRETATION D'UN TEXTE

Interpréter un texte, c'est rechercher ce que l'auteur a voulu dire — trouver les *thèmes* du texte. Quand il s'agit d'un conte folklorique ou d'un conte de fées, on peut croire à première vue qu'il n'y a qu'un seul thème, ce qu'on appelle la morale ou la leçon du conte. Par exemple, dans le conte «La Petite souris blanche» ce thème semble être l'**ambition démesurée** (de Jeannette). Mais, en analysant le conte, on peut identifier d'autres thèmes: (1) la **gratitude** de la souris (qui remercie Jeannette de ne pas l'avoir donnée au chat) en opposition avec l'**ingratitude** de Jeannette (qui n'est pas satisfaite de ce que lui donne la souris); (2) les distinctions de **classe sociale** (paysan v. roi); et même (3) le **chauvinisme** (les Anglais = ennemis traditionnels des Français). Enfin, il faut être attentif au message sous-jacent de l'auteur. Ici, l'auteur ne s'identifie pas avec Jeannette qui est trop exigeante et sans cœur et is se sent supérieur à elle, il se moque d'elle. On peut donc dire qu'en ce sens, le texte est ironique. Bref, la plupart des textes sont riches de sens; il ne faut pas vous limiter nécessairement au sens le plus évident.

L'EVALUATION D'UN TEXTE

L'évaluation d'un texte ne se limite pas à l'analyse rigoureuse des détails. La première réaction qu'on a vis à vis d'un texte est souvent affective: on l'aime, on ne l'aime pas; il fait rire, sourire ou pleurer. Puis, après l'avoir étudié, on le juge: il nous incite à la réflexion ou on le trouve un peu simpliste ou encore, il ressemble à un autre texte qu'on connaît. Par exemple…

— **Comment as-tu trouvé** «La Fête de Moussa»?

— **J'ai bien aimé.** Ce conte **me fait penser** à «Cendrillon».

— Oui, bien sûr. Mais ici, la mère joue le rôle de la marâtre et la vieille femme remplace la bonne fée.

— **Personnellement, je préfère** cette version-ci. J'aime la fin: il n'y a pas de conclusion; on se demande justement si la jeune fille sera contente d'être l'épouse de Moussa.

POUR EVALUER UN TEXTE

Comment avez-vous (as-tu) trouvé… ?	What did you think of . . . ?
Vous avez (Tu as) aimé… ?	Did you like . . . ?
Je l'ai trouvé (un peu) simpliste.	I thought it was (a little) simplistic.
(assez) banal.	(rather) trite.
(très) touchant.	(very) touching.
(plutôt) déprimant.	(somewhat) depressing.
amusant.	fun.
(trop) sombre.	(too) dark.
Je l'ai (beaucoup) aimé.	I liked it (a lot).
Je ne l'ai pas aimé (du tout).	I didn't like it (at all).
Il ressemble à…	It's a lot like . . .
Il me fait penser à…	It reminds me of . . .
Il donne à penser. (Il fait réfléchir.)	It makes you think.

P **Comment avez-vous trouvé «La Petite souris blanche»?** Utilisez quelques-unes des expressions étudiées pour donner votre appréciation du conte. N'oubliez pas d'expliquer pourquoi vous avez de telles réactions.

1. _____

_____

2. _____

_____

Entre nous 3: Analyser un conte (*suite*)

Q **L'analyse des personnages: Jeannette et ses parents (*suite*).** En tenant compte de ce que vous avez noté dans l'exercice O, discutez des divers personnages de *La petite souris blanche*. Tenez compte des structures et des associations que vous avez relevées.

R **«Le Secret de maître Cornille.»** Analysez les personnages du conte en précisant ce que dit le narrateur, ce que fait (font) le(s) personnage(s), ce que dit (disent) le(s) personnage(s) et en identifiant des structures et des associations.

1. Maître Cornille
2. le narrateur
3. Vivette et le fils du narrateur
4. les gens du village

S **«Le Secret de maître Cornille»: thèmes.** Discutez des thèmes possibles qu'on peut trouver dans le conte.

T **Comment avez-vous trouvé «Le Secret de maître Cornille»?** Discutez de vos réactions à ce conte avec vos camarades.

U **Sur Internet.** Trouvez sur Internet un conte écrit en français que vous pourrez apporter en classe. Avec l'aide d'un(e) ou deux camarades, faites l'analyse du conte.

Discuter de l'actualité

CHAPITRE 8

David R. Frazier Photolibrary, Inc./Alamy Limited

ventdusud/Shutterstock.com

Radoslaw Korga/Shutterstock.com

Chez vous 1

A faire!

- **Planning Strategy,** Ex. A
- **Vocabulaire et renseignements,** Ex. B, C, D, E
- **Stratégies communicatives,** Ex. F

Planning Strategy

A Talking About Current Events. Your Francophone friends on campus love to talk about what's going on in the news. However, they sometimes have trouble starting a conversation on something they've read in the newspaper, online, or heard on TV. Suggest to them some phrases they could use to introduce current event topics into the conversation.

_____

_____

_____

_____

Ros Drinkwater/Alamy Limited

Vocabulaire et renseignements

Dans ce chapitre, vous allez parler de ce qui se passe à l'heure actuelle dans le monde. Afin de trouver des sujets d'actualité, vous allez apprendre à explorer sur Internet les sites de plusieurs journaux électroniques.

Note: All exercises in the **Chez vous** sections marked with an asterisk are self-correcting. The answers are in the answer key.

***B** **Les rubriques.** Dans un journal, qu'il soit imprimé (*in print*) ou électronique, les articles sont organisés en rubriques selon leur sujet: international, national, société, arts, sports, sciences, etc. Indiquez pour chaque titre d'article dans quelle rubrique du journal on peut le trouver.

Vocabulaire utile

> **échouent** fail / **biche** doe (deer) / **de compagnie** pet / **portent plainte** sue / **en forme** with healthy numbers / **à gogo** here, aplenty / **petit écran** TV / **chercheurs** researchers / **séjours linguistiques** study abroad

_____	**1.** Dix candidats se sont présentés au premier tour des élections présidentielles françaises en 2012	**a.** international
_____	**2.** Les Françaises échouent face aux Américaines dans la coupe du monde de foot féminin	**b.** mode
_____	**3.** A la recherche d'un second souffle, Sony se restructure	**c.** politique / France
_____	**4.** La Corée du Nord organise une grandiose cérémonie d'investiture pour Kim Jong-eun	**d.** sorties / culture
_____	**5.** S'habiller «tout français»? Le patriotisme économique et la réalité du marché textile	**e.** entreprises
_____	**6.** La famille Estiot pourra garder Bambi, sa biche de compagnie	**f.** people
_____	**7.** Algues vertes: les villes bretonnes touchées portent plainte	**g.** sciences
_____	**8.** «Intouchables», «Polisse», «La guerre est déclarée»… le cinéma français en forme!	**h.** économie
_____	**9.** Bébés à gogo pour les stars du petit écran	**i.** sports
_____	**10.** Des chercheurs vont simuler le champ magnétique terrestre	**j.** environnement
_____	**11.** Conférence au sommet entre pays de la zone euro	**k.** éducation
_____	**12.** Séjours linguistiques: à quel âge partir?	**l.** faits divers

ZOOM | Culture

Les actualités en français

Vous trouverez sur Internet une multitude de sites traitants de l'actualité: sites de journaux papier (*lemonde.fr, libération.fr, lefigaro.fr, leparisien.fr, 20mn.fr*), des «pure players» qui ne publient que sur Internet (*Médiapart.fr, arrêtsurimages.net, slate.fr, atlantico.fr*). Certains soutiennent une politique de droite (*Le Figaro, Atlantico*), d'autres soutiennent la gauche (*Libération, Médiapart*) et certains sont modérés *(Le Monde, Le Parisien, 20mn)*. Certains sont écrits en français facile (*Le Parisien, 20mn*, les journaux régionaux), d'autres sont écrits en français soutenu (*Médiapart, Le Monde, Le Figaro*). Enfin, n'oublions pas les journaux régionaux (*Ouest France* [le plus lu], *Sud Ouest, La Dépêche du Midi, Le Midi Libre, La Charente Libre, Le Dauphiné Libéré, Les Dernières Nouvelles d'Alsace, Le Progrès, La Voix du Nord*) ou centrés autour d'un thème (*L'Equipe* est un quotidien sportif qui est aussi le quotidien le plus lu en France, *Arrêt sur Images* qui se spécialise en analyse des média et communication). En plus de cela, il y a bien entendu les blogs d'information tenus par des journalistes connus ou anonymes, qui sont très lus mais qui changent très fréquemment.

C Les actualités en français. Sélectionnez au moins un site de journaux pour chacune des catégories suivantes (voir **Zoom: Culture**). Un même journal peut représenter deux catégories. Répondez ensuite aux questions.

    a. un site de droite

    b. un site de gauche

    c. un site en français soutenu

    d. un site en français facile

    e. un site spécialisé

    f. un site «pure player»

1. Quels événements sont à la Une sur chaque site? (à la Une = *on the front page*)

_____

_____

_____

_____

2. Quels sites ont les mêmes actualités à la Une? A votre avis, pourquoi ces actualités-là? Pourquoi ces sites traitent-ils des mêmes sujets?

_____

_____

_____

_____

3. Quels sujets sont totalement différents selon les sites? Citez les actualités à la Une de chaque site. Pourquoi sont-elles différentes?

_____

_____

_____

_____

4. Qu'est-ce qui vous permet de déterminer l'orientation politique de chaque site (s'il y en a une)?

_____

_____

_____

5. Avez-vous un site préféré? Si oui, pourquoi? Sinon, pourquoi pas?

_____

_____

_____

* **D** **Blog: Elire le président de la République.** Lisez d'abord l'article suivant. Ensuite faites l'exercice.

Blog: tout ce que vous voulez savoir sur...

Les présidentielles
Elire le président de la République
C'est un moment important pour les Français et leur mobilisation montre leur intérêt pour le choix de celle ou celui qui dirigera le pays. Ils sont nombreux à s'interroger sur le fonctionnement de la démocratie, c'est pourquoi ils ont envie de dire leur mot et de s'investir sur la scène publique. Les enjeux du scrutin sont déterminants pour l'avenir de la France.

**Les fonctions du président**
La fonction présidentielle est la fonction politique la plus prestigieuse en France. Le président est le chef de l'état, le chef des armées et le garant de la Constitution. Le président français est élu pour 5 ans et son mandat est renouvelable une fois. Il est élu au suffrage universel direct, ce qui veut

dire que tous les citoyens de nationalité française âgés de 18 ans peuvent voter s'ils sont inscrits sur les listes électorales.

**Qui peut être candidat?**
Si tu as 23 ans, que tu es français(e) et que tu rêves d'habiter au Palais de l'Elysée, la résidence officielle du chef de l'état, tu peux être candidat à l'élection présidentielle. Mais attention! Il faut que tu aies recueilli 500 signatures d'élus (maires, députés...) pour que ta candidature soit retenue. On appelle cela des «parrainages». En effet, il faut prouver qu'on est un candidat sérieux et non un petit plaisantin! D'ailleurs, il est rare qu'on soit candidat si on n'appartient pas à un parti politique, ce qui n'empêche pas certains de tenter leur chance tout de même et de profiter de la campagne électorale pour

---

faire connaître leurs idées au plus grand nombre. En général, c'est le parti politique qui désigne son candidat. Mais le candidat du PS (Parti socialiste) est désigné à l'issue de primaires au cours desquelles tous les sympathisants de gauche sont invités à voter à condition qu'ils aient leur carte d'électeur.

L'élection
Le président est élu à la majorité absolue. Jamais un président n'a été élu au premier tour, le nombre élevé de candidats (souvent une dizaine) fait qu'aucun n'obtient plus de 50% des voix. Il faut donc organiser un second tour qui a lieu deux semaines après le premier tour et auquel participent les deux candidats arrivés en tête. Le vote a toujours lieu un dimanche.

Quelques privilèges
Curieusement, le président de la République bénéficie de certains titres et privilèges hérités des rois de France, comme celui de chasser dans le parc du château de Chambord!

DICO. Voici un petit dictionnaire français-anglais comprenant des mots de l'article du blog que vous ne connaissez peut-être pas. Encerclez dans la liste les mots qui vous semblent absolument essentiels pour la compréhension de l'article.

présidentielles *presidential elections*

Elire *electing*

s'interroger *ask themselves questions*

dire leur mot *have their say*

s'investir *get involved*

enjeux *stakes*

scrutin *vote*

garant *guarantor, enforcer*

mandat *term*

renouvelable *renewable*

inscrits *registered*

recueilli *collected*

élus *elected officials*

retenue *official*

parrainages *sponsorships, endorsements*

petit plaisantin *joker*

D'ailleurs *Besides*

n'empêche pas *doesn't prevent*

certains *certain people*

à l'issue de *at the end of*

sympathisants *sympathizer*

carte d'électeur *voter registration card*

premier tour *first round*

en tête *ahead*

chasser *hunt*

IDEES. Répondez maintenant aux questions selon ce que vous avez appris dans l'article.

1. Quelle est la question fondamentale que se posent les Français pendant les présidentielles?

_____

2. Quel est le mandat du président français?

_____

3. Pourquoi est-ce que le président a la fonction la plus prestigieuse en France?

_____

4. Qui a le droit de vote en France?

_____

5. Qui peut être candidat à l'élection présidentielle?

_____

6. C'est quoi, les «parrainages»?

_____

7. En quoi est-ce que le PS est différent des autres partis politiques dans le choix de son candidat?

_____

8. Comment est-ce que le président français est élu?

_____

9. Pourquoi est-ce qu'il y a toujours deux tours dans les présidentielles françaises?

_____

10. Quelles sont les différences essentielles entre les présidentielles françaises et américaines?

_____

_____

_____

_____

_____

ZOOM | Langue

Les partis politiques français

A la différence des pays anglo-saxons, la France compte de nombreux partis politiques allant de l'extrême droite à l'extrême gauche. Certains partis sont très proches les uns des autres et il est parfois difficile de faire la différence entre leurs programmes. Dans les médias et dans la langue parlée on utilise souvent un acronyme pour les désigner. Voici ceux qui sont les plus connus (de la gauche à la droite):

PS	Parti socialiste
PCF	Parti communiste français
PG	Parti de gauche
PRG	Parti radical de gauche
EELV	Europe écologie – Les Verts
LO	Lutte ouvrière
NPA	Nouveau parti anticapitaliste
MRC	Mouvement républicain et citoyen
Modem	Mouvement démocrate
UMP	Union pour un mouvement populaire
FN	Front national

E **Un article.** Choisissez un des sites que vous avez explorés dans l'Exercice C. Lisez l'article qui vous intéresse, puis préparez un DICO et une ENCYCLO comprenant les définitions et les identifications dont vous aurez besoin pour présenter votre article à vos camarades.

DICO (traduction des mots-clés en anglais)

_____

_____

_____

_____

_____

ENCYCLO (explication des noms propres)

_____

_____

_____

_____

_____

Stratégies communicatives

Dans ce chapitre vous allez discuter avec vos camarades des sujets d'actualité dont on parle dans les journaux électroniques français et francophones. Voici des conversations modèles pour montrer comment on peut commencer de telles discussions.

Si vous n'avez pas encore vu les actualités, vous pouvez commencer ainsi:

— Alors, **qu'est-ce qu'il y a d'intéressant dans le journal?**

— **J'ai vu qu'**on a installé des radars automatiques pour mettre des contraventions aux automobilistes qui font des excès de vitesse.

Si vous avez lu quelque chose d'intéressant, vous pouvez commencer ainsi:

— **Je viens de voir qu'**on a installé des radars automatiques dans sept départements. Si vous faites des excès de vitesse, vous risquez de recevoir par courrier une contravention.

— Ah, bon. Il y a beaucoup de ces radars déjà installés?

— Pour le moment, seulement une dizaine. Mais ils seront sûrement partout d'ici dix ans.

Et si vous voulez parler d'un sujet sur lequel vous êtes déjà renseigné, vous pouvez demander:

— **Il y a du nouveau dans le journal sur** les radars automatiques?

— Oui. Pendant le week-end de la Toussaint, on a «flashé» plus de 4 000 voitures. Ça veut dire plus de 4 000 mauvaises surprises lorsqu'on ouvre sa boîte aux lettres.

Expressions pour initier une conversation sur les actualités

QUESTIONS

Qu'est-ce qu'il y a d'intéressant dans le journal?	What's interesting in the newspaper?
Tu as lu le journal?	Did you read the newspaper?
Qu'est-ce qui se passe (dans le monde) (en France)?	What's going on (in the world) (in France)?
Il y a du nouveau sur... ?	Is there anything new on . . . ?
Quoi de neuf sur... ?	What's new on . . . ?
Qu'est-ce qui se passe en ce moment?	What's happening right now?
Tu as vu le JT (journal télévisé) ce soir?	Did you see the news tonight?

PHRASES

Je viens de voir (lire) que...	I just saw (read) that . . .
J'ai vu (lu) que...	I saw (read) that . . .
Selon le journal,...	According to the newspaper, . . .
Ils ont dit au JT/à la télé/sur un site web que...	On the news/tv/website, they said that . . .
On vient de m'envoyer ça sur Twitter: Paraît que...	I just got this on Twitter: seems that . . .
Il paraît que...	It seems that . . .

F **Un article (*suite*).** Rédigez deux petites conversations sur l'article que vous avez étudié dans l'exercice E.

Première conversation (c'est la première fois que vous parlez de ce sujet)

_____

_____

_____

Seconde conversation (vous avez déjà parlé de ce sujet)

_____

_____

_____

Entre nous 1: Quoi de neuf?

G **Les actualités en français (*suite*).** Discutez avec vos camarades des sites Internet que vous avez explorés (exercice C). Insistez sur les ressemblances et les différences entre les journaux parisiens, les journaux régionaux et les journaux francophones.

H **Blog: Tout ce que vous voulez savoir sur... les présidentielles (*suite*).** Avec un(e) de vos camarades, préparez un court résumé de l'article. Utilisez les mots du DICO pour composer vos propres phrases, c'est-à-dire qu'il ne faut pas recopier les phrases de l'article.

I **Un article *(suite)*.** Avec l'aide de votre DICO et de votre ENCYCLO (exercice E), présentez à quelques-uns de vos camarades l'article que vous avez trouvé sur Internet. Les autres vous poseront des questions afin de bien comprendre ce dont vous parlez.

Expressions pour commencer	**J'ai lu un article sur...** / **J'ai lu un article qui parle de...** / **J'ai lu un article qui a pour titre (title) ...** / **J'ai lu un article dans lequel...** / **Il s'agit de (d')...**

J **Un article à présenter.** Avec vos partenaires de l'exercice I, vous allez choisir un article à présenter à la classe. Faites votre sélection selon les critères suivants: un article (a) qui se trouve probablement dans la plupart des journaux, (b) dont on va continuer à parler dans les jours à venir et (c) qui a de l'intérêt pour un grand nombre d'étudiants. Avant de présenter l'article à la classe, écrivez au tableau le DICO et l'ENCYCLO. Pendant que les autres groupes font leur présentation, notez les mots et les définitions qu'ils écrivent au tableau et posez-leur des questions pour être certains de bien comprendre leur sujet d'actualité.

A faire!

■ **Vocabulaire et renseignements,** Ex. K, L

■ **Stratégies communicatives,** Ex. M, N

Vocabulaire et renseignements

K **Un sujet d'actualité: ce qu'il y a de nouveau.** Choisissez un des sujets d'actualités présentés en classe (exercice J) qui est différent du vôtre. En surfant sur Internet, trouvez deux ou trois autres articles sur ce sujet. Avec l'aide du DICO et de l'ENCYCLO qu'on vous a donnés en classe, lisez les articles et ajoutez au DICO et à l'ENCYCLO les nouveaux mots et définitions nécessaires pour bien comprendre ce qu'il y a de nouveau sur le sujet.

DICO

les mots qu'on vous a donnés en classe

_____

_____

_____

_____

les nouveaux mots que vous avez trouvés

_____

_____

_____

_____

ENCYCLO

les définitions qu'on vous a données en classe

_____

_____

_____

les nouvelles définitions que vous avez trouvées

_____

_____

_____

_____

L **Un sujet d'actualité: ce qu'il y a de nouveau (*suite*).** Avec l'aide du DICO et de l'ENCYCLO (exercice K), résumez ce qui s'est passé en ce qui concerne votre sujet depuis la présentation à la classe. Utilisez une autre feuille de papier.

Stratégies communicatives

Quand on parle des sujets d'actualité, normalement on ne se contente pas de résumer les dernières nouvelles; on continue à en parler en donnant ses réactions. Dans cet exemple, il s'agit de l'emplacement de radars automatiques sur les grands-routes en France.

— **Il y a du nouveau sur** les radars automatiques?

— Ah, oui. Les machines ont enregistré plus de 4 000 contraventions en un seul week-end! En plus, il y a eu 21% d'accidents et 23% de blessés en moins. **Bref, il me semble que** le bilan est assez positif.

— Pas tout à fait. **Moi, j'ai lu qu'**il y a des avocats qui encouragent leurs clients à contester leur contravention. Les uns disent que l'arrêté d'application n'a été publié que le 1er novembre; par conséquent, il n'est pas valable avant le 3 novembre. D'autres prétendent que le fait d'obliger un automobiliste à payer l'amende avant de se défendre devant un juge, ça veut dire qu'on le présume coupable plutôt qu'innocent, ce qui est contraire aux fondements de notre système juridique. **Donc, je crois qu'**on va continuer à parler de la validité des amendes.

— **Ce qui me surprend, c'est que** les automobilistes continuent à dépasser la vitesse maximum. On a annoncé dans le journal et à la télé l'emplacement de ces radars. Pourquoi est-ce qu'on ne ralentit pas sur ces routes-là?

— **Il se peut qu'**on ait tellement l'habitude d'aller vite qu'aujourd'hui, on ne peut plus ou on ne veut plus changer ses habitudes.

— De toute façon, c'est sûr que pour nous autres Français, les voitures et la vitesse, ça va ensemble. **Je ne pense pas que** nous changions.

— Moi, si. **Je suis persuadée que** la généralisation de ces radars finira par obliger les automobilistes à ralentir. Autrement, ils risquent de faire cadeau au gouvernement de sommes d'argent importantes.

Expressions pour discuter des sujets d'actualité

POUR RESUMER

En gros	Roughly, broadly
Bref (Enfin, bref)	In short
En peu de mots	Briefly
Donc	Therefore

EXPRESSIONS POUR REAGIR A L'ACTUALITE

Je ne savais pas que…	I didn't know that . . .
C'est sûr que…	It's clear (certain) that . . .
Je suis persuadé(e) que…	I'm persuaded that . . .
Il me semble que…	It seems to me that . . .

EXPRESSIONS FOLLOWED BY A VERB IN THE SUBJUNCTIVE

Ce qui me surprend, c'est que…	What surprises me is that . . .
Vous croyez (Tu crois) (vraiment) que…?	Do you (really) think that . . . ?
Il se peut que…	Maybe . . .
Il est possible que…	It's possible that . . .
Je ne pense pas que…	I don't think that . . .
Je trouve bizarre (étonnant) que…	I find it strange (astonishing) that . . .

★Ⓜ Indicatif ou subjonctif? Ajoutez les expressions entre parenthèses aux phrases suivantes en faisant attention aux verbes.

1. On continuera à discuter de la validité des radars automatiques. (C'est sûr que…)

   _____

2. L'utilisation des radars automatiques diminuera le nombre d'accidents routiers. (Vous êtes sûr que…?)

   _____

3. Le nombre de morts et de blessés sera réduit. (Il se peut que…)

   _____

4. Les machines ont enregistré plus de 4 000 contraventions en un seul week-end. (Ce qui me surprend, c'est que…)

   _____

5. Les radars automatiques influenceront la conduite des automobilistes. (Je suis persuadé que…)

   _____

6. Les Français accepteront facilement l'implantation des radars automatiques. (Je ne pense pas que…)

   _____

7. Les radars sont capables de photographier les véhicules en excès de vitesse et puis d'envoyer automatiquement les photos. (Je ne savais pas que…)

   _____

8. Des avocats avides d'argent ont l'intention de gagner de l'argent sur le dos de leurs clients. (Il me semble que…)

   _____

9. Il est nécessaire de payer son amende avant de se présenter devant un juge. (Je trouve étonnant que…)

   _____

10. Le nombre de contraventions diminuera dès que les Français se seront habitués à ces radars. (Il est possible que…)

    _____

Ⓝ **Vos réactions.** Rédigez six phrases en réaction aux dernières nouvelles qui ont paru sur votre sujet (Exercices K et L). Utilisez les expressions de la liste.

1. _____

   _____

2. _____

   _____

3. _____

_____

4. _____

_____

5. _____

_____

6. _____

_____

Entre nous 2: Qu'est-ce que vous en pensez?

 O Quoi de neuf sur…? Réunissez-vous avec deux ou trois camarades qui ont choisi le même sujet que vous (exercices K et L). Etablissez un DICO et une ENCYCLO collectifs. Puis rédigez ensemble un résumé de ce qu'il y a de nouveau sur le sujet.

 P Qu'est-ce que vous en pensez? En utilisant les expressions que vous avez étudiées, discutez avec vos camarades des questions suivantes à propos de votre sujet (exercice O).

1. Qu'est-ce qui vous intéresse le plus sur notre sujet? le moins?

2. Qu'est-ce que vous trouvez difficile à croire ou à accepter?

3. Quelles questions demeurent (*remain*)?

4. Quels rapports voyez-vous entre ce qui se passe en France (ou dans le pays francophone de votre article) et ce qui se passe aux Etats-Unis?

5. A votre avis, qu'est-ce qui va se passer dans les jours à venir?

Q L'état présent de votre sujet. Présentez à la classe (ou à un autre groupe d'étudiants) ce qu'il y a de nouveau sur votre sujet.

Chez vous 3

A faire!

■ **A l'écoute,** Ex. R, S

■ **Vocabulaire et renseignements,** Ex. T

■ **Stratégies communicatives,** Ex. U

A l'écoute

The listening material for Ex. S is found on the website. If you wish to verify your comprehension, you may consult the audio script.

You're going to hear a short evening news broadcast. Before listening to it, do the **Préécoute** exercise (Exercise R). Then, listen to the bulletins two or three times as you try to get used to the rhythm of the sentences and to identify the topic of each bulletin. Finally, listen to them again while doing Exercise S.

★ **R** **Préécoute.** Voici un extrait des actualités télévisées. Lisez-le, puis répondez aux questions.

DICO

hebdomadaire *weekly magazine*	s'efforcer *to make an effort*
porte-parole *spokesperson*	amende *fine*
au-dessus de *above*	perte *loss*

— Mesdames, Messieurs, bonsoir. Selon l'hebdomadaire *Auto plus,* le gouvernement ne montre pas toujours l'exemple. Le 27 octobre dernier, des journalistes ont «flashé» le ministre des Transports et le ministre de l'Intérieur sur la nationale 20. Voyons le reportage de Véronique Rivarol sur place dans l'Essonne.

— Les deux ministres étaient en route pour La-Ville-du-Bois où ils devaient inaugurer l'installation d'un radar automatique. En retard pour la cérémonie, les deux ministres, qui voyageaient séparément, ignoraient ou ont oublié la présence des journalistes qui les suivaient. La voiture du ministre de l'Intérieur a été contrôlée, selon le radar-laser d'un journaliste, à 103 km/h sur une portion limitée à 70 km/h. Et la voiture du ministre des Transports aurait été vue à 98 km/h au lieu de 70 km/h. Interrogée plus tard, la porte-parole du ministre a déclaré: «Personne n'est au-dessus du code de la route… et certainement pas le ministre des Transports. Il s'efforce de respecter les limitations comme les autres mais, pour lui comme pour beaucoup de gens, il y a encore des progrès à faire pour changer des mauvaises habitudes.» En théorie, le ministre des Transports risque 90 euros d'amende et la perte de deux points sur son permis. Quant au ministre de l'Intérieur, la sanction pour lui devrait être plus lourde: trois points ainsi que les 90 euros d'amende.

1. Trouvez deux expressions qui indiquent qu'il s'agit ici du journal télévisé.

_____

2. Pourquoi est-ce que les deux ministres se trouvaient sur la nationale 20?

_____

3. De combien de kilomètres à l'heure chacun d'entre eux excédaient-ils la limitation de vitesse?

_____

4. Qui les a vus rouler à cette vitesse?

_____

5. A-t-on interviewé les deux ministres?

_____

6. Le représentant du ministre des Transports a-t-il nié (_denied_) l'infraction?

_____

7. Quelle explication en a-t-il donnée?

_____

8. Quelles sont les conséquences d'un excès de vitesse?

_____

CD2: Track 24

✱ **S** **Les actualités du soir.** Ecoutez toute l'émission d'un seul trait (_without pausing_), puis répondez à la première question.

1. Indiquez l'ordre (1, 2, 3, 4) dans lequel on a présenté les quatre sujets d'actualité.

DICO

déchets nucléaires _nuclear waste_   campagne _campaign_

_____ Un rapport scientifique

_____ Une manifestation anti-nucléaire

_____ Un accident aérien

_____ Le problème des réfugiés

2. Maintenant, écoutez chaque bulletin encore une fois, puis répondez aux questions.

Le crash d'un hélicoptère

DICO

armée de Terre _Army_   heurter _to hit, run into_
s'écraser _to crash_   ne… aucun(e) _no_
entraînement _training_

a. Combien de personnes ont été tuées dans l'accident?

_____

b. Quelle est la cause présumée de l'accident?

_____

L'expulsion des Kurdes

DICO

s'enfermer _to lock oneself in_   accueillir _to welcome_
clôturer _enclose_   sol _soil, land_

grille *metal gate*

chaîne *chain*

loi *law*

misère *poverty, misery*

il y a plus de… ans *more than . . . years ago*

ENCYCLO

Kurdes *Kurds*

CRS (Compagnie républicaine de sécurité) *French riot police*

a. Où les Kurdes se sont-ils réfugiés?

_____

b. Que veulent les Kurdes?

_____

c. Qui a demandé leur expulsion?

_____

d. Associez les actions ou les opinions suivantes aux gens:

_____ L'emploi de la violence   **1.** les Kurdes

_____ Il faut respecter la loi.»   **2.** les CRS

_____ Il faut aider les pauvres.»   **3.** M. Roland Blum

_____ L'occupation illégale   **4.** Mme Marguerite-Marie Luc

_____ Il y a des enfants kurdes qui sont français de naissance.»

_____ Il n'y a pas assez de place en France pour tous les immigrés.»

Le train transportant des déchets nucléaires

DICO

frontière *border*

manifestation *demonstration, protest*

s'enchaîner *to chain oneself*

voie *track*

gendarme *policeman*

déloger *to dislodge, move*

être entendu *to be questioned*

convoi *convoy*

ENCYCLO

la Hague *peninsula in Normandy*

Gorleben *city in Germany*

Nancy *city in eastern France on train line to Germany*

a. De quelle(s) nationalité(s) sont les manifestants?

_____

b. Comment ont-ils réussi à bloquer le train?

_____

c. Dans quel autre endroit a-t-on manifesté contre le transport des déchets nucléaires?

_____

d. Pendant combien de temps les manifestants ont-ils retardé l'arrivée du train à la frontière franco-allemande?

_____

L'étude des océans

DICO

réclamer _to call for_   lancement _launching_

fonds _depths, bottom_   climatique _dealing with climate_

navire de recherche _research vessel_   submersible _submarine_

pêche _fishing_   atteindre _to reach_

raréfaction du corail _increased scarcity of coral reefs_

Indiquez si les déclarations suivantes sont vraies ou fausses selon le reportage.

_____ **a.** On n'a pas encore vraiment exploré les fonds des océans.

_____ **b.** Les océans ont une influence sur le changement climatique mondial.

_____ **c.** Il est possible qu'on trouve de nouvelles espèces de poissons et d'invertébrés.

_____ **d.** Il est possible qu'on découvre de nouveaux produits commerciaux.

_____ **e.** Il faut investir au moins 160 millions de dollars.

_____ **f.** Les submersibles qu'on a aujourd'hui ne sont pas capables de descendre au fond de la mer.

Vocabulaire et renseignements

T Un nouveau sujet d'actualité. Surfez sur Internet et trouvez des journaux électroniques écrits en français (Exercice C). Choisissez un nouveau sujet d'actualité qui vous intéresse et que vous voudriez présenter à la classe. Lisez l'article, puis faites un DICO et une ENCYCLO. Enfin, préparez un résumé de l'article sous forme de bulletin pour journal télévisé (Exercice R). Utilisez deux autres feuilles de papier — l'une pour le DICO et l'ENCYCLO, l'autre pour le résumé.

Stratégies communicatives

Quand vous écoutez les actualités, vous avez quelquefois envie de réagir à ce que vous avez entendu, d'en discuter avec quelqu'un d'autre. Par exemple, après le reportage sur les deux ministres contrôlés pour excès de vitesse, on pourrait en parler ainsi:

— **Comment?** Des journalistes ont vu des radars «flasher» deux ministres! **C'est incroyable!**

— **Oui, je trouve ça** ironique. Deux membres du gouvernement, en route pour inaugurer un radar automatique destiné à limiter la vitesse, et qui se font prendre en dépassement, et de beaucoup, de la vitesse indiquée. Et on se demande pourquoi les gens ne prennent pas les hommes politiques au sérieux!

— Mais, sérieusement, **qu'est-ce que tu penses de** ces radars? Ils vont vraiment améliorer la sécurité routière?

— Je ne sais pas, moi. **Il se peut qu'**ils réduisent le nombre d'accidents. On verra.

— **A mon avis,** les gens s'y habitueront. Ils ralentiront là où il y a des radars et là où il n'y en a pas, ils continueront à conduire aussi vite qu'avant.

<table>
<tr><td rowspan="13" style="color:blue">Expressions pour réagir aux actualités</td><td></td><td></td></tr>
<tr><td>**Comment?**</td><td>What?</td></tr>
<tr><td>**C'est vrai?**</td><td>Is that true?</td></tr>
<tr><td>**C'est incroyable!**</td><td>That's unbelievable!</td></tr>
<tr><td>**C'est dommage!**</td><td>That's too bad!</td></tr>
<tr><td>**Je trouve ça horrible (bizarre, ironique, troublant).**</td><td>I think that's terrible (strange, ironic, troubling).</td></tr>
<tr><td>**Ce qui me surprend, c'est (que)...**</td><td>What surprises me is (that) . . .</td></tr>
<tr><td>**Ce que je ne comprends pas, c'est pourquoi...**</td><td>What I don't understand is why . . .</td></tr>
<tr><td>**Qu'est-ce que vous pensez (tu penses) de...?**</td><td>What do you think about . . . ?</td></tr>
<tr><td>**A mon avis, ...**</td><td>In my opinion, . . .</td></tr>
<tr><td>**Il me semble que...+** *verbe à l'indicatif*</td><td>It seems to me that . . .</td></tr>
<tr><td>**Il se peut que (Il est possible que)... +** *verbe au subjonctif*</td><td>It's possible that . . .</td></tr>
<tr><td>**Je doute que... +** *verbe au subjonctif*</td><td>I doubt that . . .</td></tr>
<tr><td>**Je pense que... +** *verbe à l'indicatif*</td><td>I think that . . .</td></tr>
</table>

U **Des réactions.** En utilisant quelques-unes des expressions, écrivez cinq phrases qui pourraient faire partie d'une discussion de votre nouveau sujet d'actualité (exercice T).

1. _____

_____

2. _____

_____

3. _____

_____

4. _____

_____

5. _____

_____

Entre nous 3: Improvisons!

V Un nouveau sujet d'actualité (*suite*). Vous allez présenter à un(e) camarade de classe votre nouveau sujet d'actualité (exercice T) sous forme d'un bulletin de journal télévisé. Avant de commencer à parler, montrez à votre camarade le DICO et l'ENCYCLO.

W Je viens d'entendre que… Vous allez raconter à un(e) autre camarade ce que vous venez d'entendre (exercice V). Avant de commencer, montrez-lui le DICO et l'ENCYCLO qui accompagnent ce sujet. Après votre présentation, votre camarade et vous discuterez du sujet en donnant vos réactions et vos opinions.

X Le JT: Edition spéciale! Avec vos camarades, montez une édition spéciale du JT (journal télévisé) pour France 24. Utilisez les différents sites web que vous avez consultés, hiérarchisez les nouvelles selon votre choix, désignez un présentateur *(anchor)*, des reporters, des témoins/passants/personnalités à interviewer, et filmez-vous! (Les étudiants qui ne parlent pas peuvent faire le «téléprompteur» à tour de rôle.)

Vocabulaire utile	**Mesdames, Messieurs, Bonjour (Bonsoir). / Voici les titres de l'actualité du** [*date*]. **/ Reportage de… / Explication de… / Ecoutons… sur place. / Voyons le reportage de… sur place. / Notre envoyé(e) spécial(e) à… / C'est la fin du journal pour ce soir. / Demain (Ce soir), vous retrouverez… au journal de 13 (20) heures. / Très bonne soirée.**

Z Sur Internet. Surfez sur Internet pour trouver un journal télévisé français ou francophone. Ecoutez les actualités du jour (soir). Préparez-vous à décrire à vos camarades ce que vous avez vu et entendu: en quoi les actualités télévisées ressemblent-elles à des émissions aux Etats-Unis? En quoi en sont-elles différentes?

CHAPITRE **1**

Exercice J. Des conversations.

Conversation 1 – CD 1, Track 2

— Dites... Qu'est-ce que vous pensez de notre nouveau prof d'histoire?

— Ben... elle a l'air assez intelligente. Je ne sais pas...

— Eh bien, moi, je trouve qu'elle est sensationnelle!

— Ça veut dire quoi exactement?

— Ça veut dire que je la trouve très sympa parce qu'elle sait rendre l'histoire intéressante!

— C'est pas croyable! Pour toi, quand le prof est une femme, tu la trouves toujours super. Quand c'est un homme, tu n'en parles pas! C'est une curieuse coïncidence!

— C'est pas vrai! Tu m'accuses d'être macho?

— C'est toi qui le dis!

— Attendez un peu! Pour revenir au sujet, je pense que Jean a raison. Ce ne sont pas tous les profs qui ont le talent de rendre fascinante la vie de Louis XIV!

— Euh... c'est vrai. Mais est-ce que tu ne penses pas que Jean ait tendance à...

— Je n'en sais rien. Tout ce qui m'intéresse pour le moment, c'est d'aller boire un pot. On y va?

— D'accord. Allons-y!

Conversation 2 – CD 1, Track 3

— Nicole, tu sais ce qui s'est passé hier?

— Non, quoi?

— J'ai gagné un voyage aux Etats-Unis pour deux à la loterie!

— Ah, Zoé, c'est formidable! Alors, quand est-ce que tu vas partir?

— Ben, c'est-à-dire que... C'est pas croyable... j'hésite un peu.

— T'es folle? C'est une décision facile! C'est pour combien de temps?

— Eh bien, voilà le problème. C'est pour un mois.

— Un mois? C'est pas possible!

— Si, si. C'est incroyable! Je te dis, on va partout. On va de New York en Californie!

— C'est super! J'aimerais bien t'accompagner.

— Ben, c'est-à-dire que j'ai pas encore trouvé qui que ce soit pour venir avec moi. Ça t'intéresse vraiment?

— Où est-ce que tu vas aller encore? J'ai pas bien compris.

— Eh bien... on commence à New York, on descend à Washington, et de là, je vais traverser le pays en autocar.

— Oui, je comprends. Enfin... tu n'as trouvé personne pour aller avec toi?

— Non, pas encore. Dis donc... ça t'intéresse?

— Oh, écoute, j'aimerais bien, mais... mon Dieu... c'est malheureux. Je ne peux pas quitter mon travail.

— Oui, ça m'étonne pas.

— Zut! Ça me tente tout de même. Mais... euh... tu ne peux pas demander à quelqu'un d'autre?

— Je suppose. Mais enfin... je préférerais que tu viennes. T'es ma meilleure copine et ça serait une grande aventure. Moi aussi, il faut que je m'arrange au travail.

— Bon. Je vais en parler à mon patron. Laisse-moi voir. Je te téléphone demain.

— D'accord. Tu sais, ça sera super. Alors, j'attends ton coup de téléphone. Tu n'oublies pas... les billets sont gratuits!

Conversation 3 – CD 1, Track 4

— Dites donc, Emma et Théo. Ça vous dirait pas d'aller voir le dernier film de Godard?

— C'est pas vrai! On le passe ici?

— Oui, oui. Mes parents l'ont vu il y a quelques semaines.

— Oui, mais...

— C'est super! Oui, d'accord.

— Mais... écoutez!

— Alors, c'est pour quand?

— Voyons... on pourrait y aller... euh...

— Mais...

— ... ce soir par exemple, si vous voulez.

— Ce soir? Ben, bien sûr... ça va pour moi.

— Mais écoutez-moi...

— On pourrait y aller tous ensemble et dîner ensemble.

— Mais vous ne comprenez pas! Le...

— Qu'est-ce que tu dis, Jacques?

— Ben, oui. Pourquoi pas? Tu viens avec nous, Zoé?

— Je peux dire un mot?

— Attends... d'abord il faut décider à quelle heure on se retrouve.

— Ça dépend de l'heure du film.

— Mais attendez. J'ai quelque chose à dire!

— Enfin, vas-y! Dis ce que tu penses! Tu peux sortir ce soir?

— Vous êtes complètement dingues! Le film est parti depuis deux jours!

— Ben, comment tu sais ça?

— C'est pas vrai!

— Si, si. Le film n'est plus à l'affiche J'ai lu le journal, moi!

CHAPITRE 2

Exercise C. On accepte ou on refuse?

Conversation 1 – CD 1, Track 5

— Salut, Jean-Philippe. Comment ça va?

— Ça va bien. Et toi?

— Ça va très bien. Quoi de neuf?

— Eh, bien. On déménage.

— Ah, oui. C'est vrai? Vous avez trouvé un nouvel appartement?

— Oui, nous en avons trouvé un tout près d'ici. Il est beaucoup plus grand et il a une très belle vue sur la rivière.

— Oh, c'est très bien, ça. Quand est-ce que vous déménagez?

— Samedi prochain. A propos, tu n'aurais pas le temps de nous donner un coup de main?

— Samedi? Le matin ou l'après-midi?

— Comme tu veux.

— Eh, bien. Je suis libre le matin. Je pourrais bien vous aider.

— Ah, ce serait très gentil. On te verra donc samedi matin.

— C'est ça. Allez, au revoir. A samedi!

— A samedi.

Conversation 2 – CD 1, Track 6

ETIENNE: Dis donc, Annick... euh... Ça m'ennuie un peu... mais tu pourrais peut-être me prêter... un peu d'argent... euh... disons, 40 euros?

ANNICK: Ecoute, tu es fou, quand même... C'est la troisième fois depuis le début du mois que tu me demandes de l'argent!

ETIENNE: Oui, je le sais... mais ce soir je sors avec Mireille... elle est vraiment formidable, Mireille... et je lui ai promis qu'on irait dîner au restaurant... tu pourrais peut-être essayer de faire un petit effort encore une fois...

ANNICK: Mais non! Avec toi, c'est toujours la même histoire! Tu dois apprendre à gagner ton argent!

ETIENNE: Oui, d'accord, je comprends... je cherche un petit boulot supplémentaire. Mais, pour le moment je n'ai rien trouvé... alors, prête-moi de l'argent pour ce soir... je te promets... c'est la dernière fois...

ANNICK: Inutile d'insister! Absolument pas! C'est pas possible!

Conversation 3 – CD 1, Track 7

MARIELLE: Ah, bonjour, Sophie. Comment vas-tu?

SOPHIE: Ça va. Et toi?

MARIELLE: Oh, ça va bien. Ecoute, Sophie, j'ai un petit service à te demander. Tu sais, on m'a invitée à une soirée chez le directeur. Je tiens vraiment à y aller... mais je n'ai rien à porter. Est-ce que tu voudrais bien me prêter cette belle robe noire que tu as?

SOPHIE: Oh, tu sais... je n'aime pas prêter mes affaires.

MARIELLE: D'accord, mais je te promets... je ferai bien attention... je la ferai nettoyer après...

SOPHIE: Tu crois? Mais... euh... t'as pas les chaussures qu'il faut pour aller avec.

MARIELLE: Mais si, j'ai des chaussures... je viens juste d'en acheter, des noires...

SOPHIE: C'est vrai?

MARIELLE: Oh oui, elles sont parfaites... écoute, je ferai très attention, je te garantis.

SOPHIE: Tu me promets de faire très attention?

MARIELLE: Absolument... je te jure!

SOPHIE: Eh bien... dans ce cas-là, d'accord.

MARIELLE: Oh, merci beaucoup. Tu es un ange, merci!

SOPHIE: Allez, bonne soirée!

MARIELLE: Allez, je te fais une grosse bise!

Conversation 4 – CD 1, Track 8

PAUL: Allô!

JEAN-LUC: Allô! Est-ce que je pourrais parler à Kevin, s'il vous plaît?

PAUL: Ah, il n'est pas là. C'est de la part de qui?

JEAN-LUC: C'est Jean-Luc.

PAUL: Ah, bonjour, Jean-Luc. Non, il n'est pas encore rentré.

JEAN-LUC: Ah, bon. Est-ce que je pourrais laisser un message pour lui, s'il vous plaît?

PAUL: Oui, bien sûr. Attendez deux secondes... je prends un crayon et du papier... ah, voilà.

JEAN-LUC: Alors... Kevin et moi, nous voyageons ensemble demain et nous devions partir à 11 heures.

PAUL: Oui...

JEAN-LUC: Alors dites-lui qu'il faut absolument que j'arrive là-bas avant midi. Il faut donc partir plus tôt... vers 10 heures.

PAUL: Bon, d'accord. Vous passerez le prendre vers 10 heures.

JEAN-LUC: Oui, c'est ça.

PAUL: Très bien, je lui ferai la commission.

JEAN-LUC: Merci! Au revoir!

PAUL: Au revoir.

Conversation 5 – CD 1, Track 9

LUI: Pardon, Madame. Vous savez où se trouve la rue de La Rochefoucauld, s'il vous plaît?

ELLE: La rue de La Rochefoucauld... non, je ne sais pas... je suis désolée... je ne suis pas du quartier.

LUI: Ah, c'est dommage. Il faut que j'y sois dans dix minutes.

ELLE: Euh... écoutez... si vous allez jusqu'au coin et tournez à gauche, vous débouchez sur la station de métro... il y a toujours un plan du quartier près de l'entrée.

LUI: Ah, oui. D'accord. Merci bien, Madame.

ELLE: Je vous en prie, Monsieur.

Conversation 6 – CD 1, Track 10

(*on frappe à la porte*)

NICOLE: Ah, bonjour, Thierry! Quelle bonne surprise!

THIERRY: Bonjour, Nicole. Ça va bien?

NICOLE: Oh, oui, très bien. Et toi?

THIERRY: Oui, tout va très bien... Ecoute, je voulais justement te demander... euh... tu es là pour le week-end?

NICOLE: Oui, pourquoi?

THIERRY: C'est que j'ai un grand service à te demander.

NICOLE: Alors, qu'est-ce que c'est?

THIERRY: Eh bien, je pars à Trouville pour le week-end et il n'y a personne pour s'occuper de mon chien. Tu pourrais peut-être le garder chez toi?

NICOLE: Ton chien? Chez moi?

THIERRY: Oui... il est très bien, mon chien, je t'assure.

NICOLE: Mais je n'ai pas l'habitude des chiens.

THIERRY: Ça ne fait rien. Je vais t'apporter tout ce qu'il faut.

NICOLE: Il ne va pas sauter sur les meubles?

THIERRY: Non, non. Il est vieux, il dort beaucoup. Tu n'as qu'à le sortir deux ou trois fois pendant la journée.

NICOLE: Il ne s'échappera pas?

THIERRY: Mais non. Il est très calme. Je t'assure, tu n'auras pas de problèmes avec lui.

NICOLE: Bon, d'accord. O.K.

THIERRY: Oh, c'est gentil. Merci beaucoup.

NICOLE: Je t'en prie.

Exercice K. Le groupement de mots – CD 1, Track 11

As you listen to the following phrases and short exchanges, indicate with a slash the word groups you hear.

Modèle: You hear: Elle a passé la nuit dans un hôtel.

You indicate: *Elle a passé la nuit / dans un hôtel.*

1. On est allés en Angleterre.
2. Ils se sont achetés une grosse voiture allemande.
3. Nous avons vu Michèle et ses parents au centre commercial.
4. Quand elle est tombée, elle s'est fait mal au dos et au bras.
5. L'année dernière j'ai passé trois semaines aux Etats-Unis et huit jours au Canada.
6. Il y a un film de science-fiction là, *2001 Odyssée de l'espace*. C'est un vieux film, mais il est très bien.
7. — Tiens! A propos d'apéritif, si on dînait ensemble?

   — Ah, oui, il y a un restaurant de fruits de mer près du port.

   — Ah, très bien, comment s'appelle-t-il, ce restaurant?
8. — Alors, est-ce que vous avez déjà été moniteur dans une colonie de vacances?

   — Non, pas vraiment, mais j'ai fait beaucoup de babysitting avec mon petit frère et ma petite sœur. Je m'en occupe tout le temps. J'aime beaucoup les enfants.

   — Oui... c'est un peu différent tout de même. Il faut savoir encadrer les jeunes.

   — Ah mais oui, mais je vais très souvent à la Maison de la Culture avec les enfants.

Exercice L. L'enchaînement et la liaison. – CD 1, Track 12

As you listen to the following sentences and short exchanges, mark the places in which a final consonant is linked to an initial vowel within a word group.

Modèle: You hear: Vous étiez avec elle à l'école?

You indicate: *Vous‿étiez avec‿elle à l'école?*

1. Mes amis espèrent apprendre à nager.
2. Votre ami, pourquoi est-ce qu'il n'est pas allé en Amérique?
3. Avec l'incertitude économique, la direction hésite à augmenter ses effectifs.
4. Alors il faut attendre encore un mois avant de les avoir?
5. Elle a envie de devenir ingénieur dans une grande entreprise.
6. — Qui est au téléphone?

   — C'est Jean-Michel. Il nous invite à voir son nouvel appartement.
7. — Ecoute, Patrick! J'ai quelque chose d'incroyable à te raconter! Mon ami Daniel est chef d'entreprise... c'est une petite entreprise... une quinzaine de personnes... et là on refuse d'engager des fumeurs.

— Comment! Les gens qui fument, on refuse de les engager! Quelle idée! C'est un scandale!

— Mais non. A mon avis, c'est très bien. On devrait encourager tous les employeurs à faire de même.

Exercice R. On accepte ou on refuse? Pourquoi?

Vous allez écouter encore une fois trois des conversations que vous avez entendues au début du chapitre. En vous servant des stratégies que vous avez apprises (groupement de mots, enchaînement, liaison), indiquez pour chaque conversation: (a) le service qu'on demande; (b) pourquoi on le demande; (c) la réponse de la personne à qui on fait la demande; (d) l'explication de cette réponse.

Conversation 2 – CD 1, Track 13

ETIENNE: Dis donc, Annick... euh... Ça m'ennuie un peu... mais tu pourrais peut-être me prêter... un peu d'argent... euh... disons, 40 euros?

ANNICK: Ecoute, tu es fou, quand même... C'est la troisième fois depuis le début du mois que tu me demandes de l'argent!

ETIENNE: Oui, je le sais... mais ce soir je sors avec Mireille... elle est vraiment formidable, Mireille... et je lui ai promis qu'on irait dîner au restaurant... tu pourrais peut-être essayer de faire un petit effort encore une fois...

ANNICK: Mais non! Avec toi, c'est toujours la même histoire! Tu dois apprendre à gagner ton argent!

ETIENNE: Oui, d'accord, je comprends... je cherche un petit boulot supplémentaire. Mais, pour le moment je n'ai rien trouvé... alors, prête-moi de l'argent pour ce soir... je te promets... c'est la dernière fois...

ANNICK: Inutile d'insister! Absolument pas! C'est pas possible!

Conversation 3 – CD 1, Track 14

MARIELLE: Ah, bonjour, Sophie. Comment vas-tu?

SOPHIE: Ça va. Et toi?

MARIELLE: Oh, ça va bien. Ecoute, Sophie, j'ai un petit service à te demander. Tu sais, on m'a invitée à une soirée chez le directeur. Je tiens vraiment à y aller... mais je n'ai rien à porter. Est-ce que tu voudrais bien me prêter cette belle robe noire que tu as?

SOPHIE: Oh, tu sais... je n'aime pas prêter mes affaires.

MARIELLE: D'accord, mais je te promets... je ferai bien attention... je la ferai nettoyer après...

SOPHIE: Tu crois? Mais... euh... t'as pas les chaussures qu'il faut pour aller avec.

MARIELLE: Mais si, j'ai des chaussures... je viens juste d'en acheter, des noires...

SOPHIE: C'est vrai?

MARIELLE: Oh oui, elles sont parfaites... écoute, je ferai très attention, je te garantis.

SOPHIE: Tu me promets de faire très attention?

MARIELLE: Absolument... je te jure!

SOPHIE: Eh bien... dans ce cas-là, d'accord.

MARIELLE: Oh, merci beaucoup. Tu es un ange, merci!

SOPHIE: Allez, bonne soirée!

MARIELLE: Allez, je te fais une grosse bise!

Conversation 6 – CD 1, Track 15

(*on frappe à la porte*)

NICOLE: Ah, bonjour, Thierry! Quelle bonne surprise!

THIERRY: Bonjour, Nicole. Ça va bien?

NICOLE: Oh, oui, très bien. Et toi?

THIERRY: Oui, tout va très bien… Ecoute, je voulais justement te demander… euh… tu es là pour le week-end?

NICOLE: Oui, pourquoi?

THIERRY: C'est que j'ai un grand service à te demander.

NICOLE: Alors, qu'est-ce que c'est?

THIERRY: Eh bien, je pars à Trouville pour le week-end et il n'y a personne pour s'occuper de mon chien. Tu pourrais peut-être le garder chez toi.

NICOLE: Ton chien? Chez moi?

THIERRY: Oui… il est très bien, mon chien, je t'assure.

NICOLE: Mais je n'ai pas l'habitude des chiens.

THIERRY: Ça ne fait rien. Je vais t'apporter tout ce qu'il faut.

NICOLE: Il ne va pas sauter sur les meubles?

THIERRY: Non, non. Il est vieux, il dort beaucoup. Tu n'as qu'à le sortir deux ou trois fois pendant la journée.

NICOLE: Il ne s'échappera pas?

THIERRY: Mais non. Il est très calme. Je t'assure, tu n'auras pas de problèmes avec lui.

NICOLE: Bon, d'accord. O.K.

THIERRY: Oh, c'est gentil. Merci beaucoup.

NICOLE: Je t'en prie.

CHAPITRE 3

Exercice C. Des conseils. – CD 1, Track 16

Répondez aux questions d'après ce que vous avez entendu dans les conversations suivantes.

Conversation 1 – CD 1, Track 16

MIREILLE: C'est mon père qui vient de téléphoner. Il est à Bordeaux pour les affaires et il m'invite à dîner avec lui ce soir. Qu'est-ce que je vais faire?

DANIELLE: Mais qu'est-ce qu'il y a, Mireille? Pourquoi est-ce que tu ne veux pas dîner avec ton père?

MIREILLE: Moi, je veux bien. C'est que je dois sortir ce soir avec le nouvel assistant d'anglais. Il est super beau et très sympa, mais je ne le connais pas très bien. Je ne peux tout de même pas le présenter à mon père.

DANIELLE: Alors, il faut que tu dises à ton père que tu n'es pas libre ce soir.

MIREILLE: Mais ça fait assez longtemps que je n'ai pas vu mon papa. Et je ne veux pas lui faire de la peine.

DANIELLE: A ta place, moi, je dînerais avec mon père, puis je rentrerais tout de suite, en disant que je suis très fatiguée. Puis je sortirais avec mon nouvel ami.

MIREILLE: Ah, ça, c'est une bonne idée. Comme ça, tout le monde sera content.

Conversation 2 – CD 1, Track 17

GERARD: Alors, Jean-Michel, ça s'est bien passé, ton week-end à Cassis?

JEAN-MICHEL: Ah, oui. On s'est bien amusés, mais j'ai eu un petit ennui.

GERARD: Ah, oui? Qu'est-ce qui s'est passé?

JEAN-MICHEL: Tu sais que j'ai pris la voiture de Caroline. Eh bien, je suis tombé en panne avec. J'ai dû remplacer la batterie.

GERARD: Bon, ça arrive.

JEAN-MICHEL: Oui, mais ça a coûté assez cher. Je me demande si je pourrais lui demander d'en payer la moitié. Qu'est-ce que tu en penses?

GERARD: Ben, écoute. Elle était bien gentille de te prêter sa voiture. Si tu as payé la batterie… euh… ça fait partie… euh… des frais d'emprunt. C'est normal. A ta place, moi, je lui demanderais rien.

JEAN-MICHEL: Oui, d'accord, mais… de toute façon… cette batterie, elle aurait dû la changer, elle… Et ça fait quand même un peu cher pour ma pauvre bourse d'étudiant.

GERARD: Ben, tu sais, Caroline ne roule pas sur l'or non plus… euh…

JEAN-MICHEL: Oui, mais enfin… tu ne penses pas que je pourrais lui en parler…

GERARD: J'sais pas… tu pourrais avoir besoin d'emprunter la voiture une nouvelle fois… euh… moi, je paierais et je dirais rien.

Conversation 3 – CD 1, Track 18

HELENE: Alors, Danielle, j'ai besoin de conseils. Il faut absolument que je perde au moins cinq kilos.

DANIELLE: Toi?

HELENE: Ah, oui!

DANIELLE: Tu es dingue!

HELENE: Oh, non, j'ai du ventre! C'est très laid! Alors, à ton avis, qu'est-ce que je devrais faire?

DANIELLE: Ben… de l'exercice! Il faut faire de l'exercice!

HELENE: Mais j'en fais, moi… trois soirées par semaine!

DANIELLE: Ecoute, j'sais pas, moi… A ta place, j'essaierais de changer mon régime. Si je me rappelle bien, toi, tu aimes manger des pâtes.

HELENE: Ah, oui. J'adore les pâtes! Oh, alors, là, c'est ma faiblesse!

DANIELLE: Sans compter les desserts!

HELENE: Oui, c'est vrai… j'adore les desserts aussi.

DANIELLE: Alors, voilà… c'est facile… je recommande que tu supprimes les pâtes et que tu ne prennes plus de desserts… et tu manges des trucs qui ne font pas grossir… des légumes, par exemple… des épinards, des carottes, des haricots verts…

HELENE: Oh là là, c'est pas très intéressant, ton régime, tu sais!

DANIELLE: Eh bien, il faut savoir ce que tu veux, ma chère... bref, si tu veux maigrir... euh... il faut faire ce qu'il faut!

HELENE: Mais moi, j'aime bien manger, hein...

Conversation 4 – CD 1, Track 19

DANIELLE: Ah, mes pauvres amis, j'ai un problème! Si vous saviez! J'ai vraiment besoin de votre aide.

JEAN-MICHEL: Ben, alors?

HELENE: Qu'est-ce qui t'arrive?

DANIELLE: Oh! J'ai cette collègue au bureau. Elle me fait la tête, elle raconte des histoires à mon sujet aux autres, je deviens complètement dingue.

JEAN-MICHEL: Tu as déjà essayé de lui parler de la situation?

DANIELLE: Oh, oui, mais elle tourne les talons dès que je lui dis trois mots.

HELENE: Et tu ne sais pas pourquoi elle est comme ça?

DANIELLE: C'est peut-être à cause de ma promotion. Je l'ai eue avant elle, cette promotion, alors qu'elle est entrée dans le job avant moi.

JEAN-MICHEL: Ah, mais c'est classique. Je connais ce genre de situation. Evidemment... c'est la jalousie.

DANIELLE: Oui, peut-être, mais je peux pas supporter cette situation. Quels conseils est-ce que vous me donneriez, vous deux?

JEAN-MICHEL: Moi, à ta place, je ne ferais rien. Ça va passer.

HELENE: Je ne suis pas de ton avis, Jean-Michel. J'ai une idée.

DANIELLE: Quelle est ton idée, Hélène?

HELENE: Eh bien, moi, je crois que... une personne jalouse comme ça... il faudrait que tu lui montres que tu t'intéresses à elle. Pourquoi pas l'inviter à déjeuner... tu pourrais lui parler de sa famille, de sa vie...

DANIELLE: C'est possible, c'est vrai qu'on s'entendait assez bien avant...

HELENE: Et puis, est-ce qu'elle peut t'aider un peu dans le travail? Peut-être que tu pourrais lui donner plus de responsabilité?

JEAN-MICHEL: Ah, c'est une bonne idée, ça.

DANIELLE: Tu as peut-être raison. Je vais essayer encore de lui parler. Merci de tes conseils.

Exercice M. De 11 à 99 – CD 1, Track 20

You will hear a series of random numbers between 11 and 99. As you hear a number, check off its written equivalent in the grid.

37	51	13	49	65	16	22	80	17	91
43	12	73	59	95	38	76	61	89	14
98	24	79	16	55	81	15	67	94	71

Exercice N. 100 et au-delà – CD 1, Track 21

As you listen to numbers from 100 and beyond, fill in the missing figures.

250   119   3.940   783   4.539   9.000.000   462   5.714   3.275.640

175.350   999   1.310.715   1.975   2.750.000   45.480   16.700.000

70.950   3.010.700

Exercice O. Quel chiffre? – CD 1, Track 22

Write the number you hear in each of the following phrases.

2 enfants   6 semaines   5 jours   19h30   3 années   8 kilos   9 ans

Les 400 coups   10 fois   6h30   18 kilomètres   10 étudiants

Exercice P. Combien? Quand? Quel âge?... – CD 1, Track 23

As you listen to each of the mini-conversations, write the number that you hear.

1. — Voilà la clé, Monsieur. Votre chambre, c'est la 46. Elle est au quatrième étage.

   — Merci, Monsieur.

2. — Qu'est-ce que t'as là, Monique?

   — Regarde. C'est mon nouveau lecteur DVD...

   — C'est extra, ça. Combien est-ce que tu l'as payé?

   — C'était que 290 euros. Pas mal, hein?

3. — Antoine, j'ai vu ton grand-père en ville ce matin. Il a l'air très bien portant. Quel âge a-t-il?

   — Mon grand-père? Lui, il a 76 ans, je pense. Mais il est en très bonne santé.

4. — Depuis un certain temps, en France on accepte de plus en plus le divorce. Les procédures ont été facilitées, notamment grâce à la possiblité de divorcer par consentement mutuel. Effectivement, l'année dernière 56,3% des divorces ont été par consentement mutuel.

5. — Léa, tu sais par hasard la population de Marseille?

   — De Marseille? Attends, je vais chercher... voilà... 880 000 habitants.

6. — Où est-ce que vous descendez à Paris d'habitude? Vous connaissez un bon hôtel?

   — Nous, on aime beaucoup l'Aiglon. C'est un petit hôtel très bien, pas trop cher.

   — L'Aiglon. Vous avez l'adresse?

   — Oui, bien sûr... voilà... 232, boulevard Raspail. C'est tout près du boulevard Montparnasse.

7. — Je dois téléphoner à Pauline et Julien. Quel est leur numéro de téléphone?

   — Je vais regarder... Léron, Julien... voilà... c'est le 78 37 49 98.

8. — Tu as les billets? Quel est le numéro de notre vol?

   — Attends... c'est le vol Air France 070.

9. — On parle d'une révolution féministe, mais je n'en suis pas convaincue, moi. Qui c'est qui fait le travail à la maison? C'est toujours la femme. Par exemple, il y n'y a que 5,7% des hommes qui aident à faire la lessive. Alors vous voyez, ça n'a pas beaucoup changé.

10. — Les Français aiment beaucoup les chiens. Ah, oui, vous vous en rendez compte? Il y a plus de 10 000 000 de chiens en France. C'est incroyable!

11. — Est-ce qu'on peut faire Paris-Avignon en une seule journée?

— En voiture? Mais oui. Avignon n'est qu'à 686 km de Paris.

12. — Oui, c'est aujourd'hui mon anniversaire.

— C'est vrai? Mais c'est l'anniversaire de mon frère aussi. Tu es né en quelle année?

— Moi? En 1961.

— Mais lui aussi. Vous avez le même âge.

Exercice W. Va-t-il faire froid demain? – CD 1, Track 24

As you listen to the following short conversations and weather reports, indicate the general category of temperature (for example, **chaud** or **un peu frais** or **très froid**).

1. — Aujourd'hui, mistral sur le Midi. Beau temps sur l'ensemble du territoire. Les températures vont varier entre vingt et vingt-cinq degrés.

2. — Ah, vous voilà de retour. Chamonix vous a plu? Il a fait beau temps?

— Ah, oui. Il a fait entre moins deux et moins cinq tous les jours. On s'est bien amusés.

3. — Comment? Tu vas en Côte d'Ivoire au mois de mars? Mais t'es folle!

— Pourquoi? Est-ce qu'il pleut beaucoup au mois de mars?

— Mais non, c'est la saison sèche. Mais il peut faire trente-quatre ou trente-cinq degrés.

4. — Tu as des nouvelles de Jean-Marc? Il est toujours au Québec, non?

— Oui, il est là-bas pour toute l'année. Il vient de m'écrire. Il a fait moins vingt la semaine dernière. Le pauvre, il n'en a pas l'habitude.

5. — Est-ce qu'il fait très froid en France en hiver?

— Pas tellement. Moi, par exemple, je suis de La Rochelle, sur la côte Atlantique. Là, la température moyenne en hiver est de cinq ou six degrés.

6. — Prévisions pour aujourd'hui et pour la nuit prochaine. Dans le nord de la France le ciel sera couvert et il y aura la possibilité de précipitation. La température maximum sera de 17 degrés.

Exercice X. Quelle heure est-il? – CD 1, Track 25

In the first part of this exercise, you'll hear conversations in which a time, using the 12-hour clock, will be mentioned. Write down the time.

Modèle: You hear: —Elle vient cet après-midi?

— Oui, elle sera là avant trois heures.

You write: *3h*

1. —Tu es parti(e) de bonne heure ce matin?

— Oui, je me suis levé(e) à six heures moins le quart.

2. — Laurent et son cousin, ils viennent aussi?

— Oui, on va les retrouver vers cinq heures et demie au Mabillon.

3. — Pardon, Monsieur. Est-ce que vous pourriez me dire l'heure qu'il est?

— Oui, il est neuf heures dix.

4. — A quelle heure est-ce que tu t'es couché(e) hier soir?

— Moi? Vers minuit.

5. — Qui est arrivé le premier?

— C'était, je crois, Sarah. Elle est arrivée à huit heures moins vingt.

6. — Patrice déjeune avec nous?

— Oui, nous avons rendez-vous à midi et quart au Café des Artistes.

7. — Il est quelle heure?

— Voyons... à ma montre, il est trois heures vingt. Mais attention, ma montre avance un peu.

8. — Oh, excuse-moi. Je suis en retard. Tu attends depuis longtemps?

— Je suis là depuis deux heures moins le quart. J'étais sur le point de partir.

9. — Demain on va à Euro Disney. Tu veux nous accompagner?

— Oui, je veux bien. Mais je peux pas partir avant onze heures.

Now you will hear times using the 24-hour clock. Write down each time, using 24-hour notation.

Modèle: You hear: Le film commence à dix-neuf heures.

You write: *19h*

1. — Il part à quelle heure, notre train?

— Voyons... euh... quinze heures quarante-deux.

2. — C'est à quelle heure la prochaine séance?

— Vingt-une heures trente.

3. — Tes grands-parents arrivent ce soir?

— Oui, je vais les chercher à l'aéroport. Ils arrivent à dix-neuf heures vingt.

4. — Ça ferme à quelle heure, le Musée d'Art Moderne?

— Ce soir, il ferme à dix-sept heures quinze.

5. — Je voudrais bien voir le nouveau film de Diane Kurys. Il y a des séances le matin.

— La première séance est à douze heures.

6. — S'il vous plaît, Monsieur. Le dernier train pour Tours?

— Vingt-trois heures cinquante-six, Madame.

7. — Il arrive à quelle heure à Tours?

— Il arrive à deux heures trente-cinq.

8. — Qu'est-ce qu'il y a à la télé?

— Il y a un très bon film policier américain à seize heures dix, sur Canal +.

9. — Je voudrais bien voir les actualités ce soir.

— Le journal est à zéro heures quarante-cinq.

Exercice Y. Oui ou non? Pourquoi? – CD 1, Track 26

Listen to the conversations, then answer the questions.

1. — Allô, allô. Ah, bonjour. Ça va? Oui, ça va bien. Dis, Martine et moi, nous allons voir *Indochine* avec Catherine Deneuve. Tu veux nous accompagner? Nous allons à la séance de seize heures quarante au Cinéma Français, boulevard des Italiens.

2. — Allô. Oui, c'est Valentin. Alors, tout est prévu. On a les billets. Nous arrivons le vendredi 28 à vingt-deux heures dix. C'est le vol Air France 078. Tu viendras nous chercher? Ah, c'est gentil, ça.

3. — Allô. Oui, c'est moi. J'ai deux places à l'orchestre pour ce soir. Alors ça commence à vingt heures trente. C'est au théâtre de l'Odéon. C'est pas loin de chez toi. Je passe te chercher une demi-heure avant, d'accord? Très bien.

Exercice Z. Voilà, je vous donne... – CD 1, Track 27

After each statement that you hear, write the bill or the combination of bills that you would hand over. You have three 100-euro, three 20-euro, and three 10-euro bills.

Modèle: You hear: —Le pâté, 5 euros; le jambon, 5 euros; le saucisson, 4 euros. Ça fait 14 euros.

You write: *un billet de 20 euros (deux billets de 10 euros)*

1. — Voyons... un Giant, une grande frite et un milkshake... 7 euros 90.

2. — Alors, c'est tout? Bon... euh... un pull, 48... et un pantalon en solde, 39... et trois paires de chaussettes, 15... ça fait 102 euros.

3. — Bien... euh... trois cassettes audio à 11 euros la cassette, ça fait 33 plus un coffret de rangement, 27 euros... le tout, c'est 60 euros.

4. — Oui... deux sandwichs et deux cocas... ça fait 9 euros 90.

5. — Trois menus à 25... c'est 75 euros.

6. — Oui, les platines laser Philips sont en solde... Celle-ci? Ça coûte 330 euros moins 20%... attendez... euh... c'est 264 euros.

Exercice AA. «Je vous écoute.» – CD 1, Track 28

Mme Soleil donne des conseils aux auditeurs et auditrices de radio au Québec. Vous entendrez Mme Soleil répondre aux questions de trois auditeurs. Pour chaque conversation, complétez le schéma.

— Bonjour. Ici, Radio Montréal, Michel Simon au micro. C'est l'heure de notre émission préférée, «Je vous écoute» avec Madame Soleil. Vous pouvez téléphoner à notre standard 482-9870 et elle vous répondra. Elle répondra à vos questions, elle vous donnera des conseils. Mme Soleil, bonjour.

Conversation 1

— Bonjour, Michel. Allons directement au téléphone.
— Allô?
— Oui.
— Allô? Oui, bonjour, Madame Soleil.
— Bonjour, Madame.
— Ici, Claire à l'appareil.
— Bonjour, Claire.
— Euh... Madame, j'ai un ennui avec ma mère. Je viens de me marier, il y a à peu près un an...
— Oui...
— ... et depuis ce temps, je ne sais pas ce qui lui prend, mais elle me téléphone en pleurant tout le temps. On ne la voit pas assez souvent, elle est toujours isolée... euh... je ne sais plus quoi faire. On l'invite à la maison tous les dimanches. Mais ça ne lui suffit pas. Est-ce que vous avez des suggestions?
— Il semble qu'elle souffre de solitude. Vous vous êtes mariée, elle vous a perdue et elle est toute seule. Alors, elle s'ennuie. Il faut lui acheter un compagnon, un petit chien, par exemple.
— Oh, non, non, non. Elle n'aime pas du tout les animaux.
— Elle n'aime pas les animaux?
— Ah, non, non. C'est une bonne idée, mais pas pour elle. Elle trouve que c'est très sale, les animaux.
— Bon... est-ce qu'elle aime les gens... les humains... à part vous?
— Euh... oui... mais c'est vrai, elle n'a pas beaucoup d'amis.

— Peut-être qu'il faut l'aider à en trouver davantage... l'inscrire à un club de gym pour vieux.

— Ah, tiens... un club. Ça, c'est une bonne idée! En fait, elle aime bien jouer aux cartes.

— Voilà! Un club de cartes, comme ça, elle aura des amis. Elle ne sera pas sur votre dos tout le temps.

— Oh, très bien. Oui, c'est une très bonne idée. Merci beaucoup, Madame Soleil.

— Je vous en prie! Au revoir, Claire, et bonne chance!

— Au revoir, Madame Soleil.

Conversation 2

— Alors, un autre appel, s'il vous plaît.

— Oui. Bonjour, Madame Soleil. C'est Victor à l'appareil.

— Bonjour, Victor.

— Alors, j'ai un problème parce que j'ai une peur panique... une peur panique des ascenseurs, Madame.

— Ah, oui. Vous n'êtes pas le seul... une phobie.

— Oui, c'est une véritable phobie. Chaque fois que je rentre dans un ascenseur et que le trajet en quelque sorte dure plus de dix secondes, je suis carrément en loques.

— Alors, Victor. Est-ce que vous pensez qu'il serait possible, quand vous devez prendre un ascenseur, d'être avec quelqu'un que vous connaissez? Un ami, une amie?

— Ah, oui, oui. Effectivement, normalement c'est quand je vais au travail que je prends un ascenseur... je pourrais demander à ma petite amie de m'accompagner le matin et puis... l'après-midi j'ai un collègue qui voudrait peut-être m'aider.

— Vous croyez que ça pourrait vous aider, d'avoir quelqu'un qui vous rassure pendant que vous êtes dans l'ascenseur?

— Oui, absolument. Je n'y avais pas pensé, mais absolument. C'est une très bonne suggestion. Merci beaucoup.

— Mais je vous en prie. Alors, essayez pendant deux ou trois semaines. Je crois que vous finirez par vous y habituer.

— O.K. Merci, merci beaucoup. Au revoir, Madame Soleil!

— Au revoir, Victor. Le prochain appel, s'il vous plaît.

Conversation 3

— Allô?

— Oui, allô, bonjour!

— Ici, Isabelle.

— Oui, bonjour Isabelle.

— Bonjour Madame Soleil.

— Quel est votre problème, Isabelle?

— Je vous téléphone parce qu'hier j'ai vu dans la rue mon frère et à son bras il y avait une jeune fille... euh... enfin, qui n'était pas sa femme.

— Oui...

— Je ne sais pas si vous voyez ce que je veux dire.

— Oui, oui, je vois très bien...

— Oui, je suis un peu gênée parce que... euh... en plus, mon frère a épousé une de mes meilleures amies.

— C'est compliqué, ça.

— Alors, je ne sais pas ce que je dois faire.

— Oui, eh bien, écoutez, ne faites rien. Pourquoi voulez-vous faire quelque chose?

— Mais enfin, quand même, ce n'est pas... ce n'est pas... moral!

— Ah, c'est votre jugement. Effectivement. Qu'est-ce que vous voudriez faire?

— Oh ben, écoutez... euh... quand même, ce n'est pas tellement joli.

— Ça vous gêne, bon. Est-ce que vous pensez que vous voudriez en parler à votre amie?

— Je ne sais pas justement. C'est pour ça que je vous téléphone, pour vous demander un conseil.

— Est-ce que vous pensez que votre amie aimerait savoir?

— Oh ben, ça ne peut pas lui faire plaisir.

— Alors, peut-être qu'il vaut mieux ne pas lui dire si vous préférez lui éviter une souffrance?

— Bon, alors... je ne dis rien.

— Oui. Je pense qu'il vaut mieux vous taire.

— Bon ben, je vous remercie, Madame Soleil.

— Je vous en prie, Isabelle.

— Au revoir, Madame Soleil.

— Au revoir.

— Eh bien, c'est l'heure. Merci beaucoup Madame Soleil. Et merci beaucoup chers auditeurs. A la semaine prochaine, si vous voulez bien.

CHAPITRE 4

Exercice C. Des projets de voyage.

Conversation 1 – CD 2, Track 2

— Nicole, tu as des projets pour le week-end?

— Non. Toi non plus?

— Moi non plus. Si on faisait un petit voyage, toutes les deux?

— Ah, oui! Quelle bonne idée! Euh... que dirais-tu d'aller à New York?

— J'sais pas... J'y suis déjà allée trois fois cette année. Pourquoi pas aller à Washington?

— Oui. Pourquoi pas. Tu peux partir vendredi soir?

— Oui, mais il faut absolument que je sois au travail lundi matin.

— D'accord. On reviendra dimanche soir. Moi, je peux m'occuper des billets d'avion, si tu veux. Et... est-ce que tu voudrais bien te charger de nous trouver un hôtel?

— D'accord. Je vais faire des réservations sur Internet.

— Bon. C'est décidé. Un petit week-end à Washington. On va s'amuser, toutes les deux.

Conversation 2 – CD 2, Track 3

SANDRINE: Bon, alors, c'est le moment de se décider. Les billets d'avion sont très bon marché en ce moment, et les vacances s'approchent. On n'a que huit jours aux USA. Il faut donc être bien organisé.

SIMON: Eh bien, si on allait à New York? A mon avis, c'est une ville archi-américaine et il y a de tout. C'est énorme, mais c'est facile de circuler. Il y a plein de restaurants de toutes les nationalités, on peut se promener, tous les quartiers ont leur cachet, on peut visiter une ou deux universités célèbres, il y a des musées, des «shows» sur Broadway, des concerts, tout ce qu'on veut, quoi.

SANDRINE: Je suppose. Mais, euh... je ne sais pas. On peut dire la même chose de toutes les grandes villes des Etats-Unis. Pourquoi ne pas aller à Washington? C'est la capitale, il y a plein de monuments et on peut peut-être même visiter la Maison Blanche. Du point de vue historique et politique, c'est la ville la plus intéressante.

MAXIM: Je ne dis pas non, mais si c'est l'histoire qui vous intéresse, que diriez-vous d'aller à Boston? C'est une ville magnifique de la Nouvelle Angleterre, c'est un mélange de traditions du vieux monde et du nouveau monde et le côté historique... tu parles, on peut remonter à la Révolution américaine. Sans mentionner les musées, les promenades, les boutiques, le grand parc au milieu de la ville...

SANDRINE: Bon. Si je comprends bien, toi, Simon, tu veux aller à New York; et toi, Maxim, tu préfères Boston; et moi, ben... c'est Washington qui m'intéresse. Ça ne nous avance pas.

SIMON: Voyons... je pense que Maxim a une très bonne idée. Je n'avais pas pensé à Boston. On pourrait même trouver un hôtel quelque part dans le port. C'est plus cher, mais...

SANDRINE: Oui, pourquoi pas? New York, ça ne m'intéresse pas tellement et Washington, ça sera pour la prochaine fois. Après tout, Boston c'est un bon compromis. On pourrait peut-être même prendre un bateau pour aller observer les baleines. J'aimerais beaucoup ça. Il y a aussi ce qu'on appelle le «Freedom Trail»— c'est le sentier de la liberté—qui passe par tous les endroits importants qui ont marqué la Révolution américaine et qui datent des années 1770.

MAXIM: Alors, c'est décidé. On va à Boston.

SIMON: Tout ce qu'il faut maintenant, c'est les préparatifs. Qui va faire quoi pour organiser le voyage?

SANDRINE: Moi, je veux bien me charger des billets d'avion. Sur Internet, je peux trouver des tarifs raisonnables. Si je comprends bien, on part le samedi 18 et on revient le dimanche 26.

MAXIM: C'est ça. Alors si tu prends les billets, Sandrine, moi, je veux bien trouver deux chambres d'hôtel, pas trop loin du centre, pas trop chères... Et toi, Simon, tu pourrais peut-être faire des recherches sur Boston et trouver des itinéraires et des activités intéressantes... N'oublie pas qu'on n'a que sept jours, avec deux jours de voyage.

SIMON: D'accord. Pas de problème. Je vous proposerai un tas d'activités dont on pourra discuter dans l'avion.

Conversation 3 – CD 2, Track 4

SIMON: Alors, tout est réglé? Moi, j'ai fait des recherches sur Boston et il y a beaucoup trop de choses à faire pour les sept jours qu'on y passera. Il faudra donc discuter des possibilités...

SANDRINE: Oui, mais d'abord, les détails du voyage lui-même. J'ai trouvé des billets Paris-Boston à des prix formidables. On part le samedi 18 à 11 heures. Avec les délais de sécurité, il faut donc être à Charles-Gaulle au moins trois heures à l'avance disons vers 8 heures.

SIMON: On peut prendre le bus à la gare Montparnasse vers 5 heures.

MAXIM: T'es fou?! Le trajet Montparnasse-aéroport ne prendra sûrement pas trois heures!

SIMON: Moi, je ne veux pas rater l'avion. Je préfère arriver très tôt à l'aéroport et on pourra aussi y prendre le petit déjeuner.

SANDRINE: Puisque c'est l'heure de pointe, disons qu'on se retrouve à la gare Montparnasse à 5h15 pour prendre le bus à 5h30. D'accord?

MAXIM: Je veux bien. De toute façon, je ne pourrais pas dormir la nuit. J'ai la trouille dans les avions... surtout avec le terrorisme...

SANDRINE: Ne t'inquiète pas... on va te distraire... Dis, tu as réglé la question d'hôtel?

MAXIM: Ce n'était pas facile, vous savez. Les hôtels à Boston, ça coûte les yeux de la tête! Mais j'ai enfin trouvé un petit hôtel, sans restaurant, très près du centre. Le matin, il y a un déjeuner pas trop cher. Mais il y a aussi plein de restaurants et de fast-food dans le quartier. Les chambres sont très spacieuses, avec bain/douche, télévision, téléphone et même service Internet si ça nous intéresse. On pourrait apporter un portable et envoyer des messages à nos amis...

SIMON: Comment tu as réservé?

MAXIM: Avec ma carte de crédit. On peut s'arranger au moment de payer. Et toi, qu'est-ce que tu as trouvé pour profiter de notre visite?

SIMON: Il y a un tas de guides sur Internet, mais j'ai aussi acheté un Guide Michelin... plus facile quand on se promène. Vous pourrez le consulter vous-mêmes pendant le voyage. Sandrine avait proposé l'observation des baleines et, à mon avis, on devrait réserver une journée pour cette excursion. Si vous êtes d'accord...

SANDRINE/MAXIM: Absolument. On est d'accord.

SIMON: ... je peux regarder les prévisions météo et je peux faire des réservations sur Internet. J'ai appris qu'il y a un naturaliste à bord du bateau qui offre des séances d'information sur les baleines et les autres mammifères marins qu'on pourra voir.

SANDRINE: En ce qui concerne les autres activités, on peut en discuter plus tard. Mais si on a le temps, je voudrais bien prendre une journée pour suivre le «Freedom Trail».

MAXIM: Oui, moi aussi. Maxim, si tu as le temps, tu pourras peut-être faire quelques recherches sur les restaurants... Ça nous fera gagner un peu de temps.

SANDRINE: D'accord.

Exercice J. Le *e* caduc. – CD 2, Track 5

As you listen to the following sentences and short exchanges, draw a slash through each unaccented **e** that the speaker drops.

Modèle: You hear: Tu veux un peu de pain?

*You draw a slash through the **e** of **de**.*

1. Notre employée de maison parle constamment de ses petits-enfants.
2. Je vous le donnerai demain ou après-demain.
3. Qu'est-ce qui se passe?
4. Je ne veux pas le savoir.
5. Dans ce cas-là, tu ferais mieux de ne pas le lui donner.
6. Je te reverrai demain si tu as le temps.
7. — J'irai ce matin acheter deux billets de train, Paris-Boulogne.

   — Mais qu'est-ce qu'on fera pour traverser la Manche? Il n'y a pas de bac.

   — Mais non. On ne prend pas le bac. Il y a l'aéroglisseur. C'est très bien. On n'a même pas le mal de mer.

   — Heureusement. Et puis on prendra le train jusqu'à Victoria Station. Ça dure à peine une heure et demie.

8. — Bonjour, Madame. Je peux vous aider?

— Bonjour, Monsieur. Qu'est-ce que vous pouvez me recommander? Euh... nous avons un déjeuner de famille et il me faut un bon petit dessert.

— Ah, nous avons de jolies tartes aujourd'hui.

—Très bien. Je pense que je prendrai bien une tarte aux cerises. Voyons... est-ce que vous auriez des gâteaux pour les petits?

— Bien sûr. Nous avons beaucoup de pâtisseries. Peut-être des mille-feuilles ou des meringues?

— Voyons... donnez-moi euh... quatre meringues.

— Voilà, Madame. Merci, Madame. Au revoir, Madame.

— Au revoir, Monsieur.

Exercice K. Les sons caducs. – CD 2, Track 6

As you listen to the following sentences, draw a slash through any dropped letters (vowels or consonants).

> **Modèle:** You hear: Qu'est-ce que tu as fait, toi?
>
> *You draw a slash through **e** of **ce** and the **u** of **tu**.*

1. Tu as vu Yannick hier soir?
2. Tu es vraiment gentil, tu sais.
3. Mais qu'est-ce qu'il veut, celui-là?
4. Nous, on se moque de votre voiture de luxe!
5. Ils font beaucoup de progrès.
6. Tu as rencontré notre neveu?
7. Quel fromage tu préfères? Celui-ci ou celui-là?
8. Il y a tellement de choix que je ne sais pas trop bien.
9. Il se prend beaucoup trop au sérieux, celui-là!
10. Tu aurais mieux fait d'y aller samedi.

Exercice L. Les mots qui disparaissent. – CD 2, Track 7

As you listen to the first eight sentences, cross out the words that have been dropped. Then listen to the two short exchanges and cross out all dropped sounds (vowels, consonants) and words.

1. Je ne sais pas.
2. Vous avez échoué à l'examen? Il n'y a qu'à mieux réviser la prochaine fois.
3. Elle ne veut pas aller en Afrique avec nous.
4. Il vaut mieux ne pas lui donner trop de chocolat.
5. Ça ne va pas! Elle n'achète jamais assez de pain!
6. Elles n'ont pas assez d'argent? Il n'y a qu'à trouver un job d'été!
7. Ne t'inquiète pas! Il ne faut pas exagérer le danger des voyages en avion!
8. Je ne comprends pas pourquoi il ne vient pas. Il faut peut-être lui téléphoner.
9. — Tu as envie de visiter le Cameroun?

   — Je ne sais pas. Ça ne me dit pas grand-chose. Je n'ai pas beaucoup de temps.

   — Il n'y a qu'à demander des jours de congé à ton patron.

   — Tu es folle! Mon patron ne me donnera jamais de vacances en octobre!

10. — Le Japon, ça ne m'intéresse pas tellement.

— Pourquoi pas? Moi, mon rêve, c'est d'y passer mes vacances.

— Eh bien, d'abord, je ne parle pas japonais. En plus, je ne comprends pas du tout la culture. Enfin, je n'ai pas assez d'argent pour un si grand voyage.

— Mais il n'y a qu'à suivre un cours de japonais pour apprendre les expressions de base. Et il y a un tas de livres sur la culture. Et tu pourrais emprunter l'argent à ta mère.

— Ce n'est pas un projet très réaliste. Il vaut mieux passer les vacances avec mes cousins en Suisse.

Exercice R. Si on allait? – CD 2, Track 8

Ecoutez les quatre personnes qui font des projets de vacances et cherchent un entroit intéressant pour passer huit jours. Répondez ensuite aux questions.

— Alors, c'est décidé? On va à Québec?

— Oui, moi je veux bien. C'est une ville intéressante et on pourra parler français.

— Pas si vite. Je pensais qu'on allait parler d'autres possibilités. Moi, par exemple, j'aimerais bien passer huit jours dans un petit village du Maine... au bord de la mer...

— Ou on pourrait peut-être aller à Washington ou à New York...

— Mais on habite Boston... pourquoi passer nos vacances dans une autre grande ville? Ça ne change pas beaucoup.

— Mais Québec, c'est une grande ville...

— D'accord, mais du point de vue culturel, c'est pas comme les grandes villes américaines. C'est très différent. Et on y parle français... ou, plutôt, québécois.

— Eh bien, justement, le québécois, tu penses que nous allons comprendre ce qu'on nous dit? Et est-ce que les gens nous comprendront?

— Mais bien sûr. Tu verras bien. Ça sera même très intéressant.

— Et... c'est pas trop loin. Nous pouvons faire le trajet en une journée sans trop nous fatiguer. Pas besoin de faire escale ni de trouver des hôtels en route.

— New York et Washington sont encore plus près... mais d'accord, vous m'avez convaincu. Mais j'insiste qu'on se renseigne à l'avance. J'aimerais bien connaître un peu l'histoire de la ville et de la province du Québec...

— Bon, alors c'est décidé...

— Attendez! Et le Maine, ça ne vous intéresse pas?

— Ecoute... si tu veux, on peut passer un long week-end dans le Maine en août.

— D'accord. Et comment est-ce qu'on fait pour organiser le voyage?

— Moi, je vais faire des recherches sur Internet pour trouver des endroits historiques, des musées, des concerts, des restaurants et d'autres activités amusantes. Je pourrais peut-être même trouver une excursion...

— Et moi, j'étudie la carte et je trouverai les meilleures routes... et les routes les plus intéressantes. Il y a des sites sur Internet...

— Moi, je trouve des chambres d'hôtel, de préférence au centre-ville. Les prix sont sûrement assez raisonnables. Nous ne sommes pas en pleine saison touristique.

— Et, puisque c'est ma voiture qu'on va utiliser, je vais au garage pour faire vérifier les pneus et tout le reste avant le départ. Je ne veux pas tomber en panne pendant les vacances. N'oubliez pas que ma voiture n'est pas énorme. Ce voyage ne dure que huit jours; pas besoin d'apporter toutes vos affaires. Chacun une petite valise ou un sac. C'est tout.

CHAPITRE **5**

Exercice C. Des bulletins météorologiques.

Conversation 1 – CD 2, Track 9

— Janine Ledoux pour les informations météorologiques. Les premiers jours d'été s'annoncent par un temps splendide. Ce week-end, beau temps et chaleur sèche partout dans notre région. Les températures s'élèveront à 25 degrés. Chers auditeurs et auditrices, les plages vous attendent!

— Quelle chance! C'est décidé, alors! On demande à Maryse et à Eloïse d'aller à la plage!

— Oui, absolument. Mon oncle nous a invités chez lui. Il habite une belle maison à un kilomètre des plus belles plages du monde.

— C'est super! J'appelle Maryse aujourd'hui.

— Et moi, je téléphone à Eloïse. On part vendredi après les cours.

Conversation 2 – CD 2, Track 10

— Ici, François Berthier avec la météo. Pour demain, nuageux toute la journée avec forte possibilité de pluie l'après-midi. Aucun changement prévu pour le restant de la semaine.

— Zut, alors! Pas question de faire un pique-nique demain.

— C'est vraiment décevant! Qu'est-ce qu'on fait, alors?

— Pourquoi pas inviter des amis? On peut organiser une petite fête.

— Bonne idée! Toi, tu téléphones aux copains. Moi, j'achète quelque chose à manger et à boire.

Conversation 3 – CD 2, Track 11

— Et maintenant, la météo. La pluie qui a commencé ce matin continue sans possibilité de beau temps jusqu'à vendredi. De vrais orages inondent certaines routes secondaires, surtout celles qui longent la rivière.

— Tu vois, Coralie? On ne peut pas aller au parc demain. Il pleut, ma petite.

— Mais t'as promis!

— J'sais. Moi aussi, j'en ai marre de ce temps affreux! Mais écoute, on pourrait aller à la maison de culture. Tu peux nager et jouer au ping-pong. Tu veux?

— Ah oui, Papa. On peut y aller tout de suite?

— Non. Maintenant on mange et ensuite tu te couches.

— Zut!

— Qu'est-ce que tu dis?

— Rien, Papa.

Conversation 4 – CD 2, Track 12

— France-Inter, 20h30. Patrice Godidier pour les informations météorologiques. Les tempêtes de pluie et de neige qui ont commencé ce matin dans le sud-ouest de la France se déplacent en ce moment vers l'est. Le Massif Central vient de recevoir un demi-mètre de neige en moins de quatre heures. Lyon, qui a reçu les premières neiges ce matin, commence à s'enfoncer dans la neige, et Chamonix et Avoriaz risquent d'être coupés ce soir. Les routes sont glissantes. De nombreux accidents viennent d'être signalés et des secours ont été envoyés. Si possible, évitez de prendre la route aujourd'hui.

— Oh, ça alors! Et moi qui voulais faire du ski! C'est fichu maintenant!

— J'sais. C'est bien dommage, Nicole.

— Oui, mais c'est beaucoup trop dangereux, Nicole. On ne peut pas aller skier par le temps qu'il fait.

— J'sais pas... euh... on pourrait peut-être essayer quand même.
— Tu crois... ? Tu pourrais conduire, toi?
— Non, mais écoute, pourquoi pas prendre le train?
— Mais les trains vont être bondés aujourd'hui, tu ne penses pas?
— Ouais, je pense qu'on ne pourra plus avoir de réservations. C'est trop tard.
— Mais pas du tout! Je pense qu'on devrait essayer. La neige sera bonne demain.
— Non, mais vraiment, Nicole. T'es pas raisonnable!
— Oh, Sylviane! Toi, par contre, t'as pas le sens de l'aventure!
— Mais, voyons. Les routes sont trop dangereuses.
— Bon. D'accord. Mais qu'est-ce qu'on pourrait faire alors?
— Ecoutez, j'ai une idée. On pourrait aller faire du patinage. Ça vous intéresse?
— Ah, le patinage! C'est une bonne idée, ça! Et pas besoin de prendre la voiture.
— Oui, c'est pas mal. Ça fait longtemps qu'on n'est pas allé à la patinoire.
— D'accord. C'est décidé. Je vais chercher mes patins chez moi et je vous retrouve à la patinoire.
— Oui, à tout à l'heure.

Exercice K. Affirmatif ou négatif? – CD 2, Track 13

Indiquez si les phrases que vous entendez sont à la forme affirmative ou négative.

1. Je vois pas pourquoi il refuse de nous aider.
2. Elle pense qu'il arrivera par le train.
3. S'il fait beau ils partiront en vacances pendant la semaine du 3 août.
4. Nous n'avons pas bien compris les explications du prof.
5. Désolé. Nous ne pouvons pas vous accompagner ce soir.
6. Je veux pas leur demander de l'argent.
7. Il passera vous voir après le match de basket.
8. J'ai pas trouvé le site Web dont tu m'as parlé.

Exercice L. Les expressions négatives. – CD 2, Track 14

Indiquez si les phrases que vous entendez sont à la forme affirmative ou négative.

1. Quand j'étais jeune, j'aimais surtout aller au bord de la mer.
2. Quelqu'un a essayé de me vendre des magazines.
3. Elle n'a jamais appris à nager.
4. Je suis contente que tu aies déjà fait la lessive.
5. Ils n'ont pas encore eu de nouvelles de leur sœur.
6. Mes parents n'ont plus besoin de travailler.
7. Elle fait rien pour trouver un job.
8. Il a pu contacter ses cousins au Sénégal.
9. Dans cette île déserte, il n'y avait ni eau ni nourriture.
10. A mon avis, personne ne peut l'aider avec ce problème.

Exercice M. Oui ou non? – CD 2, Track 15

Pour chaque petit échange, indiquez si la réaction est affirmative ou négative.

1. — Encore un petit verre de vin?
   — Merci, non. Il est très bon mais j'en ai eu assez.

2. — Mes amis pensent que je devrais déménager en Californie avec mes parents.

— Je suis absolument d'accord. Moi, j'aimerais bien habiter la Californie.

3. — Paul a beaucoup de difficultés dans ce cours.

— En effet. Et c'est curieux parce qu'il travaille sans cesse.

4. — Tu vas leur prêter de l'argent?

— Tu penses! Jamais de la vie. Ils ne sont pas assez sérieux.

5. — A mon avis, on ne devrait pas nous obliger à étudier les maths.

— Je ne suis pas du tout d'accord avec toi. Les maths, c'est très utile dans la vie.

6. — Elle a compris ce que tu voulais dire?

— Mais bien sûr. Mais elle refusait de l'accepter.

7. — Elle est organisée, votre fête?

— Pas tout à fait. Nous n'avons pas encore fini les invitations.

8. — Elle ne s'intéresse pas aux langues étrangères?

— Mais si! Elle étudie le français, l'italien et le japonais!

Exercice S. Qu'est-ce qu'ils en pensent? – CD 2, Track 16

Ecoutez la conversation au sujet de l'enseignement secondaire en France et aux Etats-Unis, puis répondez aux questions.

— Est-ce que je t'ai dit que ma fille va passer un an aux Etats-Unis?

— Non! Vraiment? Une année entière?

— Oui, oui. Et nous, on va accueillir le garçon de sa famille américaine. Il sera au lycée ici.

— Ça veut dire aussi que Jacqueline sera dans une école secondaire aux Etats-Unis. Ça ne t'inquiète pas? Il y a beaucoup de problèmes dans les écoles américaines et, en général, elles sont assez médiocres.

— Oui, elle ira à l'école aux Etats-Unis. Et qui t'a dit que ces écoles sont médiocres?

— Eh bien... on en discute beaucoup dans les médias et j'ai aussi des amis qui ont passé un an à Los Angeles et qui n'étaient pas très contents des résultats scolaires de leur fils. Faut dire que le fils n'est pas très sérieux ici au lycée non plus. Mais, tout de même, il me semble que les étudiants américains ne sont pas obligés d'étudier les matières de base de façon très rigoureuse... euh... des matières comme les maths, les sciences et les langues étrangères. Je suis sûr que le latin et le grec ne sont pas obligatoires, par exemple.

— Alors tu veux dire que les jeunes Français sont mieux préparés en maths, en sciences, en langues étrangères que les Américains?

— Absolument! A mon avis, la journée scolaire américaine est beaucoup trop courte, on y passe trop de temps à faire des sports et des activités qui n'ont rien à faire avec les matières importantes et, en général, les jeunes Américains ont une formation inférieure par comparaison avec la formation des Français.

— Alors là, je ne suis pas du tout d'accord. Tu exagères et tu fais des généralités qui ne tiennent pas debout. Je suis bien d'accord que les adolescents américains ont plus de responsabilités et d'activités. Après les cours, ils participent aux sports, sont membres de clubs, jouent dans des orchestres, chantent dans des chœurs ou ont même souvent des jobs. C'est pour ça que la journée scolaire est un peu plus courte qu'ici. Mais je ne suis pas sûre que ça soit mauvais. Les jeunes Américains ont l'occasion de s'amuser tout en poursuivant leurs études. Ils ont donc peut-être une jeunesse plus équilibrée que nos Français. Et je te rappelle que tu ne peux pas parler d'un seul système d'enseignement aux Etats-Unis. Chaque état, et quelquefois chaque ville, a ses propres critères pour la formation des jeunes. Par conséquent, il y a du bon et il y a du médiocre... et même peut-être du mauvais. Notre système centralisé n'est ni inférieur ni supérieur. Les comparaisons sont difficiles à soutenir.

— Je ne suis pas convaincu. Il me semble que les jeunes devraient se concentrer sur leurs études. S'amuser, c'est pas le rôle de l'école.

— Et s'amuser, c'est pour quand? Moi, je suis contente que Jacqueline ait l'occasion de s'intégrer à une autre culture. Je pense que c'est une expérience indispensable.

— Oui, je suppose. En tout cas, elle pourra juger elle-même quel système d'enseignement est supérieur...

— Décidément, tu ne comprends toujours pas.

CHAPITRE **6**

Exercice C. Des faits divers. – CD 2, Track 17

Ecoutez plusieurs fois chaque fait divers et répondez ensuite aux questions **quoi**, **qui**, **quand**, **où** et **pourquoi**.

1. Chauffeur blessé: appel à témoins
Deux véhicules, dont une camionnette, sont entrés en collision, hier vers 13h30, à l'intersection de la rue Pascal et du boulevard de la Montagne. Le chauffeur de la camionnette, 42 ans, a été transporté aux urgences de la région, victime d'une double fracture de la jambe. Le chauffeur de la voiture, une jeune femme de 23 ans, a été blessée, mais ses jours ne sont pas en danger. La brigade des accidents lance un appel aux témoins pour savoir lequel des deux véhicules concernés aurait pu brûler un feu rouge.

2. Trafic de cannabis
Deux hommes ont été condamnés hier au tribunal correctionnel à trente-six mois de prison, dont dix avec sursis, et mise à l'épreuve pendant deux ans pour achat et vente de cannabis. Les deux accusés, âgés de vingt-huit et trente-cinq ans, habitants de Marseille, étaient bien connus par la police. On les soupçonnait de faire partie d'un réseau de trafic de stupéfiants visant surtout des lycéens. Toxicomanes eux-mêmes, ils étaient devenus dealers pour payer les dettes qui s'accumulaient. Les deux prévenus ont été arrêtés le 3 septembre à 2 h du matin au moment où ils s'engageaient dans une vente de cannabis. L'enquête se poursuit pour identifier les lycéens qui pourraient être impliqués dans cette affaire.

3. Trois mineurs impliqués dans des actes de vandalisme
Trois mineurs ont été arrêtés pour des actes de vandalisme au cours de la nuit de samedi à dimanche au lycée Degas. Les accusés mineurs ont été placés en garde à vue. Les témoins, qui ont appelé la police, ont identifié les jeunes, les ayant vus sortir par une fenêtre du rez-de-chaussée. Les dégâts au lycée ont été estimés à plus de 15 000€. Les accusés auraient détruit la plupart des ordinateurs du centre de documentation ainsi que des téléviseurs et des lecteurs DVD. Ils auraient également abîmé les murs et cassé des fenêtres. Leur tentative de mettre le feu aux livres n'a pas réussi. Le mobile pour ces actes de vandalisme n'est pas encore connu.

Exercice J. Il ou ils, elle ou elles? – CD 2, Track 18

Pour chaque phrase que vous entendez, indiquez si le sujet est singulier ou pluriel.

1. Elles se sont beaucoup amusées le week-end dernier.
2. Ils prennent toujours un apéritif avant le dîner.

3. Elle finit toujours ses devoirs avant d'aller en cours.

4. Ils doivent partir avant six heures.

5. Il est témoin d'un accident de voiture.

6. Elle ne veut pas aller chez le médecin.

7. Il fait de l'alpinisme tous les étés.

8. Est-ce qu'elles vont vous accompagner?

9. Ils ne savent pas faire du surf.

10. Elle doit prendre de l'aspirine et rester au lit.

Exercice K. Des mots outils. – CD 2, Track 18

Pour chaque phrase, indiquez si le sujet est singulier ou pluriel. Utilisez les mots outils pour vous guider.

1. Mes cousins arrivent demain.

2. Son amie habite en Belgique.

3. Est-ce que ces jeunes parlent français?

4. Les lettres ne sont pas encore arrivées.

5. Pourquoi est-ce qu'il y a un gendarme à la porte?

6. La semaine dernière, des voleurs ont été arrêtés.

7. Pourquoi est-ce que sa voiture ne marche pas?

8. Ce jardin est vraiment bien fait!

9. Qu'est-ce qu'elle fait, ta tante?

10. Quand est-ce que les voisins reviennent?

11. A quelle heure commence le cours?

12. Tes théories ne m'intéressent pas.

Exercice L. C'est au singulier ou au pluriel? – CD 2, Track 19

Pour chaque petit échange, indiquez si le sujet est au singulier ou au pluriel.

1. — Mes frères partent demain.

    — A quelle heure est-ce qu'ils prennent le train?

2. — Est-ce que ce programmeur travaille à l'université?

    — Non, il travaille chez IBM.

3. — Pourquoi est-ce que cet appartement est si cher?

    — Parce qu'il est situé au bord de la mer.

4. — Est-ce que les mobiles du crime sont connus?

    — Non, pas encore. Ils sont difficiles à comprendre.

5. — Est-ce que vos amies sont allées chez Paul hier soir?

    — Non, elles n'y étaient pas.

6. — Quand est-ce que son oncle va au Mexique?

    — Euh... il a un billet pour le 5 novembre.

7. — Est-ce que ces devoirs sont difficiles à faire?

    — Pas vraiment. Mais ils prennent beaucoup de temps.

8. — Est-ce que cette prison a été construite avant la Révolution?

    — Peut-être. Elle a l'air pré-révolutionnaire.

Exercice M. Passé ou présent? – CD 2, Track 20

Pour chaque phrase que vous entendez, décidez s'il s'agit du passé ou du présent.

1. Est-ce que tu as fait des progrès dans ton cours de maths?
2. Ils ne comprenaient pas mes problèmes.
3. Pourquoi tu fais ça? Ce n'est pas logique.
4. A mon avis, c'est lui qui a commis ce crime.
5. Je cherche un job qui soit plus satisfaisant.
6. Vous avez du camembert?
7. Pourquoi sont-ils ici?
8. Qui a commandé le sandwich au jambon et au fromage?
9. Ma voiture ne marche pas. Tu peux me prêter la tienne?
10. Xavier est en train de faire la vaisselle.

Exercice V. On raconte. – CD 2, Track 21
Anecdote 1

FRANÇOISE: Tu sais, Philippe, dans ma famille, il y a des gens absolument bizarres. Il faut que je te raconte ce qui est arrivé à ma tante. Elle est vraiment dingue, ma tante!

PHILIPPE: Ah oui? Raconte.

FRANÇOISE: Elle adore les chats. Je te le dis, elle est absolument folle des chats! Alors, comme mon oncle est très gentil, à chaque fête il lui donne un chat. Eh bien, il y a cinq ans, ils habitaient, mon oncle et ma tante, dans une très jolie maison, en plein centre de Paris. A côté de la maison il y avait une maison jumelle qui était exactement la même. A l'époque ma tante avait déjà vingt-quatre ou vingt-cinq chats. Il y avait donc des chats partout. Il y avait des chats qui montaient aux murs, qui descendaient de partout, et ça ne sentait pas toujours la rose!

PHILIPPE: Ça, je connais...

FRANÇOISE: Heureusement, les voisins, ils comprenaient et ne disaient rien. Hélas, ces voisins ont déménagé et les nouveaux propriétaires, c'étaient un juge et sa femme. Alors, eux, ils n'aimaient pas les chats. La femme surtout, elle ne les supportait pas du tout. Alors, voilà, ce qu'ils ont fait, le juge et sa femme, ils ont intenté un procès. Ma tante et mon oncle ont trouvé un bon avocat... mais ils ont perdu leur procès. Quand on se bagarre avec un juge, il n'y a pas beaucoup de chance de gagner! Il fallait donc choisir — vendre les chats ou la maison. Alors, tu sais ce qu'ils ont fait?

PHILIPPE: Ils ont vendu la maison, bien sûr.

FRANÇOISE: Eh voilà, tu as raison. Ils ont quitté la maison et depuis cinq ans, ils sont installés dans un petit village à la campagne où on les laisse tranquilles avec leurs chats.

PHILIPPE: Maintenant, combien est-ce qu'ils en ont, des chats?

FRANÇOISE: Trente-deux!

PHILIPPE: Trente-deux?! Et quel âge elle a, ta tante?

FRANÇOISE: Oh, elle a une bonne cinquantaine d'années.

PHILIPPE: Ah, oui. Elle a encore trente ou quarante ans à vivre! Et combien de chats par an? Oh, là, là, là!

FRANÇOISE: Incroyable, n'est-ce pas?

Anecdote 2

PHILIPPE: Alors, Moulay, tu fais du camping?

MOULAY: Ah, ne me parle pas de camping! J'ai campé deux fois dans ma vie et les deux fois, ça a été la catastrophe!

PHILIPPE: Pas vrai! Qu'est-ce qui s'est passé?

MOULAY: Ben, écoute. La première fois, je suis allé avec mon amie Mélissa... euh... camper en Bretagne et je n'avais aucune expérience de camping et je n'avais pas de matériel non plus. J'ai donc emprunté la tente d'un ami qui nous a promis que la tente était en bonne condition. Eh bien, nous sommes partis pour passer le week-end au bord de la mer. Le problème, c'est qu'au milieu de la première nuit il y a eu une tempête...

PHILIPPE: Un orage?

MOULAY: Oui, un de ces orages comme tu ne peux pas croire. Il a plu à verse toute la nuit.

PHILIPPE: Oh, là, là, là! Pas drôle, alors.

MOULAY: Pas drôle du tout.

PHILIPPE: Vous avez trouvé un hôtel, j'espère.

MOULAY: Non, il n'y avait pas d'hôtel. On faisait du camping et on était loin de tout. Le pire, c'est que la tente était en très mauvais état. L'eau pénétrait à l'intérieur et nos sacs de couchage ont été très vite mouillés.

PHILIPPE: Ben, vous êtes montés dans votre voiture, je suppose.

MOULAY: Au début, nous sommes restés dans la tente en attendant la fin de la pluie. Nous avons même essayé de dormir un peu. Finalement, c'était impossible et nous nous sommes réfugiés dans la voiture. Le problème, c'est que notre voiture était très vieille et avait même des trous dans le toit. L'eau pénétrait aussi à l'intérieur. C'était un cauchemar. Un vrai cauchemar.

PHILIPPE: Oh, là, là, là! Je comprends ton attitude. Mais tu as dit que tu as fait du camping deux fois...

Anecdote 3

MOULAY: La deuxième fois, nous sommes allés faire du canoë et passer un week-end avec un groupe de voyageurs que nous ne connaissions pas. Et... euh... la journée se passait très très bien... mais... euh... le problème, c'est qu'on a chaviré. On s'est retrouvés dans l'eau. Toutes nos affaires étaient trempées, encore une fois... et nous n'avons pas pu dormir la nuit parce qu'il faisait très froid et nos sacs de couchage étaient mouillés. Après ces aventures, moi, je préfère descendre dans un hôtel quand je suis en vacances. Je préfère avoir une chambre d'hôtel avec tout le confort. Le camping, non merci, ça ne m'intéresse plus! Et toi, Philippe, tu aimes faire du camping?

Anecdote 4

PHILIPPE: Oui, beaucoup. Mais j'ai une toute autre expérience que toi.

MOULAY: Par exemple?

PHILIPPE: Eh bien. Voilà. J'ai passé huit jours dans le parc national à Yosemite. J'avais une tente et tout le matériel nécessaire. Tout était en bon état. J'ai bien aimé le Yosemite, non seulement parce que c'est beau mais aussi parce que j'ai fait connaissance d'un tas d'Américains avec qui je reste en contact par courriel. Je me suis promené partout et j'ai vu des choses extraordinaires. J'étais avec un ami de Lyon.

MOULAY: Vous avez vu des ours?

PHILIPPE: Alors, les ours, c'était une drôle d'histoire. Toutes les nuits... chaque fois qu'on se couchait, c'était un peu l'angoisse. On savait pas... on entendait des bruits. Il fallait accrocher sa nourriture sur des câbles pour ne pas encourager les ours. Mais dès qu'il y avait le moindre bruit, on avait un peu peur.

MOULAY: Surtout dans une tente. Elle n'offre pas beaucoup de protection.

PHILIPPE: T'as raison. Et, en fait, on a vu un ours. Le dernier jour de camping, c'était au milieu de l'après-midi vers trois, quatre heures. On était en train de préparer le dîner et tout à coup on a entendu des gens qui criaient «un ours, un ours!» (ils criaient en anglais, bien sûr). Et... euh... on s'est précipité pour voir et il y avait, effectivement, un très jeune ours qui traversait lentement le terrain de camping. Chaque fois que quelqu'un s'approchait de lui, il allait de l'autre côté. J'avais mon appareil-photo. J'essayais de m'approcher de lui pour prendre une photo et, en même temps, je me disais, «Si je m'approche trop, il va me sauter dessus!» Alors, j'ai pris ma photo, mais... euh... l'ours, on le voit à peine. Il était tout petit.

MOULAY: C'est super. Il faudra que tu me la montres, ta photo de l'ours.

PHILIPPE: D'accord... si tu veux. Mais tout ça pour te dire que je vais continuer à faire du camping. Ça t'intéresserait de m'accompagner la prochaine fois?

MOULAY: Merci, non. Je ne pense pas.

CHAPITRE 7

Exercice B. «La Fête de Moussa.» – CD 2, Track 22

You're going to listen to a summary of a folktale that comes from the Ivory Coast in Africa. As you listen, you'll probably recognize some similarities with the Cinderella story you heard or read as a child. After hearing the story, you'll be asked to listen again while filling in some information about the main elements of the tale. Suggestion: read over the vocabulary before starting to listen.

Dans ce conte africain, il s'agit d'une jeune fille naïve qui veut aller à la fête que Moussa, fils du roi, organise pour son peuple. Pour y aller elle a besoin d'un pagne très beau pour impressionner le prince, qui cherche à se marier.

Pendant que la fille cueille des figues avec ses copines, celles-ci lui font croire que les meilleures figues sont les figues vertes. Mais quand la fille rentre à la maison, sa mère se fâche et la renvoie cueillir des figues mûres. La mère dit à sa fille qu'elle n'aura pas un pagne neuf. En pleurant, la fille retourne au figuier et lui explique pourquoi elle a besoin de figues. Le figuier promet de lui donner des figues mûres si elle lui apporte de la bouse de vache. La fille va voir des vaches et leur demande des bouses. Les vaches promettent de lui donner des bouses si elle leur rapporte de l'herbe. La fille va au grand champ et lui demande de l'herbe. Le champ promet de lui donner de l'herbe si elle lui rapporte de l'eau de bruine fine. La fille grimpe sur un arbre qui touche au ciel et demande à Dieu de l'eau de bruine fine. Dieu lui en donne sans rien demander en retour. La fille donne de l'eau au champ, le champ lui donne de l'herbe pour les vaches, les vaches lui donnent des bouses pour le figuier et le figuier lui donne des figues mûres pour sa mère. Elle rentre à la maison où sa mère lui donne un pagne... mais ce pagne est vieux et laid et il pue.

La pauvre fille, déçue, les larmes aux yeux, prend le chemin pour la fête. En route elle rencontre une vieille femme qui lui demande d'abord d'attiser son feu. Bien que la fille soit pressée d'arriver à la fête, elle s'arrête pour aider la vieille femme. Celle-ci lui demande ensuite de lui faire cuire un bol de mil, puis de lui chercher de l'eau et enfin de lui laver le dos avec l'eau chauffée. Pendant que la fille lave le dos de la vieille, un trou profond s'ouvre entre ses deux épaules et la fille y voit des habits magnifiques.

La fille choisit un pagne splendide et part à la fête. En la voyant, tous les gens disent: «Quelle beauté!» Le prince Moussa lui-même la remarque, lui demande de danser, tombe amoureux d'elle et la prend pour son épouse.

CHAPITRE **8**

Exercice S. Les actualités du soir. – CD 2, Track 23

— Bonsoir. Voici les titres des actualités du 12 novembre.
Quatre morts dans le crash d'un hélicoptère de l'armée de Terre près de Bordeaux.
Les Kurdes expulsés de l'église Saint-Barnabé à Marseille.
Parti de France, un train de déchets nucléaires est entré en Allemagne.
Et de notre envoyé spécial à Washington: Des scientifiques recommandent une grande campagne d'étude des océans.

Un hélicoptère de l'armée de Terre s'est écrasé jeudi matin au sud du camp militaire de Caylus lors d'une mission d'entraînement, faisant quatre morts, le pilote et trois employés civils du ministère de la Défense. Selon les premiers éléments de l'enquête, l'hélicoptère de type Gazelle aurait heurté une ligne électrique avant de s'écraser. On n'a fourni aucune information sur l'identité des victimes.

Hier soir, à Marseille, une cinquantaine de CRS ont expulsé de l'église Saint-Barnabé les neuf familles kurdes qui l'occupaient illégalement depuis trois jours. Voyons le reportage d'Annick Périllot sur place:
Les trente réfugiés — hommes, femmes et enfants — s'étaient enfermés dans l'église en espérant obtenir des papiers qui leur permettraient de travailler en France. Mais la municipalité, propriétaire de l'église, avait demandé au tribunal l'expulsion des neuf familles. Les forces de l'ordre ont eu du mal à pénétrer dans l'édifice parce que les réfugiés avaient fermé les grilles avec des chaînes. Selon les gens dans la rue qui ont regardé l'opération, il a fallu une bonne dizaine de minutes pour faire revenir le calme. Nous avons parlé au maire du secteur, M. Roland Blum:
«Il existe un grand nombre de lois qui réglementent l'immigration. Il est temps de les appliquer strictement. Nous ne pouvons pas accueillir sur notre sol toute la misère du monde».
Marguerite-Marie Luc, représentante d'un organisme de l'Eglise qui aide les réfugiés, a vivement critiqué le point de vue du maire:
«Nous ne pouvons pas expulser des gens que nous avons accueillis sur notre sol il y a parfois plus de dix ans. Certains ont eu des enfants qui sont nés en France».
Selon Mme Luc, il est possible que les organismes sociaux trouvent une solution permettant aux Kurdes de rester en France.

Un train de déchets nucléaires, parti de la Hague en Normandie à destination de Gorleben en Allemagne a passé la frontière franco-allemande lundi avec plus de 3h30 de retard en raison de l'intervention de militants antinucléaires. Le convoi avait été bloqué pendant deux heures par huit manifestants allemands et français. Deux des manifestants se sont enchaînés à la voie. Les gendarmes ont fini par déloger les militants et on les a emmenés à la gendarmerie, où ils devaient être entendus. Lundi matin, une quarantaine de manifestants, selon la police, avaient protesté sans incident au passage du convoi en gare de Nancy.

Enfin, notre envoyé spécial à Washington, André Jamotte, a assisté au congrès du Conseil national de la recherche, une branche de l'Académie nationale des sciences. Là on a réclamé un nouveau programme d'exploration océanique. Ecoutons André Jamotte:
«Pour les scientifiques américains, les fonds de l'océan constituent une planète inexplorée. Ils recommandent le lancement d'une grande campagne d'exploration des océans afin de mieux connaître la biodiversité marine et l'influence des profondeurs océaniques sur le changement climatique. Une telle étude nécessiterait un investissement de 270 millions de dollars, incluant un navire de recherche et une flotte de nouveaux submersibles capables d'atteindre les parties les plus profondes de la mer. Mais, selon les scientifiques, il est clair que nous devons mieux comprendre les raisons de la raréfaction du corail, l'impact de la pollution et les dommages potentiels causés par la pêche industrielle sans mentionner les nouvelles espèces de poissons et d'invertébrés qu'on pourrait découvrir».
— Merci, André. C'est la fin du journal pour ce soir. Demain, vous retrouverez Chantal Lecomte au journal de 13 heures. Bonsoir!

Answers to asterisked exercises in main text

CHAPITRE 1

Exercise I. Préécoute. **1.** Tu sais ce qui m'est arrivé hier? / Eh ben... non. / Raconte un peu. / Un instant... tu veux dire que... / Alors, qu'est-ce qui s'est passé? / Voyons... ça n'a pas l'air très intéressant. **2.** Eh ben / Un instant / Bon / Eh bien. Voilà. / Ben oui / Oh, écoute / Voyons... / Bon / euh / Ben, oui **3.** Mais non! / Je comprends. / En effet / Oh, écoute. / D'accord / Pourquoi pas. / Peut-être. / Tu as de la chance / Tu es jalouse! / On ne sait jamais. **4.** Allez, il faut que je te quitte.

Exercise J. Des conversations **Conversation 1: 1.** The new history prof. **2.** One accuses the other of always praising female profs and being indifferent to male profs. **3.** He begins the conversation with a question: Qu'est-ce que vous pensez de notre nouveau prof d'histoire? **4.** Je ne sais pas... / sensationnelle / sympa / C'est pas croyable! / C'est pas vrai! / Attendez un peu! / C'est vrai / Je n'en sais rien / D'accord. **5.** Ça veut dire quoi exactement? / Tu m'accuses d'être macho? / Mais est-ce que tu ne penses pas que... ? **6.** Dites / Ben / Eh bien / Euh **7.** The woman finally ends the conversation because she doesn't want to get involved in the argument and because she wants to go get something to drink. **Conversation 2: 1.** ... tu sais ce qui s'est passé hier? **2.** She won a trip to the United States. **3.** C'est formidable / C'est super **4.** She'd like to have her friend go on the trip with her. **5.** Quand est-ce que tu vas partir? / C'est pour combien de temps? / Où est-ce que tu vas aller encore? / ... tu n'as trouvé personne pour aller avec toi? ... tu ne peux pas demander à quelqu'un d'autre? **6.** She has to talk to her boss to see if she can get a month off from work. **Conversation 3: 1.** Dites donc. **2.** He proposes that they go to a movie that just came to town. **3.** Oui, mais... / Mais... écoutez! / Mais... / Mais écoutez-moi... / Mais vous ne comprenez pas... / Je peux dire un mot? / Mais attendez. J'ai quelque chose à dire. **4.** She finally says she has something to say (in a tone of voice that makes them listen). **5.** Because the movie is not playing any more; Zoé knew it all along because she looked in the newspaper.

CHAPITRE 2

Exercise B. Préécoute. **Conversation 1:** 2, 5, 3, 1, 4 **Conversation 2:** 3, 5, 1, 4, 2 **Conversation 3:** 5, 3, 7, 1, 4, 2, 6

Exercise C. On accepte ou on refuse? **Conversation 1:** aider à déménager; (1) **Conversation 2:** prêter de l'argent; (3) **Conversation 3:** prêter un vêtement; (2) **Conversation 4:** donner un message; (1) **Conversation 5:** donner un renseignement; (2) **Conversation 6:** garder un chien; (2)

Exercise D. Services. **1.** Tu n'aurais pas le temps de nous aider? / Tu pourrais me prêter? / J'ai un petit (grand) service à te demander / Tu voudrais bien me prêter? / Est-ce que je pourrais laisser un message? / Vous savez où se trouve la rue... ? / Tu pourrais peut-être garder... ?
2. Je pourrais bien... / EH bien, dans ce cas-là, d'accord / Oui, bien sûr / Bon, d'accord, O.K. **3.** Euh, tu sais... je n'aime pas prêter mes affaires /

Moi, je n'ai pas l'habitude de... **4.** Inutile d'insister / Absolument pas / C'est pas possible / Moi, je ne sais pas... je suis désolée.

Exercise K. Le groupement des mots.
1. On est allé / en Angleterre. **2.** Ils se sont acheté / une grosse voiture allemande. **3.** Nous avons vu Michèle et ses parents / au centre commercial. **4.** Quand elle est tombée, / elle s'est fait mal / au dos et au bras. **5.** L'année dernière / j'ai passé trois semaines / aux Etats-Unis / et huit jours au Canada. **6.** Il y a un film de science-fiction là, / *2001 Odyssée de l'espace.* / C'est un vieux film, / mais il est très bon. **7.** — Tiens! / A propos d'apéritif, / si on dînait ensemble? / — Ah, oui, / il y a un restaurant de fruits de mer / près du port. / — Ah, très bien, / comment s'appelle-t-il, / ce restaurant? **8.** — Alors, / est-ce que vous avez déjà été moniteur / dans une colonie de vacances? / — Non, pas vraiment, / mais j'ai fait beaucoup de babysitting / avec mon petit frère et ma petite sœur. / Je m'en occupe / tout le temps. / J'aime beaucoup les enfants. / — Oui... / c'est un peu différent / tout de même. / Il faut savoir encadrer les jeunes. / — Ah, mais oui, / mais je vais très souvent / à la Maison de la Culture / avec les enfants.

Exercise L. L'enchaînement et la liaison.
1. Mes_amis espèrent apprendre_à nager. **2.** Votre_ami, pourquoi est-ce qu'il n'est pas_allé en_Amérique? **3.** Avec l'incertitude_économique, la direction hésite_à augmenter ses_effectifs. **4.** Alors il faut attendre_encore un mois avant de les_avoir? **5.** Elle_a envie de devenir_ingénieur dans_une grande_entreprise. **6.** — Qui est_au téléphone? — C'est Jean-Michel. Il nous_invite à voir son nouvel_appartement. **7.** — Ecoute, Patrick! J'ai quelque chose d'incroyable à te raconter! Mon_ami Daniel est chef d'entreprise... c'est_une petite_entreprise... une quinzaine de personnes... et là on refuse d'engager des fumeurs. — Comment! Les gens qui fument, on refuse de les_engager! Quelle_idée! C'est_un scandale! — Mais non. A mon_avis, c'est très bien. On devrait encourager tous les_employeurs à faire de même.

Exercise N. Accepter ou refuser: niveaux de langue.
1. Certainement. Bien sûr. Avec plaisir. D'accord. **2.** Je voudrais bien, mais... Si j'avais le temps,... C'est possible, mais... **3.** Je suis désolé(e)... Je le regrette, mais je ne peux pas... **4.** Certainement. Bien sûr. D'accord. Pas de problème. **5.** Je voudrais bien, mais... Je ne sais pas. Si j'avais le temps,... Ça dépend. C'est possible, mais... **6.** C'est impossible. Pas question.

Exercise R. On accepte ou on refuse? Pourquoi?
1. (a) prêter de l'argent; (b) aller dîner au restaurant avec une amie; (c) refuser; (d) Il demande toujours de l'argent (troisième fois depuis le début du mois). **2.** (a) prêter une robe; (b) aller à une soirée chez le directeur; (c) accepter après quelques hésitations; (d) Elle n'aime pas prêter, mais elle accepte si son amie promet de faire bien attention. **3.** (a) s'occuper d'un chien; (b) partir pour le week-end; (c) accepter après quelques hésitations; (d) Elle n'a pas l'habitude des chiens, mais il l'assure que le chien est calme et qu'elle n'aura pas de problèmes.

CHAPITRE 3

Exercise B. Préécoute.
1. travailler pour ton père (aller en Californie avec ta sœur, voyager en Europe avec tes grands-parents, passer l'été au nord du Minnesota avec ton petit ami) **2.** travaillerais avec mon père (irais en Californie... , voyagerais en Europe... , passerais l'été avec mon petit ami) **3.** Travaille pour ton père (Va en Californie... , Voyage en Europe... , Passe l'été avec ton petit ami) **4.** travailles pour ton père (ailles en Californie... , voyages en Europe,... passes l'été...)

Exercise C. Des conseils. **1.** dîner avec son père ou sortir avec son nouvel ami **2.** dire à son père qu'elle n'est pas libre **3.** Elle n'a pas vu son père depuis longtemps et elle ne veut pas lui faire de la peine. **4.** dîner avec son père, rentrer tôt et sortir avec son nouvel ami **5.** Il a emprunté la voiture d'une amie; la voiture est tombée en panne et il a dû acheter une nouvelle batterie. **6.** Il pense demander à son amie de lui rembourser une partie du prix de la batterie. **7.** payer la batterie et ne rien dire à son amie **8.** Elle veut perdre du poids (5 kilos). **9.** faire de l'exercice et changer de régime **10.** Non. Elle fait déjà de l'exercice. Elle aime manger ce qu'elle veut (les pâtes, les desserts). **11.** Elle a une collègue qui est jalouse de son succès. **12.** de s'intéresser à elle (d'être gentille à son égard, de lui donner de la responsabilité) **13.** de ne rien faire (cela passera) **14.** Elle va essayer les conseils d'Hélène.

Exercise D. Expressions. **1.** Qu'est-ce que je vais faire? / Qu'est-ce que tu en penses? / J'ai besoin de conseils / Qu'est-ce que je devrais faire? / J'ai vraiment besoin de votre aide / Quels conseils est-ce que vous me donneriez? **2.** A ta place, moi, je... / Alors, il faut que tu... / Je recommande que tu... / J'ai une idée / Pourquoi pas... ?

Exercise F. Demandes de conseils. **1.** me donnerais **2.** lui donnerais **3.** devrais faire **4.** devrait faire **5.** tu en penses (vous en pensez) **6.** ferais-tu (feriez-vous) à ma **7.** ferais-tu (feriez-vous) à sa **8.** ferais-tu (feriez-vous) à leur

Exercise G. Des conseils. **1.** Je te conseille de lui demander de... (Pourquoi ne pas lui demander de...) **2.** A ta place, moi, je lui demanderais de... **3.** Si tu lui demandais... **4.** (A mon avis), (Je pense que) tu devrais aller... **5.** Va au concert. **6.** Je te conseille d'aller au concert.

Exercise M. De 11 à 99. 37 / 51 / 13 / 49 / 65 / 16 / 22 / 80 / 17 / 91 / 43 / 12 / 73 / 59 / 95 / 38 / 76 / 61 / 89 / 14 / 98 / 24 / 79 / 16 / 55 / 81 / 15 / 67 / 94 / 71

Exercise N. 100 et au-delà. 250 / 119 / 3.940 / 783 / 4.539 / 9.000.000 / 462 / 5.714 / 3.275.640 / 175.350 / 999 / 1.310.715 / 1.975 / 2.750.000 / 45.480 / 16.700.000 / 70.950 / 3.010.700

Exercise O. Quel chiffre? 2 enfants / 6 semaines / 5 jours / 19h30 / 3 années / 8 kilos / 9 ans / *Les 400 coups* / 10 fois / 6h30 / 18 kilomètres / 10 étudiants

Exercise P. Combien? Quand? Quel âge? **1.** 46 **2.** 290 **3.** 76 **4.** 56,3% **5.** 880.000 **6.** 232 **7.** 78 37 49 98 **8.** 070 **9.** 5,7% **10.** 10.000.000 **11.** 686 **12.** 1961

Exercise R. Une autre façon de le dire. **1.** Attention! / Pas si vite! / Doucement! **2.** A votre place, je n'irais pas (à Rome) en voiture. **3.** N'hésite pas! **4.** Ce n'est pas la peine de lui en demander. / Il vaut mieux ne pas lui en demander. / Il ne faut pas lui en demander. **5.** Pas si vite! / Prenez garde! / Doucement!

Exercise W. Va-t-il faire froid demain? **1.** (assez) chaud **2.** (pas trop) froid **3.** très chaud **4.** (très) froid **5.** (assez) frais **6.** un peu frais (pas très chaud)

Exercise X. Quelle heure est-il? **1.** 5h45 **2.** 5h30 **3.** 9h10 **4.** 12h **5.** 7h40 **6.** 12h15 **7.** 3h20 **8.** 1h45 **9.** 11h
1. 15h42 **2.** 21h30 **3.** 19h20 **4.** 17h15 **5.** 12h **6.** 23h56 **7.** 2h35 **8.** 16h10 **9.** 0h45

Exercise Y. Oui ou non? Pourquoi? **1.** No. The movie is at 4:40; you don't get off work until 6:00. **2.** Yes. Their plane gets in at 10:10; if you need another hour or so to get the bags and get home, you'll arrive between 11:10 and 11:20. **3.** Yes. Your friend is not coming until 8:00; you have almost two hours to get ready.

Exercise Z. Voilà, je vous donne… **1.** un billet de 10 euros **2.** un billet de 100 euros et un billet de 10 euros **3.** trois billets de 20 euros **4.** un billet de 10 euros **5.** trois billets de 20 euros et deux billets de 10 euros **6.** deux billets de 100 euros, trois billets de 20 euros et un billet de 10 euros

Exercise AA. « Je vous écoute.» **Conversation 1: 1.** Claire **2.** Elle vient de se marier et sa mère lui téléphone tout le temps en pleurant. Sa mère se plaint qu'elle est isolée, qu'elle ne voit pas assez souvent Claire et son mari. **3.** On lui suggère de s'inscrire à un club pour les personnes âgées. **Conversation 2: 1.** Victor **2.** Il a la phobie des ascenseurs. **3.** On lui dit de prendre l'ascenseur avec un(e) ami(e) qui pourrait le rassurer. **Conversation 3: 1.** Isabelle **2.** Elle a vu son frère dans la rue au bras d'une jeune fille qui n'était pas sa femme. Elle est un peu gênée parce que la femme de son frère est une de ses meilleures amies. **3.** On lui suggère de ne rien dire à son amie.

CHAPITRE **4**

Exercise B. Préécoute.   1, 2, 3, 5, 8; 1, 2, 4, 6, 7

Exercise C. Des projets de voyage.   **Conversation 1: 1.** à New York **2.** Washington **3.** un week-end **4.** l'amie va prendre les billets d'avion **5.** Nicole va s'occuper de l'hôtel. **Conversation 2: 1.** Sandrine **2.** Maxim **3.** Simon **4.** Sandrine **5.** Maxim **6.** Sandrine **7.** Simon. **Conversation 3: 1.** samedi, le 18, à 11h **2.** bon marché **3.** vers 8h **4.** Ils vont prendre le bus. **5.** Maxim **6.** près du centre-ville **7.** l'observation des baleines **8.** le Guide Michelin

Exercise J. Le *e* caduc.   Since the dropping of the *e* caduc is not obligatory, you will hear a great deal of variation among individual native speakers. Based on the rules that you've learned, what other *e* caduc that you found in this exercise could have been dropped?
1. Notre employée de maison parle constamment de ses petits-enfants. **2.** Je vous le donnerai demain ou après-demain. **3.** Qu'est-ce qui se passe? **4.** Je ne veux pas le savoir. **5.** Dans ce cas-là, tu ferais mieux de ne pas le lui donner. **6.** Je te reverrai demain si tu as le temps. **7.** —J'irai ce matin acheter deux billets de train, Paris-Boulogne. —Mais qu'est-ce qu'on fera pour traverser la Manche? Il n'y a pas de bac. —Mais non. On ne prend pas le bac. Il y a l'aéroglisseur. C'est très bien. On n'a même pas le mal de mer. —Heureusement. Et puis on prendra le train jusqu'à Victoria Station. Ça dure à peine une heure et demie. **8.** —Bonjour, Madame. Je peux vous aider? —Bonjour, Monsieur. Qu'est-ce que vous pouvez me recommander? Euh… nous avons un déjeuner de famille et il me faut un bon petit dessert. —Ah, nous avons de jolies tartes aujourd'hui. —Très bien. Je pense que je prendrai bien une tarte aux cerises. Voyons… est-ce que vous auriez des gâteaux pour les petits? —Bien sûr. Nous avons beaucoup de pâtisseries. Peut-être des mille-feuilles ou des meringues? —Voyons… donnez-moi euh… quatre meringues. —Voilà, Madame. Merci, Madame. Au revoir, Madame. —Au revoir, Monsieur.

Exercise K. Les sons caducs.   **1.** Tu as vu Yannick hier soir? **2.** Tu es vraiment gentil, tu sais. **3.** Mais qu'est-ce qu'il veut, celui-là? **4.** Nous, on se moque de votre voiture de luxe! **5.** Ils font beaucoup de progrès. **6.** Tu as rencontré notre neveu? **7.** Quel fromage tu préfères? Celui-ci ou celui-là? **8.** Il y a tellement de choix que je ne sais pas trop bien. **9.** Il se prend beaucoup trop au sérieux, celui-là! **10.** Tu aurais mieux fait d'y aller samedi.

Exercise L. Les mots qui disparaissent.
1. Je ne sais pas. **2.** Vous avez échoué à l'examen. Il n'y a qu'à mieux réviser la prochaine fois. **3.** Elle ne veut pas aller en Afrique avec nous. **4.** Il vaut mieux ne pas lui donner trop de chocolat. **5.** Ça ne va pas! Elle n'achète jamais assez de pain! **6.** Elles n'ont pas assez d'argent? Il n'y a qu'à trouver un job d'été! **7.** Ne t'inquiète pas! Il ne faut pas exagérer le danger des voyages en avion! **8.** Je ne comprends pas pourquoi il ne vient pas. Il faut peut-être lui téléphoner. **9.** —Tu as envie de visiter le Cameroun? —Je ne sais pas. Ça ne me dit pas grand-chose. Je n'ai pas beaucoup de temps. —Il n'y a qu'à demander des jours de congé à ton patron. —Tu es folle! Mon patron ne me donnera jamais de vacances en octobre! **10.** —Le Japon, ça ne m'intéresse pas tellement. —Pour quoi pas? Moi, mon rêve, c'est d'y passer mes vacances. —Eh bien, d'abord je ne parle pas japonais. En plus, je ne comprends pas du tout la culture. Enfin, je n'ai pas assez d'argent pour un si grand voyage. —Mais il n'y a qu'à suivre un cours de japonais pour apprendre les expressions de base. Et il y a un tas de livres sur la culture. Et tu pourrais emprunter l'argent à ta mère. —Ce n'est pas un projet très réaliste. Il vaut mieux passer les vacances avec mes cousins en Suisse.

Exercise R. Si on allait?
1. dans une ville; Québec **2.** Washington, New York, un petit village dans le Maine **3.** parce qu'ils habitent à Boston et veulent un endroit différent; Washington et New York ne sont pas assez différents **4.** en voiture **5.** faire des recherches sur Québec; étudier la carte routière; faire vérifier la voiture par le garagiste

CHAPITRE **5**

Exercise B. Préécoute.
1. colère **2.** irritation **3.** surprise, bonheur **4.** déception, irritation **5.** compassion

Exercise C. Des bulletins météorologiques.
Conversation 1: 1. Il va faire un temps splendide. Il va faire beau, sec et chaud. **2.** Ils sont contents (heureux). **3.** Ils vont aller à la plage. **Conversation 2: 1.** parce qu'il va pleuvoir **2.** «Zut, alors!»; «C'est vraiment décevant!» **3.** Ils vont organiser une fête. **Conversation 3: 1.** la déception, l'irritation **2.** la compassion, l'irritation **3.** Ils allaient aller au parc. **4.** parce qu'il va pleuvoir **5.** Il propose d'aller à la maison de la culture demain. **6.** Elle doit manger et se coucher. **Conversation 4: 1.** Il s'agit d'une tempête de pluie et de neige et de jeunes gens qui veulent faire du ski. **2.** Les routes sont glissantes, bloquées et dangereuses. **3.** «Ça, alors!»; «Que c'est dommage... »; «Ecoute, quand même... »; «C'est une bonne idée, ça»; «Oui, c'est pas mal.»; «C'est bien.»

Exercise E. Exprimer ses sentiments.
1. la surprise **2.** l'indifférence **3.** la colère, l'irritation **4.** la compassion **5.** la surprise **6.** la compassion, la surprise **7.** la colère, l'irritation **8.** la surprise, la joie **9.** l'indifférence **10.** la déception

Exercise K. Affirmatif ou négatif?
1. négatif **2.** affirmatif **3.** affirmatif **4.** négatif **5.** négatif **6.** négatif **7.** affirmatif **8.** négatif

Exercise L. Les expressions négatives.   1. affirmatif 2. affirmatif 3. négatif 4. affirmatif 5. négatif 6. négatif 7. négatif 8. affirmatif 9. négatif 10. négatif

Exercise M. Oui ou non?   1. négatif 2. affirmatif 3. affirmatif 4. négatif 5. négatif 6. affirmatif 7. négatif 8. affirmatif

Exercise S. Qu'est-ce qu'ils en pensent?   1. Elle pense que c'est une bonne idée. Elle a une attitude très positive. Elle pense que les écoles américaines sont ni meilleures ni pires que les écoles françaises. Elle pense qu'on ne peut pas comparer. Les deux systèmes d'enseignement sont très différents. 2. (a) On ne peut pas comparer les deux systèmes d'enseignement. (b) Les jeunes Américains ont l'occasion de s'amuser tout en poursuivant leurs études. (c) Ils ont donc peut-être une jeunesse plus équilibrée que les jeunes Français. (d) S'intégrer à une autre culture (Etudier dans un autre pays) est une expérience indispensable. 3. Il est très négatif. Il pense que c'est une mauvaise idée. Selon lui, les écoles américaines sont inférieures aux écoles françaises. 4. (a) Les écoles américaines sont médiocres. (b) Les étudiants américains ne sont pas obligés d'étudier les matières de base de façon rigoureuse. (c) La journée scolaire est trop courte. (d) Les étudiants américains passent trop de temps à participer à des sports et à d'autres activités. (e) Les Américains ont une formation inférieure. (f) L'école n'est pas faite pour s'amuser.

CHAPITRE 6

Exercise B. Préécoute   1. Un homme a perdu la vie quand il a été heurté par une moto. 2. a. Il s'appelait Aurélien Dorléac. b. Il était âgé de 20 ans. c. Il travaillait au Cinématographe. 3. La victime rentrait à pied de son travail vers 22h quand elle a été heurtée par une moto qui a grillé un feu rouge. Le conducteur s'est enfui mais il a été appréhendé par la police. Il était ivre et fatigué. 4. Un passant et le SAMU. 5. Il a 23 ans. Il s'appelle Christophe Deneuve. Il a passé la soirée en boîte. Il était ivre et fatigué. Il avait déjà eu des amendes pour imprudence, excès de vitesse et alcool au volant.

Exercise C. Des faits divers.   1. **quoi:** accident de voiture **qui:** chauffeur (42 ans) d'une camionnette et chauffeur (23 ans) de voiture **quand:** hier vers 13h30 **où:** à l'intersection de la rue Pascal et du boulevard de la Montagne **pourquoi:** un des deux chauffeurs a peut-être brûlé un feu rouge 2. **quoi:** distribution (achat et vente) de cannabis **combien de personnes:** deux **qui:** deux hommes âgés de vingt-huit et trente-cinq ans **quand:** arrêtés le 3 septembre à 2h du matin **où:** on ne sait pas **résultat:** ils ont été condamnés à 36 mois de prison dont dix avec sursis et mise à l'épreuve pendant deux ans 3. **quoi:** des actes de vandalisme **qui:** trois mineurs **quand:** au cours de la nuit de samedi à dimanche **où:** au lycée Degas **résultat:** ils ont été arrêtés et ont été placés en garde à vue.

Exercise D. Analyse d'un fait divers.   **qui?** 1. Armand Viduc, âgé de 46 ans, ancien employé du café «Chez Paul». 2. Paul Bourget, propriétaire du café «Chez Paul». 3. Thérèse, la femme d'Armand Viduc. 4. Les sapeurs-pompiers. 5. Les techniciens d'investigation criminelle. **quand?** Le feu a été mis à la maison le 20 août à 5h du matin. **où?** Une maison (avec un café et deux appartements) au centre-ville. Il a été appréhendé chez lui. **pourquoi?** Il avait été licencié par Paul Bourget et il voulait se venger. **événements?** 1. Le 25 juillet, Armand Viduc a été licencié de son job au café «Chez Paul». 2. Sans emploi, il a perdu tout contact avec la réalité et il a constamment parlé de vengeance. 3. Le 20 août, il est entré dans le café «Chez Paul» avec une clé qu'il avait dérobée à son ancien patron. 4. Il a mis le feu au café. **5.** Les sapeurs-pompiers sont arrivés. **6.** Tous les habitants de la maison ont pu sortir. **7.** Les pompiers ont sauvé un chien et deux chats. **8.** Les deux familles ont été relogées par la mairie. **9.** Les techniciens d'investigation criminelle ont identifié l'accusé **10.** Armand Viduc a raconté son histoire pendant l'interrogatoire. **résultat(s)?** La police a arrêté Armand Viduc à son domicile (chez lui). S'il est reconnu coupable, il pourra être condamné à cinq ans de prison.

Exercise H. Qu'est-ce qui s'est passé? Card A—Possible Questions:
1. Comment s'appelle l'homme qui a été arrêté? **2.** Quel âge est-ce qu'il a? **3.** Où est-ce qu'il habite? **4.** Pourquoi est-ce qu'il a tiré sur les jeunes? **5.** Où est-ce qu'il a tiré sur les jeunes? **6.** Où étaient les victimes? **7.** Est-ce que quelqu'un est mort? **8.** Quelles autres informations est-ce que nous avons sur le tireur?
Card B—Answers to Questions: 1. On ne donne pas son nom dans l'article. **2.** Il a 29 ans. **3.** Il habite à Nîmes. **4.** On ne sait pas. Mais il a été qualifié de «dépressif». **5.** Dans deux cités populaires de Nîmes. **6.** Ils étaient dans la rue ou attablés dans un bar. **7.** Non. Mais un jeune de 18 ans a été hospitalisé. **8.** Il est électricien. Il circulait dans une voiture de luxe. Il était très agité. Pendant sa garde à vue, il a essayé de se suicider.

Exercise J. Il ou ils, elle ou elles? **1.** pluriel **2.** pluriel **3.** singulier **4.** pluriel **5.** singulier **6.** singulier **7.** singulier **8.** pluriel **9.** pluriel **10.** singulier

Exercise K. Des mots outils. **1.** pluriel **2.** singulier **3.** pluriel **4.** pluriel **5.** singulier **6.** pluriel **7.** singulier **8.** singulier **9.** singulier **10.** pluriel **11.** singulier **12.** pluriel

Exercise L. C'est au singulier ou au pluriel? **1.** frères **2.** programmeur **3.** appartement **4.** mobiles **5.** amies **6.** oncle **7.** devoirs **8.** prison

Exercise M. Passé ou présent? **1.** passé **2.** passé **3.** présent **4.** passé **5.** présent **6.** présent **7.** présent **8.** passé **9.** présent **10.** présent

Exercise N. *Jean de Florette.* **qui?** Les personnages principaux sont César Soubeyran (le Papet), Ugolin Soubeyran (neveu de César), Jean Cadoret (Jean de Florette), Aimée Cadoret, Manon Cadoret. **où?** La Provence **quand?** Les années 1920 **événements 1.** Ugolin revient du service militaire avec le projet de cultiver des œillets. **2.** Pour réussir le projet, il a besoin d'eau et va, avec le Papet, chez son voisin Marius pour acheter la propriété où il a une source. Le Papet et Marius se bagarrent et Marius meurt. **3.** Le Papet et Ugolin bouchent la source sur la propriété. **4.** Jean de Florette arrive avec sa femme et son enfant. Il a l'intention d'élever des lapins et de cultiver des légumes. **5.** Jean travaille très dur et tout va bien au début. **6.** Quand l'eau commence à manquer, les lapins et les légumes meurent. **7.** Jean commence à boire mais il refuse d'abandonner son projet. **8.** Il meurt dans un accident. **résultats?** Le Papet achète la propriété avec la source. Le Papet et Ugolin débouchent la source. Ils sont observés par Manon, qui comprend qu'ils sont indirectement responsables de la mort de son père. **Conséquences possibles?** Variable answers.

Exercise P. Analyse de *Jean de Florette* **situer** L'histoire se déroule dans les années 20... dans une région sèche de la Provence... la Provence des petits villages et des paysans... la Provence d'une beauté qui fait rêver. C'est dans ce paysage... **raconter** ... nous rencontrons... Tout récemment... Mais... tout se complique... donc... Entre alors en scène... Au début... Mais peu à peu... Mais... Un jour... **conclure / résumer** C'est avec cette scène que se termine...

Exercise U. Préécoute. 5, 3, 7, 1, 8, 4, 2, 6

Exercise V. On raconte.

Anecdote 1—Une histoire de famille: 1. «Tu sais, dans ma famille il y a des gens absolument bizarres.» **2.** Elle adore les chats. Elle en a beaucoup (32). **3.** Les nouveaux voisins n'aimaient pas les chats et ils ont intenté un procès. Le voisin était juge. **4.** le nombre de chats qu'ils ont maintenant; l'âge de la tante. **Anecdote 2—Le camping—La première histoire de Moulay: 1.** «Ne me parle pas de camping. J'ai campé deux fois dans ma vie et, chaque fois, ça a été une catastrophe.» **2.** «La première fois je suis allé... » **3.** en Bretagne; avec son amie Mélissa. **4.** un orage; La pluie a pénétré d'abord dans leur tente et ensuite dans la voiture. **Anecdote 3— Le camping—La seconde histoire de Moulay: 1.** Il est allé faire du canoë avec son amie et avec un groupe de voyageurs qu'ils ne connaissaient pas. **2.** Ils sont tombés dans l'eau et toutes leurs affaires étaient trempées (mouillées). **3.** Il préfère l'hôtel. **Anecdote 4—Le camping—L'histoire de Philippe: 1.** au parc national de Yosemite; Non, il a eu une bonne expérience. **2.** «Alors, les ours, c'était une drôle d'histoire.» **3.** Il a vu un ours dont il a pris une photo... de loin.

CHAPITRE **7**

Exercise B. «La Fête de Moussa.» **1.** une jeune fille, ses copines, sa mère, un figuier, des vaches, un grand champ, Dieu, vieille femme, Moussa (le fils du roi) **2.** à la campagne, à la maison de la fille, au palais du roi (à la fête de Moussa) **3.** une jeune fille veut un nouveau pagne pour aller à la fête; d'abord, sa mère l'envoie chercher des figues mûres; le figuier l'envoie voir les vaches, les vaches l'envoient voir le champ, les herbes du champ l'envoient prier Dieu, qui lui donne de la bruine pour le champ, qui lui donne de l'herbe pour les vaches, qui lui donnent des bouses pour le figuier, qui lui donne des figues mûres; quand elle rentre avec les figues, sa mère méchante lui donne un vieux pagne sale; la fille triste rencontre une vieille dame; la fille aide la vieille dame à manger et à se baigner; la vieille dame lui donne de nouveaux habits; la fille va à la fête **4.** le prince tombe amoureux de la fille et l'épouse.

Exercise C. «La Petite souris blanche.» 4, 7, 9, 1, 5, 10, 2, 6, 8, 3

Exercise D. «La Petite souris blanche» (*suite*) **1.** pauvre / souris **2.** mal en point / s'enfuir **3.** donne à manger **4.** chaumière / coquette **5.** faire la cour / le fils du notaire / attirer **6.** paraître **7.** héritière / domestiques / château / paysans **8.** riches / beaux / faire un choix **9.** rencontre / demande en mariage / donner son accord **10.** regarde de haut / anglais **11.** faire mourir / folle / l'ambition / retire **12.** château / riche maison (maisonnette coquette) / de regret

Exercise E. L'analyse de l'action. (une analyse possible) *situation initiale:* Jeannette, une jeune fille pauvre vivant avec ses parents dans une misérable chaumière, se promène à la campagne. *événement qui déclenche l'action:* elle rencontre une petite souris blanche qui semble avoir besoin de son aide. *les péripéties:* (1) la souris promet de récompenser Jeannette si elle ne la donne pas à son chat (2) Jeannette demande une nouvelle maison (3) la petite souris blanche transforme sa chaumière en une petite maison coquette (4) Jeannette demande l'aide de la petite souris pour impressionner le fils du notaire (5) la petite souris blanche transforme sa petite maison coquette en château (6) Jeannette demande à rencontrer le roi d'Angleterre (7) la petite souris blanche fait que Jeannette le rencontre (8) le père refuse de donner la main de sa fille en mariage au roi d'Angleterre (9) Jeannette demande à la souris blanche de faire mourir son père. *événement qui dénoue l'action:* la petite souris blanche retire tout ce qu'elle a donné à Jeannette. *situation finale:* Jeannette se retrouve dans la misérable chaumière avec ses parents.

Exercise F. Un modèle actantiel. (un modèle possible)

l'insatisfaction   Jeannette (-)

Jeannette————d'abord, une nouvelle maison; puis, un château pour impressionner le fils du notaire; puis le mariage avec le roi d'Angleterre; et enfin, la mort de son père

la souris   son ambition de plus en plus démesurée (*excessive*)

son père

la souris

Exercise J. Avez-vous bien compris? 1. vrai 2. vrai 3. faux 4. faux 5. vrai 6. vrai 7. faux 8. vrai 9. vrai 10. faux 11. faux 12. vrai 13. vrai 14. vrai 15. faux

Exercise K. «Le Secret de maître Cornille»: vocabulaire. 1. meunier 2. farine 3. minoteries 4. moulins à vent 5. s'enferme 6. petite-fille, gagner 7. avarice 8. se promène, nus, lambeaux 9. honte 10. blé, ailes 11. exportation 12. plus de 13. se marier 14. régler l'affaire, ouvrir 15. monter 16. fermée à double tour, échelle 17. vide 18. misère, gravats, terre 19. larmes 20. ânes 21. pleurer, déshonoré 22. rire 23. ouvrage 24. cessent

Exercise O. L'analyse de personnages: Jeannette et ses parents. Jeannette: *ce que dit le narrateur:* une pauvre jeune fille / disant avec compassion / les trouva trop communs, pas assez bien pour elle / aurait voulu épouser un homme riche / la nécessité pour elle de paraître davantage / devenait de plus en plus ambitieuse / le notaire ne lui suffisait plus / n'arrivait pas à faire son choix / furieuse *ce que fait le personnage:* se promenait à travers la campagne / aperçut une souris / s'approcha / la prit dans sa main / réfléchit avant de se décider / courut vers son village, les sabots à la main pour aller plus vite / alla dans la campagne et se mit à appeler en chantant / expliqua la situation, parla du fils du notaire / était devenue une riche héritière / reçut le fils du notaire / retourna voir la souris blanche / vivait maintenant dans un château / s'empressa d'aller trouver une nouvelle fois la reine des souris / rencontra le roi d'Angleterre / eut beau insister, discuter, chercher à le convaincre / ne trouva qu'une seule ressource, alla demander l'aide de la souris blanche / retourna au village / il ne lui restait que la misérable chaumière d'autrefois *ce que dit et pense le personnage:* «Pauvre bête, va... je vais te ramener à la maison» / «Récompensée? Que pourrais-tu me donner, petite bête?» / «Ecoute, j'habite avec mes parents une misérable chaumière. J'aimerais avoir une maison coquette, dont le toit ne laisse point passer la pluie, entourée d'un jardin empli de fleurs et de légumes» / «J'ai été sotte de demander si peu à la reine des souris.» / «Il n'est peut-être pas trop tard» / «Souris blanche, reine des souris, C'est moi qui t'ai sauvé la vie, Je t'attends, viens par ici» / «S'il te plaît, s'il te plaît. Fais que je rencontre le roi d'Angleterre, qu'il devienne amoureux de moi... » / «Reine des souris, mon père refuse mon mariage avec le roi d'Angleterre! Je veux que tu le fasses mourir.» / «Parfaitement!» *Structures et associations:* compassion (elle veut aider la souris) v.

égoïsme (elle pense surtout à elle-même) / ambition progressive et démesurée (elle n'est jamais satisfaite, chaque fois elle demande quelque chose de plus grand) / patience («réfléchit... insister, discuter, chercher à convaincre») v. impatience («courut... s'empressa... Furieuse... ») / générosité (elle donne du travail à son père) v. ingratitude. **Les parents de Jeannette:** *ce que dit le narrateur; ce que font les personnages:* ses parents, émerveillés, levaient les bras au ciel / terres fertiles cultivées par des paysans dirigés par son propre père / le père refusa de donner son accord / l'homme ne changea pas d'avis / ses parents soupiraient de regret en hochant la tête. *ce que disent les personnages:* «je suis un paysan, et ton roi me déplaît fort. Il a une façon de regarder de haut, comme si je n'étais qu'une bouse de vache. Et de plus, il est anglais. Non, tu ne l'épouseras pas.» *Structures et associations:* bonheur (émerveillés, levaient les bras au ciel») v. déception (*disappointment*) (soupiraient de regret en hochant la tête) / fierté (le père accepte son rôle dans la société et n'aime pas l'attitude supérieure du roi) / chauvinisme («Il est anglais») / autorité (le père refuse de donner son accord et de changer d'avis)

CHAPITRE **8**

Exercise B. Les rubriques. **1.** c **2.** i **3.** e **4.** a **5.** b **6.** l **7.** j **8.** d **9.** f **10.** g **11.** h **12.** k

Exercice D. Blog: Tout ce que vous voulez savoir sur... les présidentielles. **Dico:** élire   scrutin   mandat   renouvelable inscrits   élus   parrainages   sympathisants   carte d'électeur premier tour

Idées: **1.** Ils se posent des questions sur le fonctionnement de la démocratie. **2.** 5 ans, renouvable une fois. **3.** Parce qu'il est le chef d'état, le chef des armées et le garant de la Constitution. **4.** Tous les citoyens de nationalité française qui sont âgés de 18 ans **5.** Il faut avoir 23 ans, être de nationalité française et avoir 500 signatures d'élus. **6.** Les parrainages sont les 500 élus qui soutiennent un candidat. **7.** Le PS choisit son candidat à l'issue de primaires. Les autres partis politiques désignent leurs candidats sans primaires. **8.** Il est élu au suffrage universel direct et à la majorité absolue. **9.** Parce que le grand nombre de candidats (souvent une dizaine) fait qu'aucun n'obtient 50% des voix. Il y a donc un second tour (deux semaines après le premier) auquel participent seulent les deux candidats arrivés en tête au premier tour. **10.** Le mandat français est de 5 ans (renouvelable une fois), l'américain est de 4 ans. Il y a beaucoup de partis politiques en France; aux USA, il n'y a que deux partis politiques principaux. Il n'y a qu'un seul tour aux USA avec le système de «Electoral College.» Les candidats sont désignés par une primaire dans chaque état. Aux USA, pour être candidat, il faut être né aux Etats-Unis et il faut avoir au moins 35 ans. En France, le vote a toujours lieu un dimanche; aux USA, le vote a toujours lieu un mardi en novembre.

Exercise M. Indicatif ou subjonctif? **1.** C'est sûr qu'on continuera à discuter de la validité des radars automatiques. **2.** Vous êtes sûr que l'utilisation des radars automatiques diminue le nombre d'accidents routiers? **3.** Il se peut que le nombre de morts et de blessés soit réduit. **4.** Ce qui me surprend, c'est que les machines aient enregistré plus de 4 000 contraventions pendant le week-end de la Toussaint. **5.** Je suis persuadé que les radars automatiques influenceront la conduite des automobilistes. **6.** Je ne pense pas que les Français acceptent facilement les radars automatiques. **7.** Je ne savais pas que les radars étaient capables de photographier les véhicules en excès de vitesse et puis d'envoyer automatiquement les photos. **8.** Il me semble que des avocats avides d'argent ont l'intention de gagner de l'argent sur le dos de leurs clients. **9.** Je trouve étonnant qu'il soit nécessaire de payer son amende avant de se présenter devant un juge. **10.** Il est possible que le nombre de contraventions diminue dès que les Français se seront habitués à ces radars.

Exercise R. Préécoute. **1.** «Mesdames, Messieurs, bonsoir.» / «Voyons le reportage de... » **2.** Ils allaient à La-Ville-du-Bois pour inaugurer l'installation d'un radar automatique. **3.** de 33 km/h et de 28 km/h. **4.** Des journalistes de l'hebdomadaire *Auto plus*. **5.** Non, mais on a parlé à la porte-parole du ministre des Transports. **6.** Non. **7.** Il est difficile de changer les mauvaises habitudes. **8.** On paie une amende et on perd des points sur son permis.

Exercise S. Les actualités du soir. **1.** 4, 3, 1, 2 **2.** *Le crash d'un hélicoptère* **a.** quatre **b.** L'hélicoptère a heurté une ligne électrique. *L'expulsion des Kurdes* **a.** dans une église (dans l'église Saint-Barnabé) **b.** rester en France et travailler **c.** la ville de Marseille (la municipalité) **d.** 2 3 4 1 4 3 *Le train transportant des* déchets nucléaires **a.** allemande et française **b.** Ils se sont enchaînés à la voie. **c.** dans la gare de Nancy **d.** plus de trois heures et demie. *L'étude des océans* **a.** vrai **b.** vrai **c.** vrai **d.** faux **e.** faux (270 millions de dollars) **f.** vrai